西藏文化传承发展协同创新中心系列丛书

唐蕃古道路网结构及沿线文物遗存考古调查与研究

中山大学出版社
·广州·

版权所有　翻印必究

图书在版编目（CIP）数据

唐蕃古道路网结构及沿线文物遗存考古调查与研究 / 余小洪，席琳主编. —广州：中山大学出版社，2018.10

（西藏文化传承发展协同创新中心系列丛书）

ISBN 978-7-306-06462-2

Ⅰ. ①唐… Ⅱ. ①余… ②席… Ⅲ. ①吐蕃—古道—调查研究—唐代 Ⅳ. ①K928.642

中国版本图书馆 CIP 数据核字（2018）第 231649 号

TangBoGuDao LuWang JieGou Ji YanXian WenWu YiCun KaoGu DiaoCha Yu YanJiu

出 版 人：	王天琪
策划编辑：	嵇春霞
责任编辑：	林彩云
封面设计：	曾　斌
版式设计：	曾　斌
责任校对：	罗雪梅
责任技编：	何雅涛
出版发行：	中山大学出版社
电　　话：	编辑部 020-84111996，84113349，84111997，84110779
	发行部 020-84111998，84111981，84111160
地　　址：	广州市新港西路135号
邮　　编：	510275　传　真：020-84036565
网　　址：	http://www.zsup.com.cn　E-mail：zdcbs@mail.sysu.edu.cn
印 刷 者：	虎彩印艺股份有限公司
规　　格：	787mm×1092mm　1/16　16印张　280千字
版次印次：	2018年10月第1版　2018年10月第1次印刷
定　　价：	56.00元

如发现本书因印装质量影响阅读，请与出版社发行部联系调换

目录

上编　考古调查

第一章　概述 / 3
　　第一节　唐蕃古道概述 / 3
　　第二节　既往调查与研究简史 / 7
　　第三节　2016—2018年田野考古调查概况 / 12

第二章　陕西段唐蕃古道考古调查 / 14
　　第一节　西安地区 / 14
　　第二节　咸阳地区 / 22
　　第三节　宝鸡地区 / 27

第三章　甘肃段唐蕃古道考古调查 / 36
　　第一节　天水地区 / 36
　　第二节　定西地区 / 43
　　第三节　兰州地区 / 47
　　第四节　临夏地区 / 49
　　第五节　武威地区 / 58
　　第六节　张掖地区 / 65
　　第七节　敦煌地区 / 72

第四章　青海段唐蕃古道考古调查 / 79
　　第一节　海东地区 / 79
　　第二节　西宁地区 / 82
　　第三节　海北地区 / 89
　　第四节　海西地区 / 91
　　第五节　海南地区 / 95
　　第六节　玉树地区 / 98

第五章　四川段唐蕃古道考古调查 / 105
　　第一节　石渠地区 / 105
　　第二节　炉霍地区 / 110

第六章　西藏段唐蕃古道考古调查 / 112
　　第一节　昌都地区 / 112
　　第二节　林芝地区 / 119
　　第三节　拉萨地区 / 125
　　第四节　山南地区 / 140
　　第五节　日喀则地区 / 145

下编　理论研究

第七章　唐蕃古道路网结构的考古发现与重构 / 153
　　第一节　唐蕃古道路网结构的重构 / 153
　　第二节　唐蕃古道线路的变迁 / 163

第八章　唐蕃古道沿线吐蕃佛教遗存的文化特征 / 166
　　第一节　发现与概述 / 166
　　第二节　文化因素分析 / 171

第九章　唐蕃古道沿线棺板画遗存的艺术特征／201
　　第一节　唐蕃古道沿线棺板画的发现／201
　　第二节　唐蕃古道沿线棺板画的艺术特征／211

第十章　唐蕃古道沿线吐蕃石狮的造型特征／214
　　第一节　唐蕃古道沿线石狮的发现／214
　　第二节　唐蕃古道沿线石狮的造型艺术特征／217

参考文献／229

上编

考古调查

第一章 概 述

第一节 唐蕃古道概述

唐蕃古道的主干道——唐蕃驿道，是公元7—9世纪中原唐王朝与西藏高原吐蕃王朝政治、经济、文化交流的交通孔道。单从唐蕃使者往来看，见于新旧《唐书》《唐会要》《册府元龟》等史籍记载的，就达200余次之多；除去出使活动，发生在这条道路上的贸易往来、宗教传播、军事冲突亦甚为频繁。另外，唐蕃古道也是丝绸之路南道的重要组成部分，是连接中原王朝与尼泊尔、印度的重要桥梁。

已有的考古资料显示，雪域高原自史前开始就不是一个完全封闭的空间，西藏史前时期的遗迹便显示出其和华北诸考古学文化的密切联系。进入历史时期，随着人类活动范围的扩大，特别是羌人在先秦两汉间对汉藏交通的中介地——河湟地区的经营，使得内陆与青藏高原的联系日趋紧密。尔后，中原王朝经略西北，鉴于河湟屏障陇右、拱卫河西的突出地位，遂更加重视这一地区。大约唐代以前，内陆同河湟、河湟同西藏的交通道路已基本定型。

公元7世纪前期，松赞干布定都逻些（拉萨市），建立吐蕃王朝，并于贞观八年（公元634年）遣使长安（西安市），从此拉开了唐蕃关系的序幕。有唐一代，双方在诸多领域互动频繁，出现了"金玉绮绣，问遣往来，道路相望，欢好不绝"（《全唐文》卷二一《敕与吐蕃赞普书》）的动人局面。作为一条联通汉藏民族的"黄金桥"——唐蕃古道就这样形成了。

中外学者对唐蕃古道的论述大同小异，所依汉文文献不外唐蕃使臣往来及两次唐公主进吐蕃的相关记载。一般而论，古道以唐鄯州鄯城（西宁市）为界，分东（唐域内道程）、西（蕃域内道程）两段。

长安至鄯州的东段道路大体选择了丝绸之路南线的走向。汉张骞从大夏返回长安"并南山，欲自羌中归"，北魏僧人宋云、惠生东至塔里木盆地南缘鄯善和于阗王国，再去往中亚和印度，行走的大致都是这条道路，由长安沿渭水北岸西行，越陇山经陇西到临洮，或北上兰州、登乌鞘岭至武威与北道合，或西北行经临夏，渡黄河入青海省境至西宁，大致线路为长安（西安市）—凤翔（凤翔县）—陇州（陇县）—秦州（天水市）—渭州（陇西县）—临州（临洮县）—兰州（兰州市）/河州（临夏市）—鄯州（乐都县）。

具体线路依次为：

其一，出长安开远门（西安市西郊大土门村），历临皋驿（大土门村西北）、三桥（西安市三桥镇）、望贤宫（西咸道渭水桥南岸）、咸阳县陶化驿（咸阳市东）、温泉驿、始平县槐里驿（兴平市）、马嵬驿（兴平市马嵬坡）、望苑驿（或为武功县驿）、扶风县驿（扶风县）、龙尾驿、岐山县石猪驿（岐山县）至凤翔府（凤翔县）。

其二，出凤翔府，历汧阳县驿（千阳县）至陇州治所汧源县（陇县）。

其三，出陇州治所汧源县，历陇山大震关（唐大中初废，东移30里筑安戎关。大震关关址在陇县固关镇西南关山沟的二桥，安戎关关址在陇县曹家湾镇一带）、小陇山分水岭驿（大震关西）、弓门寨、清水县（清水县）至秦州治所上邽县（天水市）。

其四，出秦州治所上邽县（天水市），历伏羌县（甘谷县）、落门川、陇西县（武山县）至渭州治所襄武县（陇西县）。

其五，出渭州治所襄武县，历渭源县、武阶驿（临洮县）至临州治所狄道县（临洮县）。

其六，临州历兰州（兰州市）至鄯州（乐都县）的道路，不为正驿官道，故弗详考。出临州治所狄道县，历大夏县大夏川驿（广河县）至河州治所枹罕县（临夏市）。

其七，出河州治所枹罕县，历凤林县凤林关（临夏市）、漫天岭（小积石山）、龙支县（古鄯盆地北古城遗址）、鄯州治所湟水县（乐都县）

至唐边州最西县鄯城（西宁市）。①

唐蕃古道的西段旅程，《新唐书·地理志·鄯州》"鄯城"条有详细记载，为鄯城（西宁市）—大非川（共和县）—众龙驿（称多县）—截支桥（玉树县）—野马驿（聂荣县）—阁川驿（那曲县）—农歌驿（拉萨市羊八井镇）—逻些（拉萨市）。

具体线路依次为：

其一，出鄯城（西宁市），历经蕃城（隋临羌城，遗址位于西宁市西哆吧镇）、绥戎城（湟源县北古城遗址）、定戎城（绥戎城东60里）、石堡城（吐蕃云铁仞城，遗址位于西宁市西南哈喇库图石城山）、赤岭（日月山）至大非川（共和县）。唐代史籍关于赤岭至大非川道路走法有二。一如《释迦方志》之载，西经青海（青海湖）、吐谷浑国都伏俟城（共和县）、曼头山（青海南山）抵达；二是走苦拔海（尕海）道，此道经青海南山沟道而行，中历尉迟川（南山沟道北端的倒淌河镇地区）、苦拔海、王孝杰米栅（共和县东巴乡）、莫离驿（共和县东巴乡）、公主佛堂（共和县恰卜恰镇）至大非川驿。

其二，出大非川驿，历那录驿（兴海县大河坝乡）、暖泉驿（兴海县大河坝乡）、烈谟海（苦海），在今之黄河沿渡黄河至众龙驿（称多县）。

其三，出众龙驿，渡西月河（扎曲大河）入多弥国（役属吐蕃，以玉树巴塘草原为中心，奄有玉树县东部大部分）西界，历牦牛河（通天河）、列驿（玉树县结隆乡）、食堂、吐蕃村、截支桥（玉树县子曲河谷）至婆驿（扎多县子野云松多）。

其四，出截支川，历大月河桥（扎曲）、潭池、鱼池、悉诺罗驿（杂多县西）、乞量宁水桥（当曲）、大速水桥（索曲北源南岸）、鹘莽驿（索曲北源）、鹘莽峡（索曲北源上游峡谷）至野马驿（聂荣县）。

其五，出野马驿，历吐蕃垦田（聂荣县白雄乡）、乐桥汤（陇雀湖）至阁川驿（那曲县）。

其六，出阁川驿，历恕谌至海、蛤不烂驿（那曲县桑雄镇）、突录济驿（桑曲桥以北）、柳谷（当曲谷地）、莽布支庄（当曲谷地）、汤罗叶遗山（念青唐古拉山峰）、赞普祭神所（念青唐古拉山脉南麓）、农歌驿

---

① 参见陈小平《唐蕃古道》，三秦出版社1989年版，第1-196页。

（拉萨市羊八井镇）至逻些（拉萨市）。①

应当注意到，唐蕃古道玉树经藏北至拉萨这一段发现的吐蕃遗迹很少。与之相对的是，考古工作者在玉树以南的四川西部金沙江、雅砻江两岸则陆续发现了较多吐蕃时代的摩崖刻铭、墓葬、遗址与佛教造像。它们在空间上可以与西藏东部雅鲁藏布江流域吐蕃时代的遗存相接，进而使学术界最终确认了这条唐蕃古道的重要分支线路。这一认识大大扩展了古道所涉及的地域范围和文化内涵，标志着唐蕃古道研究的重大进展。

从青海玉树至四川石渠，再至西藏江达、察雅、芒康，南北贯通，更有林芝第穆萨摩崖碑铭、工布江达洛哇傍卡摩崖造像，东西呼应，似乎形成了一条同唐蕃古道并存的佛教文化传播路线。它以青海玉树为节点，南连南诏，西通吐蕃腹地，北接丝绸之路。这条通道在清代仍为进藏官道之一，并延续至今。

基于上述原因，2014年唐蕃古道调查队的调查路线自共和向西进入吐谷浑、吐蕃曾经活动并留存大量遗迹的都兰，考察都兰热水墓葬、遗址群、吐蕃佛教造像；其后向东南折返，经兴海、称多到玉树，沿途考察墓葬、佛教造像等；其后离开传统的唐蕃古道路线，出玉树进入四川石渠境内，对金沙江及其支流雅砻江沿岸的吐蕃佛教造像进行考察；再经川藏交界处的德格，从西藏东部入藏，自东向西依次考察金沙江、澜沧江、雅鲁藏布江流域江达、察雅、芒康、林芝、工布江达等地的相关遗址、墓葬、佛教遗存，最后到达拉萨。从地理位置来看，本段路线可以作为唐蕃古道的西南支线。

结合文献记载与考古发现，可以看出唐蕃古道在空间范围上涉及陕西、甘肃、青海、四川、西藏5个省（自治区）。陕西段由西安至陇县，是唐蕃古道的起始部分。它包含了唐蕃古道的起点唐长安和关中西部的重要屏障大震关。甘肃段由天水至兰州再至临夏。此段走向大体同丝绸之路在该区域内的线路。而当中所途经的唐陇右诸州无疑是长安西部的重要屏障。青海段由民和经西宁至玉树。该区域自汉代张骞凿通西域以来，一直是丝绸之路南线上的重要枢纽，相继受西羌、吐谷浑、吐蕃等民族控制。因其地处要冲，故河湟地区历来是中原王朝与控制该地区的民族政权争夺

---

① 参见陈小平《"唐蕃古道"的走向和路线》，载《青海社会科学》1987年第3期，第70-76页。

丝路控制权的焦点。四川段由石渠至德格。本段路线是近年通过考古发现逐步确认的唐蕃古道支线，填补了玉树至藏东之间吐蕃时期交通路线的空白。西藏段是唐蕃古道的终结部分，大略分为南北两条支线。北线由那曲至拉萨，南线由江达经察雅、芒康、林芝、工布江达进入拉萨。北线见诸文献记载，南线则发现有大量考古遗存，两者最终在拉萨——吐蕃王朝首都逻些会合。①

第二节　既往调查与研究简史

一、文献记载

目前所知的最早记载唐蕃古代交通的汉文文献是道宣所著的《释迦方志》②。该书成书于唐永徽元年（公元650年），记述了释迦牟尼诞生地和教说流布地的佛教史迹。其中的遗迹篇（卷上末至卷下初）首次勾勒出了从中国出发去印度的大体路线，即从河州出发，经鄯州、白兰羌国、多弥国、苏毗国、吐蕃国，最终到达北印度尼波罗国。此外，唐代提及唐蕃交通方面内容的历史文献还有义净的《大唐西域求法高僧传》和慧超的《往五天竺国传》。《大唐西域求法高僧传》成书于唐武周天授二年（公元691年），记述了从公元641—691年间到印度和南海访问的57位分别来自大唐、新罗、吐火罗、康国、吐蕃的禅师和法师的事迹，此外还兼述了经济、风俗及旅行路线，是研究公元7世纪南洋诸国状况和国际交通的重要资料。慧超的《往五天竺国传》约成书于唐开元十五年（公元727年），记载了拘尸那、摩揭陀、伽毗罗、吐蕃、犍驮罗、吐火罗、波斯、大食、突厥、疏勒、龟兹、焉耆等40余国的见闻与交通。杜佑所著、成书于唐贞元十七年（公元801年）的《通典》一书也零散地提及唐蕃交

---

① 参见陕西省考古研究院、甘肃省文物考古研究所、青海省文物考古研究所、四川省文物考古研究院、西藏自治区文物保护研究所《从长安到拉萨——2014唐蕃古道考察纪行》，上海古籍出版社2017年版，第1—258页。

② 参见〔唐〕道宣著《释迦方志》，范祥雍译，上海古籍出版社2011年版，第1—300页。

通的内容；樊绰所著、约成书于唐咸通六年（公元865年）的《云南志》对南蛮通吐蕃的道路也有所涉及，这对研究吐蕃西南交通情况来说尤为重要。总体来看，唐代记载唐蕃交通的史料相对较少，也较简略。

唐代以降，记录唐蕃古代交通路线的汉文史籍主要有《旧唐书》[后晋开运二年（公元945年）成书]、《册府元龟》（约于北宋祥符六年即1013年成书）、《新唐书》[北宋嘉祐五年（公元1060年）成书]、《资治通鉴》[北宋元丰七年（公元1084年）成书]、《全唐文》[清嘉庆十九年（公元1814年）成书]、《全唐诗》[清康熙四十五年（公元1706年）成书]等几种。其中，以《新唐书·地理志》的记载较为翔实，其"陇右道""鄯州"条下对"鄯城"的注文从西宁境内的临蕃城记起直到赞普牙帐为止，比较系统地介绍了这条官方道路。

藏文文献方面，目前尚未发现有关唐蕃古代交通的专题记载，仅可在吐蕃时期的敦煌古藏文史料以及新疆、甘肃、青海等地发现的吐蕃简牍，一些晚期的藏文文献，如《西藏王臣记》《西藏王统记》《贤者喜宴》《汉藏史集》《红史》《青史》《新红史》等偶窥一二线索性之材料，研究唐蕃古代交通时亦不可忽略。

二、近现代的历史地理调查与研究著述

最早对唐蕃古道开展历史地理调查并著之于书的当属民国时期著名历史学者吴景敖先生。他对"河湟洮岷吐蕃之通路""党项故道与尼波罗古道"等道路进行了详细地考证，对《新唐书·地理志》所出现的地名进行了认定。除此之外，他对岷州、洮州、清水等地到蕃界的路线也进行了论述。综合上述成果，著成《西陲史地研究》一书①。严耕望先生在《唐代茂州西通吐蕃两道考》②一文中对唐蕃古道路网结构重要组成部分的东南支线——剑南道西通吐蕃的交通路线进行了考证。范祥雍先生在其《唐代中印交通吐蕃一道考》一文中对《释迦方志》《新唐书·地理志》

---

① 参见吴景敖编著《西陲史地研究》（新中华丛书·史地研究集刊），上海中华书局印行，民国三十七年（1948年）版，第1-100页。
② 参见严耕望《唐代茂州西通吐蕃两道考》，载《香港中文大学中国文化研究所学报》1968年第1期，第1-200页。

《新唐书·吐蕃传》《旧唐书·吐蕃传》所记载的路线、地名进行了考释，是研究唐蕃古代交通很重要的参考资料①。孙修身先生在其《王玄策事迹钩沉》②一书中对有关王玄策的事迹以及他去天竺的路线做了全面的考论。之后，又著有《敦煌与中西交通研究》③一书，在第七章专题讨论了"唐蕃古道"的相关问题，对这条路线以及吐蕃周围的交通做了比较概要的论述。孙先生毕业于西北大学历史系考古专业，他在研究中十分重视实地考察，注意将图像资料、史迹遗存资料、史籍文献资料结合起来进行综合研究，不断改进研究手段，开拓学术视野，取得了不少突破性的研究成果。因此，他的研究更加值得我们今天开展唐蕃古道综合研究时参考。

国外学者中，有关唐蕃古道历史地理研究的主要有足立喜六和佐藤长两位学者。足立喜六在其《大唐西域记の研究》下卷后编的《唐代の吐蕃道》④中对经吐蕃前往印度后汉地的交通路线做了分析考证。佐藤长先生在其《チベット歴史地理研究》⑤一书中对南北朝、隋唐、清代中原王朝与青海西藏地区之间的交通路线进行了考证，其中包括了对唐蕃古道路线的考证，并且首次根据研究绘制出了交通路线图，将线路标定在现代地图上。

三、近现代的考古调查与研究著述

唐蕃古道的综合性和专题性考古调查工作开展得相对较晚。1983—1985年，在青海省文化厅、文化部文物局的领导和协助下，青海省博物馆会同青海省文物考古研究所、青海省文化厅文物处、北京民族画报社等单位共同组织进行了首次唐蕃古道实地考察工作，获得了大量第一手资料，为解决学术界长期无法达成一致意见的唐蕃古道走向问题和研究与此

---

① 参见范祥雍《唐代中印交通吐蕃一道考》，载《中华文史论丛》第4辑，上海古籍出版社1982年版，第211页。
② 参见孙修身《王玄策事迹钩沉》，新疆人民出版社1998年版，第1—281页。
③ 参见孙修身《敦煌与中西交通研究》，甘肃教育出版社2002年版，第1—187页。
④ 参见［日］足立喜六《唐代の吐蕃道》，载《大唐西域记の研究》（下卷·后篇），法藏馆，昭和18年（1943年）。
⑤ 参见［日］佐藤长《チベット歴史地理研究》，岩波书店1978年版。梁今知译出的《清代唐代青海拉萨间的道程》（青海省博物馆筹备处，1983年）一文为书中的第二章。

有关的其他课题奠定了基础。考察之后，他们还编辑出版了《唐蕃古道考察记》①《唐蕃古道》②（如图1-1所示），同时还汇编了唐蕃古道相关的历史文献资料，结集成未公开出版的两套资料集，分别为《唐蕃古道史料辑》（上、中、下册）③和《唐蕃古道志——资料选编》④。此后，关于唐蕃古道的综合考古调查活动一直处于基本停滞的状态，只是由于一些相关文物点和文物遗存，如唐代帝陵吐蕃赞普或使臣石刻造像⑤、青海道吐蕃墓葬⑥与遗址⑦等的发现而有零星探讨。

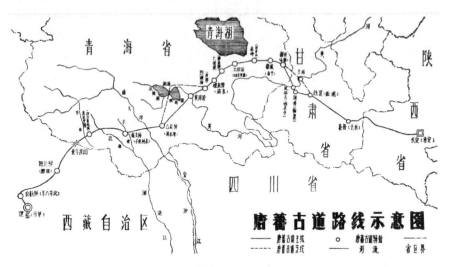

图1-1　唐蕃古道路线示意
（采自陈小平《唐蕃古道》附图，1989年）

---

① 参见卢耀光《唐蕃古道考察记》，陕西旅游出版社1989年版，第1-150页。
② 参见陈小平《唐蕃古道》，三秦出版社1989年版，第1-196页。
③ 参见陈小平《唐蕃古道史料辑》，青海省博物馆1987年，第1-200页。
④ 参见青海省博物馆编写组《唐蕃古道志——资料选编》，青海省博物馆1987年，第1-200页。
⑤ 参见胡春勃《关于唐陵蕃酋像的几个相关问题》，载《艺术科技》2016年第5期，第130、137页。
⑥ 参见北京大学考古文博学院、青海省文物考古研究所《都兰吐蕃墓》，科学出版社2005年版，第1-171页。
⑦ 参见青海省文物考古研究所李冀源、胡晓军、陈海清、梁官锦《青海都兰热水哇沿水库发掘古代遗址和墓葬——出土墨书古藏文卜骨与木简》，载《中国文物报》2015年7月3日第8版。

2014年5月26日至6月18日，陕西省考古研究院、甘肃省文物考古研究所、青海省文物考古研究所、四川省文物考古研究院、西藏自治区文物保护研究所等五省区考古科研机构联合开展了"2014唐蕃古道考古探险"（如图1-2所示）。本次探险是国内多省区跨区域考古探险的有益尝试，并取得了重要成果。考察队由五省区汉、藏、回等民族的考古专家，中国国家博物馆、中国人民大学、南京大学特邀专家以及美国科罗拉多大学、英国爱丁堡大学的研究生组成，集中了隋唐考古、西藏考古、佛教考古、丝绸之路考古、航空遥感考古、藏传佛教艺术史、古代交通史、人类学等多学科的专家学者，不仅仅从考古学角度，也从历史地理、交通史、艺术史、宗教学、民族学、人类学、社会学等多个专业角度对唐蕃古道进行全面考察，行程6500余千米，在五省区范围内考察文物点达56处。其中，四川省石渠县境内发现的孜莫遗址、旺布洞遗址、阿日扎吐蕃墓葬等3处文物点为新发现。此次考察并没有延续传统的唐蕃古道到达玉树后经藏北至拉萨的路线，而是选择了青海东南部、四川西北部及西藏东部这一区域。该地区近年来发现了较多吐蕃时代的摩崖刻铭、墓葬、遗址与佛教造像，特别是2013年十大考古发现之一的在四川石渠发现的吐蕃石刻更是引起了学术界的广泛关注，它们在空间上可与西藏东部雅鲁藏布江流域吐蕃时代的遗存相接，进一步扩展了唐蕃古道所涉及的地域范围和文化内

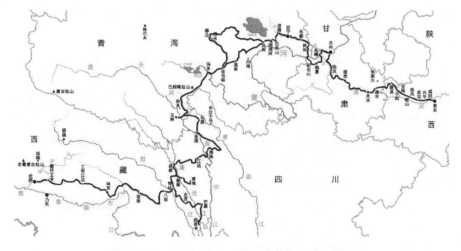

图1-2　2014年五省区联合唐蕃古道考察路线
（采自《从长安到拉萨——2014唐蕃古道考察纪行》）

涵,标志着唐蕃古道研究的重大进展。此外,青海的乌兰县和都兰县境内一直是吐谷浑和吐蕃文化遗存的重要分布区,并存在一条经都兰县热水沟到玛多县花石峡镇的重要交通路线。考察结束后,专家们及时对考察成果进行了整理,出版了图文并茂的学术性考察报告《从长安到拉萨——2014唐蕃古道考察纪行》①,使学界和读者真实感受到青藏高原古代交通的艰险,对历史文献记载也有更深入的理解,特别是通过实地考察近几十年在青海、四川、西藏的一些考古新发现,并将这些遗迹相关联,为进一步探寻古道路网的走向提供了新思路。

第三节 2016—2018年田野考古调查概况

2016年6月,西藏民族大学西藏文化传承协同创新中心对2016年度重点课题"唐蕃古道沿线文物遗存考古调查与价值评估"进行立项,课题组组建了由陕西省考古研究院西藏考古研究室张建林研究员、席琳博士,西藏民族大学文物与博物馆学教研室余小洪、王文轩、王蔚老师,管理学院文化遗产方向余正军老师,青海省文物考古研究所蔡林海研究员,西藏自治区文物保护研究所夏格旺堆研究员,甘肃省考古研究所张俊民研究员,四川省文物考古研究院李飞等人构成的调研团队。

唐蕃古道覆盖区域涉及陕西、甘肃、青海、四川、西藏五省区,是国家"一带一路"倡议实施过程中不可或缺的组成部分。其西南接蕃尼古道,西北接丝路南线,东北与丝路东段相连,东南与滇藏茶马古道相通,是隋唐时期陆上交通最为重要的路线之一,沿途分布着驿站遗址、军营遗址、烽燧遗址、边城遗址、地方城址以及各类碑刻、墓葬、佛教造像、寺院建筑等大量文物遗存。通过系统考古调查可以获取古道沿线文物遗存最为全面的信息,掌握遗存的数量、分布、特征、性质、时代以及保存现状等,从而进一步研究古道形成、发展与变迁的原因,各段路线的特点与地

---

① 参见陕西省考古研究院、甘肃省文物考古研究所、青海省文物考古研究所、四川省文物考古研究院、西藏自治区文物保护研究所《从长安到拉萨——2014唐蕃古道考察纪行》,上海古籍出版社2017年版,第1-258页。

位，与周边交通路线的关系，等等，最终对唐蕃古道及其沿线文物遗存的历史价值、学术价值和文化遗产价值进行客观、全面、科学的评估。

根据项目的调查计划，2016年7—8月，项目组对陕西境内全段以及甘肃境内东段线路上的唐蕃古道沿线文物遗存进行了考察，重点补充调查了唐代帝陵中的吐蕃赞普或使臣石刻造像。

2016年9月，项目组对西藏境内的唐蕃古道遗存进行了考察，重点补充调查了具有明显唐代风格建筑构件与塑像的昌都朗巴朗增拉康造像，与唐蕃会盟关系密切的仁达摩崖造像，拉萨、日喀则等地新发现的吐蕃石狮等文物遗存。此外，自2016—2018年间，笔者一行还利用各种机会考察了布达拉宫法王洞、查拉鲁普石窟、唐蕃会盟碑、大昭寺、藏王陵、桑耶寺、朗县列山墓地、拉孜查木钦墓地、吉堆墓地等大量吐蕃遗存。

2016年10—11月，项目组对青海和四川境内的唐蕃古道沿线文物遗存进行了考察，重点补充调查了玉树境内的吐蕃佛教造像与新发现的吐蕃墓葬遗存，顺路考察了玉树境内新发现的岩画、石棺墓、早期土墩墓、细石器等遗存，考察了格尔木境内有关遗存，以及青海海西州民族博物馆，还重点调查了唐蕃古道重要标志性遗存——石堡城遗址，结合文献，对石堡城大小方台、地理环境进行了初步讨论。如图1-3所示。

2017年3月，项目组对甘肃境内河西走廊中段武威、张掖、敦煌及青海段海北地区通往河西走廊的祁连山古道沿线的相关遗存进行了重点调查，还考察了陇山西侧宁夏固原、甘肃合水等地的有关遗存，以及陇山东侧唐墓等文物遗存，完善了唐蕃古道的路网结构。如图1-4所示。

2017年3—4月，项目组考察了青海海西州境内的吐蕃墓地、海西州民族博物馆藏吐蕃棺板画，并进行了测绘；2018年3月，考察了唐蕃会盟遗址——西安开远门以及藏传佛教寺庙广仁寺。

图1-3　2016年玉树支线考察

图1-4　2017年祁连支线考察

第二章　陕西段唐蕃古道考古调查

唐蕃古道陕西段途经今天的西安、咸阳和宝鸡3个地区，大致线路为长安（西安市）—始平县槐里驿（兴平市）—马嵬驿（兴平市马嵬坡）—望苑驿（或为武功县驿）—扶风县驿（扶风县）—武功县驿（武功县）—龙尾驿—岐山县石猪驿（岐山县）—凤翔府（凤翔县）—汧阳县驿（千阳县）—陇州治所汧源县（陇县），包含了唐蕃古道的起点唐长安和关中西部的重要屏障大震关，走向多与陕西境内的丝绸之路线路重合。

第一节　西安地区

西安，古称长安或常安，与罗马、开罗、雅典（或伊斯坦布尔）并称为世界四大古都。公元前12世纪，周文王在这里建立丰京、镐京两京，此后，中国历史上的鼎盛时代——秦、汉、隋、唐均建都于此。汉长安城是鼎盛时期罗马城的6倍大，隋唐长安城是中国古代乃至世界古代史上最大的都城，在其发展的极盛阶段，一直充当着世界中心的地位，吸引了大批的外国使节与朝拜者的到来，"西罗马，东长安"是其在世界古代历史地位中的写照。显而易见，有唐一代，作为唐蕃古道的东部起点，唐蕃之间的政治、军事、经济、文化各方面的联系都与该地区密切相关。

一、唐蕃会盟遗址

根据文献记载，唐蕃会盟多达 8 次①，也有学者认为不少于 10 次②。据史料记载，在长安举行了 3 次会盟。

唐代宗永泰元年（公元 765 年），吐蕃遣使请和，唐宰相元载、杜鸿渐与之会盟于唐之兴唐寺，此为在长安举行的第一次会盟。其后，唐代宗大历二年（公元 767 年），吐蕃与唐再次会盟，唐使鱼朝恩与吐蕃使臣还盟誓于唐之兴唐寺，此为在长安举行的第二次会盟。③这两次会盟都在兴唐寺内举行。兴唐寺位于唐长安城大宁坊东南隅，今已不存。

公元 821—822 年，唐蕃之间举行会盟时，在唐京师长安和吐蕃首府逻些（今拉萨市）分别举行了盟誓，此为在长安举行的第三次会盟。

《旧唐书·吐蕃传》载："（穆宗）（长庆元年）九月，吐蕃遣使请盟，上许之。宰相欲重其事，请告太庙，太常礼院奏曰：'谨按肃宗、代宗故事，与吐蕃会盟，并不告庙。唯德宗建中末，与吐蕃会盟于延平门，欲重其诚信，特令告庙。至贞元三年，会于平凉，亦无告庙之文。伏以事出一时，又非经制，求之典礼，亦无其文。今谨参详，恐不合告。'从之。乃命大理卿、兼御史大夫刘元鼎充西蕃盟会使，以兵部郎中、兼御史中丞刘师老为副，尚舍奉御、兼监察御史李武、京兆府奉先县丞兼监察御史李公度为判官。十月十日，与吐蕃使盟，宰臣及右仆射、六曹尚书、中执法、太常、司农卿、京兆尹、金吾大将军皆预焉。其词曰：……越岁在癸丑冬十月癸酉，文武孝德皇帝诏丞相臣植、臣播、臣元颖等，与大将和蕃使礼部尚书论讷罗等，会盟于京师，坛于城之西郊，坎于坛北。……预盟之官十七人，皆列名焉。其刘元鼎等与论讷罗同赴吐蕃本国就盟，仍敕元鼎到彼，令宰相已下各于盟文后自书名。……（长庆）二年二月，遣使来请定界。……是月，刘元鼎自吐蕃使回，奏云：'去四月二十四日到

---

① 参见张积诚《唐蕃八次和亲概述》，载《西藏民族学院学报》1980 年第 3 期，第 70－85 页。

② 参见陈楠《论唐蕃清水会盟》，载《藏史丛考》，民族出版社 1998 年版，第 167－169 页。

③ 参见〔宋〕王钦若等《册府元龟》（卷 980 外臣部通好、卷 981 外臣部奸诈、卷 981 外臣部盟誓），中华书局 1960 年版，第 11512 、11712、11518 页。

吐蕃牙帐，以五月六日会盟讫。'"① 根据这些记载可知，德宗建中末年不仅与吐蕃在外郭城西南的延平门举行了会盟，为表诚信还举行了告祭太庙仪式。穆宗长庆元年（公元821年）又再次与吐蕃"会盟于京师，坛于城之西郊，坎于坛北"。现存于拉萨大昭寺前的唐蕃会盟碑上铭刻了关于此次会盟的藏、汉双语盟文，十分珍贵。其中，东侧古藏文碑文中亦有提及此次会盟在长安举行的时间和地点："结此千秋万世福乐大和盟约于唐之京师西隅兴唐寺前。时大蕃彝泰七年，大唐长庆元年，即阴铁牛年（辛丑）冬十月十日，双方登坛，唐廷主盟。"还有在拉萨举行并立碑的时间、地点："又盟于吐蕃逻些东哲堆园，时大蕃彝泰八年，大唐长庆二年，即阳水虎年（壬寅）夏五月六日也。双方登坛，吐蕃主盟；其立石镌碑于此，为大蕃彝泰九年，大唐长庆三年，即阴水兔年（癸卯）春二月十四日事也。竖碑之日，观察使为唐之御史中丞杜载与赞善大夫高□□等参与告成之礼。"该侧碑文最后还提到"同一盟文之碑亦竖于唐之京师云"。然而，长安地区目前还未发现铭刻同样盟文的石碑的线索。《旧唐书·吐蕃传》（下）记载"唯唐德宗建中末，与吐蕃会盟于延平门"，周伟洲推测设坛地点可能是在唐京师长安城西三门之南门外。②

长安会盟地点延平门是隋唐长安城西城墙的最南门，北距西郭城正西门金光门2320米，垂直距南城墙2000米。遗址位于现在的西安地铁3号线延平门站向南边700多米处，原址之上建有延平门广场，并用黄色材料复原了门基的形状和位置，复原门基高出地面1米有余，展示出门洞、城墙与护城河的形制和结构，还标识出门内北侧丰邑坊和南侧待贤坊的位置。2005年，中国社会科学院考古研究所唐城考古队对延平门基址进行了考古发掘。门址仅残存夯土墩台基址，平面呈长方形，南北长42.8米，东西宽19.5米。三过洞式门，门道宽4.8米，长15米，门道两边有轮距约1.3米的车辙痕迹，为唐车标准。连接城墙的南、北门墩台向城外延长了4.5米，可能为阙楼地基或城门楼平台地基。门址南边内城发现宽1.5米的踏道基址，系为自城墙内侧登城而修筑。遗址出土文物包括素面手印

---

① 参见〔后晋〕刘昫等撰《旧唐书·吐蕃传》，载《旧唐书》第一六册、卷一百九十六下、列传第一百四十六，中华书局1975年版，第5263－5265页。

② 参见周伟洲《唐蕃长庆会盟地与立碑考》，载《藏史论考》，兰州大学出版社2010年版，第4页。

砖、磨光（青辊）筒瓦与板瓦、莲花纹瓦当等①。如图2-1所示。

图2-1　延平门遗址

（采自《延平门：大唐与吐蕃曾在此会盟》）

二、大明宫遗址

大明宫是唐蕃古道的政治起点、唐王朝的政治中心，项目组于2014—2018年间多次前往大明宫进行实地调查。大明宫遗址是唐代长安城禁苑的组成部分之一，位于今西安市城北的龙首原上，始建于太宗贞观八年（公元634年），是太宗为其父李渊"消暑"而建。初名"永安宫"，后曾几次易名，多次扩建，神龙元年（公元705年）复名"大明宫"。中国历史上唯一的女皇帝武则天统治时期，把大明宫更名为"蓬莱宫"，并在此听政。晚唐僖宗中和三年（公元883年）、昭宗乾宁三年（公元896年）两罹兵火，逐成废墟。大明宫遗址如图2-2所示。

大明宫遗址考古调查工作已历经半个多世纪，迄今已基本厘清其布局。首先确定了大明宫的位置和分布范围，明确了大明宫与长安外郭城、禁苑、东内苑、西内苑的关系；其次明确了宫区的基本布局和各类建筑基址分布情况，确认大明宫以"前朝后寝""中轴线对称""三朝"等传统宫室制度规划布置。②

---

①　参见赵珍（文），尚洪涛（图）《延平门：大唐与吐蕃曾在此会盟》，载《西安晚报》2013年12月29日第9版。

②　参见中国社会科学院考古研究所《唐长安大明宫》，科学出版社1959年版，第1—200页。

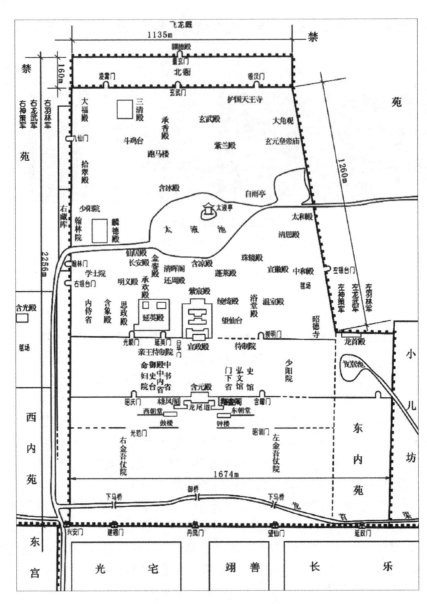

图 2-2　大明宫遗址平面图

（采自《论大明宫之历史地位》①）

---

① 参见肖爱玲《论大明宫之历史地位》，载《丝绸之路》2010年24期，第5—13页。

根据实地调查，结合考古发掘报告可知，大明宫整个建筑南部呈长方形，北部呈梯形，周长7.6千米，面积约3.2平方千米。宫城除城门附近和拐角处内外表面砖砌外，其余皆为板筑夯土墙。在东、北、西三面都有与宫墙平行的夹城。宫城共有11个门，丹凤门为正门，其南有丹凤门大街，宽120步，约合176米。除丹凤门设3个门道外，其余各门都是1个门道。北面3个门道，中间的玄武门与北面夹城上的重玄门对直，车门称左银台门，门外驻左三军（左羽林军、左龙武军、左神策军）。北边九仙门外驻左右三军，共六军警卫宫廷，在北面夹城重玄门之内有统领禁军所谓的"北衙"。在丹凤门的南北轴线上，有南北纵列的含元殿、宣政殿、紫宸殿3组宫殿。另外，在这些宫殿的左右两侧和宫城北部还建有40余处楼台殿阁以及太液池等。已经发掘的有大明宫正殿含元殿、宴会群臣的麟德殿、三清殿、清思殿、宣政殿和紫宸殿，以及太液池①、宫廷园林区等遗址。

含元殿遗址位于丹凤门正北龙首原的南沿上，距丹凤门400余步，是长安城最宏伟的建筑，可以由此俯视长安城。含元殿遗址平面呈"凹"字形，现仅存殿址台基。殿外四周有宽5米的副阶。台基下周砌散水砖。殿前有长达78米、当时称为"龙尾道"的3条平行阶梯和斜坡相同的砖石道路通向地面，并以曲尺形廊庑沟通殿左右两侧稍前处的翔鸾、栖凤两阁。含元殿址中出有大量黑色陶瓦和一些琉璃瓦片，台基四周出土残石柱和螭首石刻残块多件。② 含元殿是皇帝举行重大庆典和朝会的地方，是大明宫的正殿，其建筑形制极为威严壮观。

麟德殿位于大明宫的西部，是皇帝宴会和接见外国使节的地方，建筑面积达1.23万平方米。据勘测，台基之上原建有前后毗连的3座大殿，中殿左右各建有一座亭子，后殿左右各建一楼，回廊将各个部分联系在一起。三清殿位于大明宫的西北角，原为楼阁式的建筑，是宫廷内供奉祭祀道教的建筑。清思殿遗址，殿的台基呈长方形，建筑面积达7524平方米。宣政殿和紫宸殿位于含元殿正北约300米处，与含元殿同在宫城的中轴线上。宣政殿是皇帝临朝听政之处，紫宸殿是内朝的正衙。太液池位于紫宸

---

① 参见龚国强、何岁利《唐长安城大明宫太液池遗址发掘简报》，载《考古》2003年第11期，第967－986、1060页。

② 参见安家瑶、李春林《唐大明宫含元殿遗址1995—1996年发掘报告》，载《考古学报》1997年第3期，第341－438页。

殿北200米,又名蓬莱池,池平面近椭圆形,面积达16万平方米,池中偏东有一个土丘,即蓬莱山遗址。此外,北部的宫廷园林区,建筑布局比较疏朗,建筑形式多种多样,堪称唐代园林建筑的杰作。①

大明宫不仅是唐蕃古道的政治起点,唐王朝的政治中心,还是中国古代宫殿建筑艺术的杰出代表、国务院公布的首批全国重点文物保护单位、国家"十一五"文化发展纲要及国家文物局大遗址保护项目中的重点保护展示对象,以及国际古迹遗址理事会(ICOMOS)确定的具有世界意义的重大遗址,也是丝绸之路沿线国际联合申报世界文化遗产的重要组成部分。公元7—9世纪,世界文明的制高点在这里诞生。2006年10月,《盛典西安》再次把世界的目光凝聚在这里。大明宫国家遗址公园的启动建设,是城市现代化与历史文化遗产和谐共生的国际化典范。

2014年,五省区考古院所联合唐蕃古道考察队,将出发仪式和考察首站选在了大明宫国家遗址公园,这充分表明了大明宫对唐蕃古道的形成、发展所具有的不可替代的意义与价值。

三、大唐西市遗址

唐代长安有东市(今西安交通大学一带)和西市(今劳动南路附近)两大市场,东市主要服务于达官贵人等少数人群,而西市则大众化、平民化,是一个包括大量西域、日本等国客商在内的国际性大市场,被誉为"金市",是当时世界上最大的商贸中心。②

西市遗址位于唐长安皇城的西南方(即今天的劳动南路和东桃园村之间),始建于隋(公元581—617年),兴盛于唐(公元618—907年)。当时的西市商业贸易西至罗马、东到高丽(今韩国和朝鲜),是占地面积最大、建筑面积最大、业态最发达、辐射面最广的世界贸易中心、时尚娱乐中心和文化交流中心。西市以其繁荣的市场体系及坚实的经济基础支撑着整个丝绸之路的贸易体系,是丝绸之路真正意义上的起点。③

---

① 参见中国社会科学院考古研究所、西安市大明宫遗址区改造保护领导小组《唐大明宫遗址考古发现与研究》,文物出版社2007年版,第1—520页。

② 参见周伟洲《丝绸之路起点唐长安城的三大标识》,载《长安大学学报》(社会科学版)2016年第1期,第1—6页。

③ 参见芦蕊《唐代长安两市研究》陕西师范大学硕士学位论文,2009年。

西市遗址平面呈长方形，实测范围，南北长1031米，东西宽927米。占据两坊之地，坊墙基部宽4米左右；市内有东西、南北向各两条宽约16米的街道，使路网结构平面呈"井"字，将西市分为九大板块。街道的土路面经长期碾压，部分车辙清晰可见；街道两侧设有排水沟，早期为木板筑壁，晚期为砖砌，并有修补痕迹；东北"十字街"北侧的"石板桥"（即过水涵洞）由7块石板组成，用铁卡固定，东西总长5.5米，南北宽1.75米（如图2-3所示）。街道两侧遗存丰富，分布有店铺和作坊，出土物包括建筑构件、日用品、装饰品、加工工具等，当中以日用品为主，至于装饰品中色泽艳丽的蓝宝石戒面和紫水晶饰品则应是西域的舶来品。西市以其繁荣的市场体系及坚实的经济基础支撑着整个唐帝国的贸易体系，是唐蕃古道的贸易起点。①

图2-3　大唐西市东北"十字街"模型与遗址

今天，在西市遗址上建有大唐西市博物馆，是目前全国唯一一家由民营企业投资建设的遗址博物馆，具有保护、展示西市遗址和反映丝路文化、盛唐商业文化、市井文化珍贵文物的功能，已成为西安市的城市客厅和重要的公益性文化基础设施，也是我国民间资本保护国家历史文化遗址的首例和典范，荣获"中国文化遗产保护与传承典范单位"等荣誉称号，其民营资本投资模式被列为陕西大遗址保护五大模式之一，为西安乃至全国众多遗址的保护与利用开创出了一条新路②。

---

① 参见庄锦清《唐长安城西市遗址发掘》，载《考古》1961年第5期，第5、第248-250页。
② 参见肖爱玲《浅谈博物馆建址与内部设计——以大唐西市博物馆为例》，载《城乡建设》2017年第11期，第36-38页。

第二节 咸阳地区

渭水穿南,嵕山亘北,山水俱阳,故称咸阳。秦始皇定都于此,使这里成为"中国第一帝都"。同时,咸阳也是古丝绸之路的第一站,是中原地区通往西北的交通和战略要冲。唐代,咸阳境内属京畿道京兆府,辖府下所治咸阳、三原、泾阳、醴泉、云阳、兴平、武功、好畤、奉天9县以及邠州所辖新平、三水、永寿、宜禄4县。作为唐蕃古道西出长安的第一站,咸阳地区的古道沿线留下了十分丰富的考古遗存。既有马嵬驿见证的帝女惜别、帝妃历乱,又有肃穆静谧的9座唐代帝陵(高祖献陵、太宗昭陵、高宗乾陵、肃宗建陵、德宗崇陵、敬宗庄陵、武宗端陵、宣宗贞陵、僖宗靖陵)中那些吐蕃使臣的石像,这些无疑是唐蕃关系最直接的历史见证。

一、唐代帝陵吐蕃使臣像

唐代帝陵中,在唐太宗昭陵、唐敬宗庄陵发现有吐蕃人物石刻造像。

1. 唐太宗昭陵吐蕃赞普石刻造像

根据目前的考古发现可知,唐代帝陵陵园内设置蕃酋像始于太宗昭陵。此类形象的设置均应对应真实的历史人物原型,雕刻于唐高宗永徽年间(公元650—655年)的昭陵十四国蕃酋长像就是最早最典型的代表,为研究唐代墓葬制度和少数民族服饰特点以及唐初民族关系提供了重要的实物依据。这些蕃酋长像是唐太宗李世民葬在昭陵一年以后置于陵园北面的司马门遗址内的,分两排站立、东西相向,排列呈阶梯状,紧挨昭陵六骏马厩,位置由北向南逐步增高。由于自然的风化和人为的破坏,雕像都已破损或遗失。2001—2003年在昭陵北司马门遗址开展了考古发掘工作,清理北阙门遗址时,发现了大量的石像身体及石座残块。其中一件石座上刻有"蕃赞府"题名,直接证明了文献记载的十四国蕃酋长像中吐蕃赞府像的存在。石座一侧已残,底部为凿刻和残断面,原来应为地面下部分,完整的部分可看到侧面光滑,无花纹雕刻,凿刻题名,上面有一字已残，仅存"蕃赞府"3字，为殷仲容隶书。2009年从昭陵北司马门移入博物馆石刻展厅，原应为"吐蕃赞府"，未见赞普名字，其时的"吐蕃赞府"只能为"松赞干布"；上边和侧面之间为斜刹面，顶部中间为榫槽，与身体部分相接。展厅内石像座背后为身体残块照片。考古发现的翻领垂辫身体残块，根据服饰特点，其身份可以确认为吐蕃赞府，实物尚置于院内房檐下。头部、脚部残，肩部圆钝、微溜，双臂下垂内屈，双手于胸腹相接部做握拳或拱手状，大部已残，准确手势已无法确定。双腿直立，下部分开。两条平行长发辫由肩内侧垂直贴体下垂至腿上部，未表现辫发发缕。外着三角翻领左衽窄袖袍服，翻领外侧表现领边和领扣，腰下、腿上部表现纵向袍服褶纹；内着左衽服，双腿间未凿透，因此，下身着裙装还是裤装无法准确判定。腰束带，未表现带銙、带扣、蹀躞带等细节。根据文献记载可知，吐蕃松赞干布赞普朝与太宗朝的交往十分密切，文成公主出嫁松赞干布，吐蕃宰相禄东赞使唐，都是最直接的史料，可与北司马门外所矗立的十四国蕃酋长像之吐蕃赞府石像互相佐证。

以十四国蕃酋长像为重要组成部分的昭陵工程是由唐代著名工艺家和美术家阎立德、阎立本兄弟精心设计的。其平面布局既不同于秦汉以来的坐西向东，也不是南北朝时期"潜葬"之制，而是仿照唐长安城的建制设计的。

在昭陵司马门内列置了十四国酋长的石刻像，分别为：突厥的颉利、突利二可汗、阿史那社尔、李思摩、吐蕃松赞干布、高昌、焉耆、于阗诸王、薛延陀、吐谷浑的首领，新罗王金德真，林邑王范头黎，婆罗门帝那优帝阿那顺等。这些石像刻立于高宗初年，反映了贞观时期国内各民族大团结、唐对西域的开拓以及与邻邦关系的盛况。可惜大部分石像在早年已遭破坏，今可见者有7个题名像座，几躯残体和几件残头像块，收藏在昭陵博物馆内，已对公众展出。如图2-4所示。

昭陵博物馆位于昭陵陵园中心的李绩（徐懋功）墓前，位于礼泉县烟霞镇，是一座遗址型博物馆，收藏有昭陵北司马门（如图2-5所示）、陪葬墓出土陶俑、壁画等文物。博物馆馆藏文物8000余件，现有陈列室4座，共集中展示昭陵陵园近40座陪葬墓出土的精品文物400余件（组）。1991年建成长乐公主墓文管所和韦贵妃墓文管所并正式对外开放。近年来，在考古发掘基础上复原修建的北司马门遗址广场已经对外开放，李世民雕塑6根以浮雕盘龙华表分列两侧。

图 2-4 昭陵北司马门十四国蕃酋长像之吐蕃赞府石像

图 2-5 昭陵北司马门遗址

2. 唐敬宗庄陵吐蕃使臣像

据《旧唐书·敬宗本纪》和其他文献关于相关诸国的记载，在敬宗登基以后来朝的有渤海、新罗、契丹、奚、回鹘、吐蕃、牂牁、南诏等。在庄陵大遗址考古工作开展期间，考古队对三原县东里花园内一批从周边区域移入的石刻进行了调查，发现一件背后刻名的蕃酋像，根据当地文物工作人员提供的线索，这件蕃酋像正是从庄陵南门神道区域移入的，其背后的刻字"吐蕃贺正史尚屈立热"直接证实了这一点。

造像头部、小腿以下、左袖下部、底座均已无存。现存身体部分衣纹较少较浅，胸部和腹部曲线暴露，身体健硕。肩部圆钝、微溜。肩下胸两侧可见条状及圆形凸起，可能为领扣、领边痕迹，无法确知。双臂及双手下垂，左臂下部微屈，均掩于贴体下垂的长袖中。腰束带，正面未表现带扣、带銙，背面表现椭圆形带銙、铊尾、蹀躞带、盘囊等，浅浮雕。背面颈下可见下垂发缕，可辨4缕。如图2-6所示。

图2-6 庄陵南门蕃酋像之吐蕃贺正史像
（陕西省考古研究院唐代帝陵考古队提供，特此致谢）

在唐蕃古道沿线文物遗存中，唐代帝陵的吐蕃赞普及使臣像应是重要组成部分，可以其为依托，将唐代陵墓与唐蕃关系、文化交流相联系，在相关遗址的旅游开发及社会影响方面进行拓展，可为当代汉藏关系寻求历史渊源，推动两族人民的友好交往。

二、马嵬驿

马嵬驿位于陕西省咸阳市兴平市西约 11 千米的马嵬坡，西、北依山，南望渭水，坡势自南向北逐渐加高，坡前有西（安）宝（鸡）公路穿过。《通典》记载："有马嵬故城。孙景安《征涂记》云：马嵬所筑，不知何代人。姚苌时，扶风丁附以数千人堡马嵬，即此也。"①唐马嵬驿遗址已不可寻，唯可考察地理环境及杨贵妃墓。

兴平县唐属京兆府，据《元和郡县图志》："兴平县东至府九十里。"又载："马嵬故城在县西北二十三里。"据此，马嵬距长安 113 里，距金城为 28 里。公元 756 年 6 月，反叛唐朝的安禄山率军攻入潼关，唐玄宗决定携杨贵妃、宰相杨国忠、太子李亨以及诸皇亲国戚、心腹宦官等离开当时世界上最繁华的都市长安，逃往四川。玄宗一行夜半始至金城，第一日行 85 里，大家疲惫不堪。第二日的启程时间当不可能太早，故大队抵马嵬，当在午时，再深入一些，时间应在午正以后，至午正或更晚些而午餐尚无着落，外交人员才会找宰相诉说。各有关史料皆言将士既疲且饿。而最值得注意者当是吐蕃使者群以无食而找杨国忠："会吐蕃使者二十余人遮国忠马，诉以无食，国忠未及对，军士呼曰：'国忠与胡虏谋反！'。"② 士兵被激怒后，杨国忠逃而被追杀，进而戮毁肢体，悬首驿门，其子杨暄及韩国夫人同时被杀，御史大夫魏方进则于杨国忠被杀后出面呵责士兵时被杀；之后，又有韦见素出，被叛兵打伤头部。在以上的事件之后，才轮到皇帝闻讯，以及由高力士问明情由，陈玄礼要求并杀杨贵妃，李隆基不应，往复几次，不得已而下令赐死。如此，杨贵妃死后四军罢乱，计时当近未矣。杨贵妃墓现为省级重点文物保护单位，位于马嵬镇西 500 米处。陵园大门顶额横书"唐杨氏贵妃之墓"7 字。进门正面是一座 3 间仿古式献殿，穿过献殿，就是高 3 米的半球形墓冢。墓冢周围砌以青砖，周围有三面回廊，上嵌大小不等的石碑，刻有历代名人游后的题咏。

---

① 〔唐〕杜佑撰，王文锦等点校：《通典·州郡三·京兆府》，中华书局 1988 年版，第 607 页。

② 〔唐〕杜佑撰，王文锦等点校：《通典·州郡三·京兆府》，中华书局 1988 年版，第 607 页。

据文献记载，公元757年，唐军收复长安，李隆基自成都归来，曾密令迁葬杨贵妃，所以此墓是原来的旧墓还是迁葬后的新墓，或只是杨贵妃的衣冠冢，都无确证。如图2-7所示。

图2-7　马嵬驿与杨贵妃墓

吐蕃赤德祖赞赞普在位时期，唐中宗以金城公主许嫁，"命左骁卫大将军、河源军使杨矩为送金城公主入吐蕃使"，并亲自于始平县送别，惜别于马嵬驿①。

第三节　宝鸡地区

宝鸡，古称陈仓、雍城，地处关中平原西部，是周秦王朝发祥地。公元前11世纪，周先祖之一的古公亶父率族人迁徙到岐山下的周原（今宝鸡市岐山县），建立了西周最早的都城岐邑。唐初置岐州，玄宗天宝年间（公元742—756年）改为扶风郡。此间的天宝十四年（公元755年），范阳节度使安禄山起兵反叛，叛军破关入陕，直逼长安。玄宗携贵妃杨玉环仓皇出逃，行至马嵬坡驿时士兵哗变，玄宗被迫诛杀杨国忠，缢死杨贵妃，逃到陈仓。传说玄宗有言："陈仓，宝地也；山鸟，神鸡也。"肃宗至德元年（公元756年），陈仓改为凤翔郡，不久又改为凤翔府。此间的

---

① 参见〔北宋〕司马光《资治通鉴》卷二百一十八，中华书局2013年版，第1123页；参见〔清〕顾祖禹《方舆纪要·陕西二·西安府》"兴平县"条，中华书局2005年版。

至德二年（公元757年），陈仓山复闻神鸡啼鸣，声传10余里。当是时也，正是安史之乱的紧要关头。玄宗避乱四川，太子李亨在灵州提前登基，史称肃宗，挂帅平叛。闻神鸡鸣叫，唐军节节胜利，叛军一蹶不振。肃宗认为神鸡为国之宝，鸡鸣乃是吉祥之兆，遂正式改陈仓为宝鸡，沿用至今。代宗宝应年间（公元762—763年）因之，属关内道。

一、汧河古道

虽然丝绸之路的线路不断变化，但在宝鸡境内，因为有陇山和汧河，倒使得其路线较为固定：一条为汧河古道，即水上通道；另一条则为长安—雍城—陇州道的陆上通道。汧河古道又称汧水道，为水陆并用通道，是从长安溯渭河西行至汧河口，沿汧河河谷向西北行进，经今凤翔境内的长青镇孙家南头村一带至千阳境内，北行至陇县，再西行经陇关到今甘肃境内的线路。汧河古道之所以成为运输主干道，是因为陇山山地路径陡险，相比之下，汧河河谷至渭河平原、渭北台塬的通道比较平坦和便利，应为古人开辟最早的西行通道之一。①

汧河古道的开辟与秦人东迁的历史背景息息相关。在秦人东迁之前，汧河古道是西周控制西部地区的重要战略通道，也是秦人与关中地区联系的主要道路。而秦人完成东迁之后，汧河古道又成为秦人后勤保障的漕运线路。有唐一代，因渭河干流地质结构复杂，山谷险峻，与西域、吐蕃等地的古道也自然而然地选择了汧河河谷，柳林镇亭子头便是最典型的代表。如图2-8所示。

图2-8　汧河古道

---

① 参见徐日辉《秦襄公东进关中线路考》，载《中国历史地理论丛》2005年第4期，第44-48页。

二、亭子头

亭子头即今陕西省凤翔县柳林镇亭子头村，位于凤翔县城西约 8000 米处、柳林镇东约 500 米处，地处汧渭之汇东北平坦开阔的台塬地带西部，104 省道穿村而过，便利的交通让村子成为古丝绸之路的重要驿站。其西北、西南部临近古代交通要道——汧河河谷，是从长安通往西域和吐蕃的重要交通节点。唐高宗时，吏部侍郎裴行俭护送波斯国王子回国，"帝因诏行俭册送波斯王，且为安抚大食使"①，途经凤翔县柳林镇亭子头，发现路旁蜂蝶坠地而卧，心中甚奇，询问后得知是当地一家酿酒厂，美酒之味引得蜂蝶皆醉，遂留下了"送客亭子头，蜂醉蝶不舞。三阳开国泰，美哉柳林酒"的诗篇。今天的亭子头村就位于中国四大名酒"西凤酒"酒厂近旁，朝西望去，抬头就是凤翔灵山。位于低洼地带的柳林镇，地下水资源充足，往往向地下挖四五米就可见甘洌的泉水。得天独厚的条件，令该镇的白酒酿造兴于唐。

村内中心广场现有新修的亭子头碑以及亭子。碑嵌于砖砌的两面坡式屋形碑楼内。碑楼顶部以瓦、兽面滴水、砖等构成顶部横梁、两面坡顶部及滴水外檐，下部依碑形砌成外长方形、内拱顶长方形的结构。碑正面为拱形螭首碑额与长方形碑身，碑身中部为"亭子头"3 个大字，左侧书有裴行俭所作的咏赞柳林美酒的诗；碑背面碑额上浅浮雕 3 只呈拱形排列的瑞兽。亭子建于低台基上，平面呈六边形，六角各有一圆柱，支撑起六角攒尖式顶部。在亭子正面入口处有"新亭"匾额，两侧的圆柱上书有"龙槐有情迎过客，新亭无恙慰诗人"的新联，表达了今天的亭子头人对于那段历史的追忆。如图 2-9 所示。

图 2-9　亭子头碑、亭、历史典故画

---

① 〔后晋〕刘昫:《旧唐书·裴行俭列传》,中华书局 1975 年版,第 1156 页。

三、关山古道

在陕甘宁交界处，有一座高耸的山岭，莽莽苍苍，如同一条蜿蜒长龙，首伏宁夏，尾落甘陕，自北向东南逶迤而下，它就是陇山。陇山有南北之分，北陇山即六盘山，南陇山即关山。陇山是一条长约240千米、宽40～60千米的山岭。在这条山岭上，由北向南依次分布着泾源、隆德、静宁、平凉、庄浪、秦安等一些历史悠久的重镇，并且它是古丝绸之路西出长安之后巍然屹立的第一道屏障，只有翻越了陇山，才会到达更加遥远的河西走廊。关山古道是古人跨越关山、沟通中原和西域的通道，分3条线，即秦家源古道、咸宜关道和关陇大道。

西控陇右的陇山南段——关山，因其特殊的地理位置和关山草原古道而成为中国史籍里常常提及的一道山脉。《太平御览·地部十五·陇山条》载："天水有大坂，名陇山……其坂九回，上者七日乃越。"遍布于关山深处的古道，早在先秦时代就已初步形成，至今已有2000多年的历史。传说伏羲氏族曾在关山一带生活，从而有了古道最初的雏形。如果说这只是关山地区民间为古道提供了一份远古的神秘的话，那么，发源于甘肃陇南礼县一带的秦人的崛起，则为陇山古道的形成提供了真实的基础。因为当时秦人东迁，正是经过关山而到达关中的。这个过程也恰好是关山古道的形成过程。历史上著名的汧渭之会就是有力的佐证之一。秦始皇西巡的大致路线，也是出咸阳，过陇县，到达今天的甘肃平凉一带，这也在很大程度上为关山古道的形成奠定了基础。而这条路线恰恰就是后来所形成的关山古道中段。汉代以及其后的魏晋南北朝，是关山古道真正形成的时代。在这个时期，关山古道成为古丝绸之路的重要组成部分之一。至隋唐两代，从隋炀帝于公元609年大猎于陇山一带，到公元852年陇山著名的关隘大震关告废，是关山古道最繁荣的时期。隋唐两代作为中国古代封建社会经济最为繁盛的时代，清明的政治、发达的经济都给交通的发展提供了强大的支持，关山古道由此而成为交通重地。

关山古道的北线，即秦家源古道，是关山古道最早的一条干道。这条干道的大致走向是从张家川县恭门镇经马鹿、羊肚子滩、秦家源至陇县固关。其特点是谷长坡缓，土层较厚，易于修筑。在这条干道上，最引人注目的就是秦家源和恭门。从分水岭下山，沿清河下行，便是陇山的林区，秦家源滩地平缓，就像是一块深藏于林区里的玉石。而恭门是关山以西的一个重镇，最早名为弓门，后易为恭门镇。宋哲宗绍圣四年（公元1097年），清水兵马都监魏成于其北山兴建白起祠。祠内存有清水主簿刘果撰的《重修白起祠》石碑。为了加强关陇防卫，还建有白起堡。至今，在白起堡周围还存有20余座分别建于明、清以及民国时期的古堡。

关山古道的南线即咸宜关道。从陇县西行经咸宜村，在崖付沟口分途进沟，一路上行经马鞍子、骆驼巷、鬼门关至蔡子河，再经驿程沟至长宁驿，一路经碑志梁，出黑沟接南寨铺。咸宜关道始修于元朝，是3条干道中修建最晚的一条。据天水学者赵建平考证，这条道路虽然"便捷"，但河谷及越岭路段十分艰险，道路只起到沟通区域经济的有限作用。

关山古道3条线路中，路况最好、作用最大的应该属中线，也就是陇关道（关陇大道）。这条干道开辟于西汉初期，由固关、大震关、安戎关、付汗坪分岔上老爷岭，下山直通马鹿，再经恭门直指陇城，或由马鹿向南经长宁驿至清水、天水，从而形成了丝绸之路过境天水的南北两线。关山古道中，作为官道使用时间最长的也就是这条陇关道，而且，它和古丝绸之路的关系最为密切。

唐代著名边塞诗人岑参，在翻越关山时就给宇文判官写过一首诗。他在这首题为《初过陇山途中呈宇文判官》的诗里如下写道："一驿过一驿，驿骑如星流。平明发咸阳，暮及陇山头。陇水不可听，鸣咽令人愁。沙尘扑马汗，雾露凝貂裘。……"从这首诗里可以看出，唐代的关山古道，不但关隘遍野，在古代的军事地理上颇为重要，而且很有名气，如固关、大震关、安戎关等，而且还设有不少驿站。据史书载，唐代驿站30里一置，若地势力险要难行，可不必30里。据陇县地方志载，唐代从长安往西，关山一带由东向西依次设有大震关驿、分水驿和马鹿驿等。至今，在关山一带，即张家川回族自治县亦有几处有名的驿站，遗址尚存，而且，村镇的名字里也均有驿站之字。它们就是张棉驿和长宁驿。张棉驿在张家川县北部，至今还是一个村子的名字。关于这个名字的来历，据史料载，与汉武帝任命张骞长子张绵为亭驿官职有关。驿站建于今甘肃省平凉市庄浪县石桥村，辖行政、军事为一体。后因羌人不断骚扰，张绵便将驿站迁移到今张家川张棉乡所在地。因驿官名叫张绵，后人称此为张棉驿（"棉"是"绵"的同音），名传至今。长宁驿其实离张棉驿不远，在张家川的马鹿镇。据《明史》记载，长宁驿道是明英宗正统年间凿山开通的。其实，明清时期，长宁驿是陇右一带直通陕西凤翔的通道之一。现在，一条不甚规整的山路，在山坡与森林间时隐时现，延伸至连绵不断的大山深处。而如今的长宁驿村，分上店和下店两个村落，不足100户的人家，在这里清贫地生活着，他们也许知道，这里曾经是商贾走卒歇脚的繁华之地。

自秦汉以来，不同肤色、不同身份的人从这里一程又一程地走过，丝绸、陶瓷、茶叶也从这里——运转，文明的灯盏从此长亮不熄。

关山古道作为一条控制陇右一带的要道，常常在古代的史书里出现，同时也常常出现于古代诗词当中。甚至说，它在古代诗词里的出现，比丝绸之路出现的频率还要高。为什么会形成这样一个局面呢？关键的一点在于，分东、中、西3段的丝绸之路是一条漫长的古道，它是由一段又一段具体的古道连接而成的，因此，每一个文人雅士的感知，只能来自于这些具体的物象。而关山月、陇头流水、陇头辞的出现，就是明证。其实，早在《诗经》时代，那15首《秦风》，记叙的正是关山一带。在陕西宝鸡陈仓出土的石鼓文，作为一组叙事诗，同样也是对《诗经》《秦风》的补充，更为秦文公时期关山一带的交通情况的研究提供了重要的文本。如果说这《秦风》与石鼓文是对关山一带没有具体边缘的大范围的一种抒写的话，那么，汉代乐府里出现的《陇头歌辞》则是古代诗歌里第一次真正意义上对关山一带的记述。尽管在此之前，张衡的《四愁诗》里已经出现过"欲往从之陇坂长"的感叹。而此后，几乎每一位有过西行经历的诗人，都为关山留下了诗句，或咏或叹，或歌或泣，无不充溢着浓浓的情怀。像王维的"陇头明月迥临关，陇上行人夜吹笛"，杜甫"迟回渡陇怯，浩荡及关愁"的感叹。关山古道风貌如图2-10所示。

图2-10 关山草原与关山古道

四、大震关

大震关位于陕西省陇县固关镇固关林场，是唐中叶以后防御吐蕃的要地，也是历史上中原连接西域的通道。许多战事发生在古陇关。驰名中外的丝绸之路，张骞通西域，唐玄奘去天竺国取经，文成公主与松赞干布成亲，都由陇关道经过。不少以民族大义为重，与少数民族联姻的公主和传播、交流文化的僧侣，也曾经过大震关。公元109年，西汉江都王刘建的女儿刘细君出大震关，与新疆伊犁河流域的乌孙王成婚；公元627年，唐代著名高僧玄奘过大震关去天竺取经，为中印文化交流做出了贡献；公元641年，文成公主出大震关，远嫁吐蕃王松赞干布。

大震关设在汧水之南的重岗之上，关前方有两道峡谷，一条通秦家源，另一条通老爷岭。关于大震关之名的来历，相传与汉武帝刘彻在凤翔祭祀五帝突遇暴雨有关。因此，陇坂被称为大震关[①]，汉代名陇关[②]。

大震关在隋唐时期被列为京城四面关中的六"上关"之一[③]，"凡戎使往来，必出此"[④]。无论吐蕃输款"请互市"或东寇关中、商旅往来，还是唐王朝设立驿馆、塞道移关，其所经营与往来者，皆为此道。安史之乱后，吐蕃占据陇右，经常出大震关入侵，马遂"按行险易，立石植树以塞之，下置二门，设篱櫓"[⑤]拒之。

关于大震关的位置，学术界意见很不统一，有清水县东陇山说、通关河西陇山支脉东坡说、陕西陇县西北固关说、陕西陇县西境陇山主脉说、陇县与张川县交界处鬼门关说等[⑥]。其中以陕西陇县西北固关说较可信。早在《永乐大典》里就有"固关站，有马200匹"的记载。固关在陕西

[①] 参见〔唐〕李吉甫纂修《元和郡县图志·关内道·陇州》，国家图书馆出版社2011年版，第4531页。

[②] 参见〔唐〕杜佑撰，王文锦等点校《通典·州郡三·陇州》，中华书局1988年版。"汉陇关，王莽命右关将王福曰：'汧陇之阻，西当犬戎'。今名大震关，在县西。"

[③] 参见〔唐〕张说、张九龄等撰《唐六典·刑部》"司门郎中"条，中华书局2014年版，第3245页。

[④] 〔清〕沈亚之：《陇州刺史厅记》，载董诰等：《全唐文》卷736，中华书局1988年版，第6324页。

[⑤] 〔后晋〕刘昫：《旧唐书·列传八十四》，中华书局1975年版，第4217页。

[⑥] 参见杨军辉《关于唐大震关的几个问题》，载《甘肃农业》2006年第6期，第292-293页。

省陇县固关镇，镇名因关而起。由于交通上的便利，固关镇成了关山脚下的重镇之一。据《元和郡县图志》载："陇山，在县西六十二里，……大震关在州西六十一里，后周置，汉武帝至此遇雷震因名。"陇州汧源县治今陇县。1 唐里约今 540 米，61 唐里约合 32 千米。陇县故关西北的"上关厂"和"下关厂"一带离陇县约 30 千米，与大震关离陇州汧源县的距离相当；地名"上关厂"和"下关厂"证明两地之间古代有关隘存在，"上关厂"一带还发现墩台遗迹。因此，"上关厂"可能就是《元和郡县图志》记载的大震关所在地。安史之乱后，秦陇地区沦陷于吐蕃，因吐蕃屡经大震关入寇关中，马遂立石植树塞关。秦州收复后，因大震故关久废，唐宣宗大中六年（公元 852 年），薛逵东移 30 唐里筑安戎关，称为新关，以别大震故关。安戎关原名定戎关，是唐宣宗大中六年由陇州防乱御使薛逵移筑，该关建成后，大震关即废。而安戎关已于 1980 年被陕西省陇县列为重点文物保护单位，并且立碑示人。

《元和郡县图志》成书于元和八年（公元 813 年），即大中六年薛逵筑安戎关之前 39 年，其所记载的大震关应该是大震故关。关于认为大震关应在陇县、张川交界处的老爷岭一带的说法，虽然老爷岭离陇县的距离与上关厂离陇县的距离相当，但无地名和考古遗迹的印证。所以，将大震关确定在"上关厂"一带可能更恰当①。

如今，随着陇海铁路和宝天、宝平、西兰（北线）公路和宝汉高速公路的开通，大震关、安戎关虽已失去了昔日的风姿，然而，作为自然和人文景观合一的风景名胜，它们却都不减其魅力，具有十分重要的历史文化遗产和旅游开发价值。从宝汉高速出陇关收费站登上大震关，可北望崆峒，西视张（家川）清（水），南观宝鸡（县），东见秦川，北部黄土高原褐黄色的肌肤，西部连绵起伏的崇山峻岭，南部望不到头的林海，东部坦坦荡荡的秦川，尽收眼底。在这里，春可观山花，夏可赏绿湖，秋可闻果香，冬可望雪原。大震关一年四季都有赏不完的美景，春夏秋冬都是一首写不完的诗章。诱人的景色，加上丰厚的历史文化底蕴，使这座古老的关隘如一坛饮之不竭的陈酿，惹得一批批学者、文化人到此旅游，而每次游览都使他们陶醉于其中，乘兴而来，满意而归。新关安戎关则以其山清

---

① 参见苏海洋、雍际春、晏波、尤晓妮《唐蕃古道大震关至鄯城段走向新考》，载《青海民族大学学报》（社会科学版）2011 年第 3 期，第 62-67 页。

水秀、景色宜人而吸引了众多的游客,令他们流连忘返。大震关关口风貌如图 2-11 所示。

图 2-11 大震关关口

宝鸡是丝绸之路和唐蕃古道上的重镇,作为关中-天水经济区副中心城市,是中原通往西南、西北的交通枢纽,是西部大开发承东启西的重要支点,文化旅游资源是宝鸡的重要产业支撑。宝鸡是周人、秦人发祥地,拥有悠久的古代青铜器文化;是汉唐之际的古道节点,是异彩纷呈的异域文化与汉唐文化的交会流通孔道,与唐蕃古道相关的史迹、史料、传说都是其精彩、厚重的历史文化的重要组成部分,在今后的文化遗产保护与开发利用中不应被忽视。

第三章　甘肃段唐蕃古道考古调查

　　唐蕃古道甘肃段大致路线为清水县（清水县）—秦州治所上邽县（天水）—伏羌县（甘谷县）—陇西县（武山县）—渭州治所襄武县（陇西县）—渭源县（渭源县）—临州治所狄道县（临洮县）—兰州（兰州市）—大夏县大夏川驿（广河县）—河州治所枹罕县（临夏市）—凤林关—漫天岭（小积石山）。其中主体线路走向大体与丝绸之路在该区域内的线路相同，而当中所途经的唐陇右诸州无疑是长安西部的重要屏障。

第一节　天水地区

　　天水地区位于甘肃东南部，地处陕、甘、川三省交界，属暖温带半湿润半干旱气候，境内渭河流长约 280 千米。天水在夏、商时期属雍州。周孝王十二年（公元前 9 世纪）嬴非子在秦池（今张家川县城南一带）为王室养马有功而被封于秦，号嬴秦。秦即后世的秦亭，是今天水市辖区见于史籍的最早地名。西汉武帝元鼎三年（公元前 114 年），从陇西、北地二郡析置天水郡，从此便有"天水"的名称。隋唐时实行州县二级制，天水之地为秦州，地域和今辖区大体相当。

一、麦积山石窟

　　麦积山石窟位于甘肃省天水市麦积区，是小陇山的一座孤峰，高 142 米，因山形似麦垛而得名，始建于后秦（公元 384—417 年），大兴于北魏明元帝、太武帝时期，孝文帝太和元年（公元477年）后又有所发展。西魏文帝皇后乙弗氏死后在这里开凿麦积崖为龛而埋葬。北周的保定、天和年间（公元561—572年），秦州大都督李允信为亡父建造七佛阁。隋文帝仁寿元年（公元601年）在麦积山建塔"敕葬神尼舍利"，后经唐、五代、宋、元、明、清各代不断地开凿扩建或重修，麦积山石窟成为中国最著名的石窟群之一。约在唐开元二十二年（公元734年），因为发生了强烈的地震，麦积山石窟的崖面中部塌毁，窟群分为东、西崖两个部分。①洞窟现有编号211个，其中东崖54个、西崖142个、王子洞15个，计有造像7200多身，壁画近1000平方米。造像大部分为北朝泥塑，从北魏到西魏再到北周，北周造像既系统又完整。现存的塑像中，北魏早中期作品受外来艺术影响较明显，北魏晚期以后，本土化特点明显，开始显现出较多的民族化甚至民间化的特点。现存壁画中，一些北朝时期的经变画，如西方净土变、维摩诘变、涅槃变、法华变等是我国石窟寺中保存最早的北朝大型经变画。麦积山石窟的仿木殿堂式石雕崖阁独具特色，洞窟多为佛殿式而无中心柱窟。②

石窟内保留有大量的宗教、艺术、建筑等方面的实物资料，丰富了中国古代文化史，同时也为后世研究我国佛教文化提供了丰富的资料和史实，真实地反映了那个时代艺术家对美好生活的无限向往和审美取向。北魏造像秀骨清俊，睿智的微笑暗含着对恐怖现实的蔑视、对人生荣辱的淡忘和超脱世俗之后的潇洒与轻松；西魏、北周造像的温婉和淳厚，沉醉于对现实生活的追求和对佛国世界的向往；隋唐造像丰满细腻；宋代造像衣纹写实，面貌庄重。麦积山艺术以泥塑见长。艺术家们扬弃了以往那种斤斤计较的细部讲究，而把感染力提到了统率一切的高度，神情动人，富有生活气息。从麦积山各时代造像可窥见当时艺匠们突破佛教的清规戒律，以及以现实生活中的人物为主要素材，加以艺术的夸张、想象、概括、提炼而创作出具有浓郁生活气息的宗教人物，如佛、菩萨、弟子、供养人等形象。第121窟中窃窃私语的佛弟子，第123窟中童男、童女所表现的虔

---

① 参见董广强《70年麦积山石窟文物保护探析》，载《遗产与保护研究》2018年第3期，第43–50页。

② 参见魏文斌《麦积山石窟初期洞窟调查与研究》，甘肃教育出版社2017年版，第1–771页。

诚,不是苦行者的虔诚,而是在时代思潮影响下的童稚般的真诚和愉悦。所以,受当地社会环境的影响,麦积山塑像表现了当地的人与情,使佛教造像好像在生活中似曾相识,使人感觉佛国世界的可亲可爱,从而虔诚信奉。麦积山石窟也曾是"有龛皆是佛、无壁不飞天",但由于当地多雨潮湿,壁画大多剥落,但仍保留北朝时期的西方净土变、涅槃变、地狱变及睒子本生、萨埵那太子舍身饲虎等本生故事,壁画中描绘的城池、殿宇、车骑和衣冠服饰多具有汉文化特色,反映了这一时期的现实生活。尤其是飞天,多彩多姿更具特色,有泥塑、雕刻、绘画以及薄肉塑四种形式的飞天。虽然飞天的故乡在印度,但麦积山的飞天却是中外文化共同孕育的艺术结晶,是印度佛教天人和中国道教神仙融合而成的飞天。她没有翅膀、没有羽毛,她借助云彩而不依靠云彩,只凭借飘曳的衣裙、飞舞的彩带,是凌空翱翔的美丽少女,是中国古代艺术家最具天才的杰作。同时,在壁画、雕塑中也同样出现了舞蹈、乐器踪迹,为研究我国古代音乐等提供了宝贵的资料。

除了精美的雕塑和壁画外,麦积山石窟的建筑艺术也十分精彩。洞窟开凿在悬崖峭壁之上,"密如蜂房",栈道"凌空飞架",层层相叠,其惊险陡峻为世罕见,形成一个宏伟壮观的立体建筑群。其仿木殿堂式石雕崖阁独具特色,雄浑壮丽。洞窟多为佛殿式而无中心柱窟,明显带有地方特色。其中,最宏伟、最壮丽的一座建筑是第4窟上的七佛龛,其又称"散花楼",位于东崖大佛上方,距地面约80米,为7间八柱庑殿式结构,高约9米,面阔30米,进深8米,分前廊后室两部分。立柱为八棱大柱,覆莲瓣形柱础,建筑构件无不精雕细琢,体现了北周时期建筑技术的日臻成熟。后室由并列的7个四角攒尖式帐形龛组成,帐幔层层重叠,龛内柱、梁等建筑构件均以浮雕表现。因而,麦积山第4窟的建筑是全国各石窟中最大的模仿中国传统建筑形式的一座洞窟,是研究北朝木构建筑的重要资料,它真正如实地表现了南北朝后期已经中国化了的佛殿的外部和内部面貌,在石窟建筑发展史上具有重要的意义。[①]

麦积山风景区由世界文化遗产麦积山石窟以及仙人崖、石门、曲溪、街亭温泉5个子景区180多个景点组成,拥有丰富多样的生物类型和物

---

① 参见董广强《70年麦积山石窟文物保护探析》,载《遗产与保护研究》2018年第3期,第43—50页。

种，被称为"陇上林泉之冠"，具有深厚的旅游价值，集国家重点风景名胜区、国家森林公园、国家地质公园、全国重点文物保护单位、中国四大石窟之一为一体，是丝绸古道黄金旅游线上的一颗耀眼的艺术明珠，是最具潜力的旅游胜地，也是唐蕃古道上的重要节点与枢纽。如图3-1所示。

图3-1　麦积山石窟全景与005-1窟唐代造像

二、伏羲庙

伏羲庙位于天水市秦城区西关伏羲路，始建于明成化十九年至二十年间（公元1483—1484年），前后历经9次重修，形成了规模宏大的建筑群。清光绪十一年至十三年（公元1885—1887年）第9次重修后，伏羲庙所在的建筑群占地面积13000平方米，现存面积6600多平方米。庙内建筑院落重重相套，四进四院，宏阔幽深，包括戏楼、牌坊、大门、仪门、先天殿、太极殿、钟楼、鼓楼、来鹤厅共10座；新建筑有朝房、碑廊、展览厅等共6座。新旧建筑共计76间。整个建筑群坐北朝南。牌坊、大门、仪门、先天殿、太极殿沿纵轴线依次排列，层层推进，庄严雄伟。而朝房、碑廊沿横轴线对称分布，规整划一，具有鲜明的中国传统建筑艺术风格。由于伏羲是古史传说中的第一代帝王，因此建筑群呈宫殿式建筑模式，为全国规模最大的伏羲祭祀建筑群。又因有伏羲庙，民国以前小西关城又叫伏羲城。

先天殿又称正殿、大殿，在中院月台的中间部位，是伏羲庙的主体建筑。殿外悬挂"文明肇启"匾额，系清代嘉庆年间秦州牧王赐均所书。殿内藻井顶棚正中绘太极河洛八卦图，四周等分为64格，内刻绘64卦图。大殿通高26.7米,纵深13.5米,面宽7间,通长26.4米,是一座典型的明代风格建筑。殿顶上覆琉璃筒瓦,正脊两端亦施龙吻,垂脊、戗脊施螭兽仙人。正脊中有桥亭火珠,脊面乃饰缠枝牡丹。门窗全系木质结构,上面镂刻雕饰有金钱、艾叶、仙鹤、孔雀、蝙蝠、蝴蝶,还有二龙戏珠、鹿宿松下等图案,花纹细密,栩栩如生。入大殿内,即见一中心方柱似的神龛,伏羲塑像就供奉在这神龛内。这尊塑像体形魁梧、气宇轩昂、浓眉大眼、肌肤丰腴。塑像袒胸露肩,赤裸双脚,其粗犷朴实、平易。伏羲身着树叶,端然而坐,双手托着刻有八卦的太极图,目光炯炯。先天殿的屋架结构技巧也是值得一提的,这是在中国采用早期"减柱法"建造大屋的成功一例。屋架结构严谨,梁柱少而粗大,屋顶四周均用抹角梁拉牵。上层在二金柱间施七架椽,上置蜀柱、驼峰、抄手,再施五架梁和平梁,平梁之上又有鸡爪柱、抄手、驼峰等与之相互制约。这样一来,既省料,又结实,还使大殿内部显得空旷、开阔,并使大殿历经了数次地震的考验。

先天殿后面为太极殿,又称退殿、寝殿、寝宫,依"前宫后寝"惯例而建,原供伏羲,后祀神农,建筑规模略小于先天殿。

每逢正月十六伏羲诞辰日,周边群众扶老携幼,纷纷前来伏羲庙朝拜祭祀"人祖爷"。一时宝烛辉煌,香烟缭绕,钟鼓鸣天,善男信女异常虔诚,庙内充满着一派庄严肃穆的景象。伏羲像如图3-2所示。

图3-2 伏羲庙内的伏羲像

三、石马坪围屏石榻

1982年6月，天水市市区石马坪文山顶发现隋代墓葬一座。墓向正北，为竖井单室。墓室正中处有围屏石榻一座，砂页岩质地。石榻通高1.23米，宽1.15米，长2.18米，由大小不等的17方画像石和9方素面石条组成床座、床板和屏风。其中凡是有雕刻的地方均施红彩，彩上以细墨线勾勒。部分贴金，可以想象文物当时辉煌灿烂的景象。榻上残存木椁和人骨痕迹。随葬器物有坐部伎俑5件、烛台1件、金钗1件、石枕1件、铜镜1件、墓志1盒。

正面床座由两方浮雕画像石拼成，画像石减地雕6组，上下两层圆底莲瓣形壸门，上层壸门为6个男性乐伎，从左到右为执笙、弹半梨形曲项琵琶、吹洞箫、手击腰鼓和奏竖箜篌俑。下层壸门内与乐伎上下对称雕刻6个神兽，两臂生翼，反掌托举。石榻前方两侧还有神兽两尊，为目前国内发现的其他有围屏石榻或石椁所不见。神兽前腿直立，后腿弯曲成蹲卧状。前后两爪撑在石墩上，后背凿成平面，支撑在床板左右两角下。床板由长51.5～59厘米、宽115厘米、厚9厘米的4块石板拼成，正面床沿镌刻忍冬纹，其余三面距床沿4厘米处刻成深3厘米、宽4厘米的凹槽。

屏风由11方均长87厘米、宽30～46厘米、厚3～4厘米的浮雕彩绘屏板组成，床榻左右各3块，正面5块。11块屏风的底部镶嵌在床板边沿的凹槽内。屏风采用平地减底浅浮雕，雕工精湛，内容丰富，画面形象生动。如图3-3所示。

总体而言，屏风内容可分为两组，一组为背部屏风，主要反映墓主夫妇对饮和车马出行。两侧屏风为一组，主要反映与墓主人特殊宗教信仰有关的内容。

背部左侧3块屏风在一组有曲尺形的花径长廊、水榭的园林里，一歇山式厅堂建筑内设"凹"字形连榻，床榻中央盘腿坐一肥胖男子，床边垂足坐一女子，似为夫妇，两人捧杯对饮。另一女子右手提一酒壶站在床边。榻中间置一低案，上盛放杯盘食品。前面的池塘里，荷花盛开，游鱼点缀其间，又有树木花草与假山石墩等物相互衬托，整个画面给人一种优雅深邃之感。右边两块屏风则以城外山林水涧为背景，路边拱桥凉亭陪衬。一马车好似刚从城内走出，大路上4匹马前后错落不齐，正在争上河

图3-3 天水博物馆藏石马坪围屏石榻

桥。前一匹马上乘坐一人,左手提钩,右手反掌前伸,回头望向后边骑马人。后两匹马只出现马头和前蹄。据姜伯勤先生研究,右侧第一幅为死者灵魂通过钦瓦特桥,与妲厄娜演礼图。左侧第一幅为天宇之灵和能带来好运的狩猎图;次二幅表现祆教日、月崇拜;次三幅为表现祭祀祆教神灵的豪摩树和饮豪摩酒的场面。

天水围屏石榻的出土,使20世纪河南安阳出土的一件流散在多个国家的带双阙围屏石榻能够组合在一起。

琐罗亚斯德教是世界上最古老的宗教之一。后来,起源于中亚两河流域的粟特人糅合当地宗教文化的因素,形成了琐罗亚斯德教的粟特版本——祆教。十六国时期,祆教随着掌握着丝绸之路贸易的粟特人传入中国的新疆和甘肃一带。北周时期,大量的粟特商队经过丝绸之路进入中原,有些人甚至在北周、隋和唐朝官府中任职。在长期的生活中,他们在保留自己宗教文化的同时,也逐渐接受汉文化,形成了独特的丧葬文化。天水所出土的围屏石榻就反映了这种独特文化,同时也见证了南北朝时期天水在中原地区与西域文化交流中的重要地位。

第二节　定西地区

定西位于甘肃中部，北与兰州、白银市相连，东与平凉、天水市毗邻，南与陇南市接壤，西与甘南州、临夏州交界。秦昭襄王二十八年（公元前279年）置陇西郡，郡治狄道，辖今定西全境，因其郡治位于陇水之西，故名陇西。隋恭帝义宁二年（公元618年）改临洮郡置岷州。唐天宝元年（公元742年）改岷州为和政郡。乾元元年（公元758年）复置岷州。上元二年（公元761年），吐蕃攻陷岷州，后临州、渭州相继陷于吐蕃。吐蕃统治今定西地区长达300多年。因而，定西无疑是唐蕃古道上最重要的交通节点之一，是古代丝绸之路上的重镇，又是新欧亚大陆桥的必经之地，也是兰州市的东大门，素有"甘肃咽喉、兰州门户"之称，距兰州市仅98千米，与关中－天水经济区和兰白都市经济圈毗邻。

一、鸟鼠山分水岭

鸟鼠山位于甘肃省渭源县城西南8000米处，海拔2609米，为西秦岭北支山脉之一部分，渭水发源地，系渭河上游北源和洮河支流东峪沟的分水岭，是古代从渭河进入洮河谷地的要道和古代中原通往吐蕃的必经之地。

渭河有三源，居中是发源于渭源县西南五竹山的清源河，南源是发源于锹峪峡的锹峪河，北源是发源于鸟鼠山的禹河。中国早期文献中便有关于鸟鼠山的记载。《尚书·禹贡》载："导渭自鸟鼠同穴，东会于沣，又东会于泾；又东过漆沮，入于河。"又载："禹贡导渭自鸟鼠同穴。鼠之山有鸟焉，与鼠飞行而处之，又有止而同穴之山焉，是二山也。鸟名为鵌，似鹅而黄黑色。鼠如家鼠而短尾，穿地而共处。"《山海经》称"鸟鼠同穴山，渭水出焉"。《山海经校注》云："渭水出鸟鼠同穴山，东注河，入华阴北。"晋郭璞注释："鸟鼠同穴山，今在陇西首阳县，渭水出其东，经南安、天水、略阳、扶风、始平、京兆、宏农、华阴县入河。"鸟鼠山因鸟鼠"同穴止宿"而得名。郦道元《水经注》云："渭水出陇西首阳县渭谷亭南鸟鼠山。"①

鸟鼠山从露骨山北望，丘陵中层层梯田的最高点就是鸟鼠山，其宛如巨龙，昂首起伏，蜿蜒东去。南侧密林深处，三眼清泉涌出，形成"品"字泉。泉旁建有禹王庙，以纪念这位"三过家门而不入"的治水英雄。千百年来，"鸟鼠同穴"的神奇景观吸引了众多文人墨客前往访古探胜，吟诗作赋。山上的禹王庙、渭河龙王庙、"品"字泉是很多人烧香磕头的地方。

据《隋书》载，隋炀帝于大业五年（公元609年）为经营西域而西巡河西。当年三月，他由长安出发，沿渭水西行，出萧关，渡陇山，经天水，过陇西，于四月初六至渭源。当时渭源县属陇西郡所辖，有5000多户人家，人口万余。炀帝驻跸渭源县城，憩宿一日后，便吩咐侍从，摆驾鸟鼠山。鸟鼠山奇峰烟锁，禹洞风生。渭水的出处在龙王沟脑，那是一处古木葱茏的山间盆地。面南背北。脑弯里靠北一片断崖，有道断裂罅隙，深不知底。人走近前，只听风吼水腾之声。裂罅之中，一股激流喷涌而出。炀帝一生最喜品诗题句，此行他在鸟鼠山的"品"字泉旁自拟了一联让从臣看："地干纪灵异，同穴吐洪流。"游过禹庙，炀帝纵马登山，扬鞭指点鸟鼠山景。炀帝目之所至，神清气爽，又闻得深林虎啸，采药人遥歌，禁不住幽思汹涌。望着高缈的群峰，云雾中隐约的曲径，他不由得想起了在此地隐居过的青牛道士封衡。仙人已去，遗踪犹存，于是凑着前两句诗，他续写眼前景致："长林啸白兽，云径想青牛。风归花叶散，日举雾烟收。"炀帝在此地举行了规模宏大的围猎。炀帝召集了一些野老村民、围猎壮士来恭承皇筵。他询问了鸟鼠山的风土人情、掌故传说，以及封衡后人的情况。炀帝兴奋之余，又出示自己的诗作，令群臣赓和，相为品评。他于鸟鼠山饱游三日，游赏了陇坻之水，他对此水很感兴趣，并在《临渭源诗》一诗中对此作了形象的描写。炀帝自长安出发，行程千里，渭源是第一个休整之地。他在此历7日之久（四月初六至十二），围猎搜奇，撰文赋诗，受诸国朝觐。这一系列重大活动，史书均有明确记载。除了渭源当时政治、军事、地理位置的重要性，与渭源山水的灵秀是分不开的。隋大业五年（公元609年）农历四月十二，隋炀帝一行离开渭源向狄道而去。②

---

① 〔北魏〕郦道元：《水经注》，中华书局2009年版，第2346页。
② 参见〔唐〕魏征等编《隋书》，中华书局1974年版，第3561页。

唐蕃古道必经之路，山水灵秀，鸟鼠同穴，帝王驻留，这些自然、历史、人文特点足以为鸟鼠山的综合旅游开发提供坚实的基础支撑。

二、哥舒翰纪功碑

哥舒翰纪功碑位于甘肃省临洮县城南大街（原有庙宇，当地人称"石碑观"），现坐北向南，镶嵌在砖龛内，四周设置有保护栅栏，是唐天宝八年（公元749年）所立。碑额高0.92米，两侧刻有狮形瑞兽，饰祥云纹，中间仅存"丙戌哥舒"4字。碑身高4.25米，宽1.84米，有3道裂纹，表面斑驳陆离，风化严重，刻隶书12行，字势雄健，笔力遒劲，传为唐明皇李隆基御笔，许多刻文在"文革"中被砸毁，可辨认者仅67字，已不能成文。清代狄道知州田自福建亭覆之，名"唐碑亭"。容城学者王耐谷证以所藏碑帖，以为乃唐明皇李隆基御笔。临洮学者张维《陇右金石录》以为："此碑既录于金石略，又有哥舒二字，自系边人为哥舒翰纪功而作。观西鄙人歌'北斗七星高，哥舒夜带刀，至今窥牧马，不敢过临洮'之诗。盖边人称翰深矣。唐初置临洮军于狄道，其后始移鄯州（节度衙内），故此碑立于狄道。"清代临洮籍诗人吴镇曾集剩字为《唐雅》6章。碑座高2.4米，共5个阶层，层层内收①。

根据张维《陇右金石录》里的考证："此碑既录于金石略，又有哥舒二字，自系边人为哥舒翰纪功而作"，残存碑文录文（□为缺字、◆为空字）为："遠者□□□□□□□□□□皇之德施化俾夭（天）墜經緯象雲雷日月所臨之／"則懷□□□□□□□也憬◆◆夏其惟犬戎種落猖狂保聚山谷故聖王／明德□□□□□□□□□□□□□□□舊章特申約言載錫姻好／軍士□□□□□□□□□□□□也潛通約而反間／意／未加／身親／敗謀／大服小／一舉而定□□□□□□□□□□□□□德◆◆叛／聖策謀從□□□□□□□□□□也武有七德今則過之而頌聲無聞何以／頌曰。"②

哥舒翰生年不详，是突骑施（西突厥别部）首领哥舒部落人。天宝

---

① 临洮县博物馆张馆长为考察团提供了该碑的介绍资料，再次表示感谢。
② 张维：《陇右金石录》"卷二·二六－二八·哥舒翰记功碑条"，中华民国三十二年（1943年）甘肃省文献征集委员会校印。

六年（公元747年），王忠嗣提拔哥舒翰为大斗军副使，迁左卫郎将。同年接替王忠嗣任为陇右节度使，多次率兵击败吐蕃，并最终于公元749年攻克吐蕃在青海的战略要地石堡城，进而取得黄河九曲之地。这次军事胜利，使吐蕃的扩张野心受挫，洮河流域因此一度安定了下来①。这通纪功碑就是为了纪念他在抵御吐蕃入侵中的卓越功绩而立。天宝十二年（公元753年）八月三十日，进封西平郡王。天宝十三年（公元754年），又拜太子太保，加实封三百户，兼御史大夫。安史之乱时哥舒翰被安禄山俘虏，后被杀害，卒于757年。唐代宗赠太尉，谥曰武愍。

哥舒翰纪功碑1981年已被列入省级文物保护单位，是唐蕃古道上发生的战争历史与护国卫民精神的直接见证。如图3-4所示。

图3-4　哥舒翰纪功碑

---

① 参见〔后晋〕刘昫等撰《旧唐书·哥舒翰传》，中华书局1975年版，第5000-5265页。

第三节　兰州地区

兰州是甘肃省省会，古丝绸之路上的重镇。早在5000年前人类就在这里繁衍生息。秦始皇统一六国后，分天下为36郡，兰州一带属陇西郡地。西汉设立县治，取"金城汤池"之意而称金城。汉武帝元狩二年（公元前121年），霍去病率军西征匈奴，在兰州西设令居塞驻军，为汉开辟河西四郡打通了道路。汉昭帝始元元年（公元前86年）在今兰州始置金城县，属天水郡管辖。汉昭帝始元六年（公元前81年）又置金城郡。隋炀帝大业三年（公元607年），改子城县为金城县，复改兰州为金城郡，领金城、狄道二县，郡治金城。唐统一中国后，于唐高祖武德二年（公元619年）复置兰州。唐玄宗天宝元年（公元742年）复改为金城郡。唐代宗宝应元年（公元762年），兰州被吐蕃占领。唐宣宗大中二年（公元848年），沙州敦煌人张义潮起义，收复陇右11州地，兰州又归唐属。然而，此时的唐朝已经衰落，无力西顾，不久又被吐蕃占领。北宋真宗、仁宗年间，党项族屡败吐蕃诸部。宋仁宗景祐三年（公元1036年），党项元昊击败吐蕃，占领河西及兰州地区。①

遗憾的是，目前兰州地区遗留的唐蕃古道相关遗迹较少，仅有金城关可作观瞻。

金城关已无早期遗址存留，其古址在今兰州市白塔山西南金山寺下，北依高山，南濒黄河，地势险要，是古代中原通往西域和西南的要冲，也是古丝绸之路的必经之道。其始建于秦，壮于西汉。汉武帝在黄河岸边设置的金城津是当时兰州的四大要津之一，也是通往河西的要地之一。唐代边塞诗人岑参（约公元715—770年）在1200多年前为金城关赋诗，天宝八年（公元749年）岑参上任安西节度使高仙芝幕中掌书记，路经兰州时写下了《题金城临河驿楼》诗作："古戍依重险，高楼接五凉。山根盘驿道，河水浸城墙。庭树巢鹦鹉，园花隐麝香。忽如江浦上，忆昨捕鱼

---

① 参见兰州市地方志编撰委员会《兰州市志》，兰州大学出版社2012年版，第20－100页。

郎。"诗中的"古戍"指古代戍边的城堡,"重险"指的便是金城关。唐以来,金城关和发轫于唐,兴起于宋、元、明、清的茶马互市紧密地联系在一起,自唐至晚清,兰州是中国最大的茶叶集散地。

经过4年多的设计和建设,如今的金城关已经成为兰州市集商业、文化、旅游于一身的黄金地段。新旧金城关的对比,如图3-5、图3-6所示。

图3-5 1943年金城关关楼(左)和民国时期白塔山下金城关一带(右)

图3-6 民国时期白塔山下金城关一带(左)和今日金城关(右)

第四节 临夏地区

　　临夏回族自治州地处黄河上游，位于甘肃省西南部，是丝绸之路经济带甘肃黄金段上的重要节点，是西部地区的重要商埠，素有"茶马互市"、西部"旱码头"和"河湟雄镇"之称。东临洮河与定西市相望，西倚积石山与青海省毗邻，南靠太子山与甘南藏族自治州搭界，北濒湟水与兰州市接壤。州境是黄河上游重要的水源补给区，州内河流均属黄河水系。黄河流经州境内达103千米，一级支流有洮河、大夏河、湟水河等，有黄河三级以上支流30多条。

　　临夏州境春秋时期为羌、戎之地，战国末期属古雍州之城。秦朝时，初为罕羌侯邑，后置枹罕县。汉属陇西郡，三国时属魏国，西晋初属秦州陇西郡，北朝时为河州地。隋初设枹罕郡，后改为河州。唐武德元年（公元618年），河州属陇右道，宝应元年（公元762年），为吐蕃所据。北宋初为河湟、唃厮啰政权所辖。由此可见，河州之地在唐代前期为唐蕃古道重要节点，中后期则为吐蕃所据，成为中原汉文化与吐蕃文化融会之地。

一、凤林关

　　西魏文帝大统十二年（公元546年），刺史杨宽于河南凤林川置凤林县，具体地点在唵歌集，因县之名，渡口叫作凤林津，关隘叫作凤林关①。北周时州地属枹罕郡，辖枹罕、凤林、大夏三县。唐贞观七年（公元633年）在唵歌集筑城置凤林县，贞观十一年（公元637年）置凤林关②，关址在西魏旧址上，为唐开元七下关之一，在今积石山县安集乡红

---

① 参见〔唐〕李吉甫撰《元和郡县图志》（卷39），国家图书馆出版社2011年版，第4531页。
② 参见李并成《炳灵寺石窟与丝绸之路东段五条干道》，载《敦煌研究》2010年第2期，第75—80页。

路岭村的"阎王砭"下①。唐高宗仪凤元年（公元676年），凤林县西移至安家观（今安集乡政府一带），更名安乡县。唐玄宗天宝元年（公元742年），安乡县又移至唵歌集，复名为凤林县，改河州为安乡郡。唵歌集一带土壤肥沃，物产丰富，商贾云集，集市繁华，为凤林、安乡县的发展及凤林关的戍守提供了坚实的物质基础，凤林关由此也显得异常重要。

今天，高约7米的"阎王砭"石壁上原镌有"凤林关"3个大字，字旁凿有当年修建关隘时的桩眼，河边残存石块垒砌的墙垣；1958年修"英雄渠"时被毁，现关址被刘家峡水库淹没。凤林关设在深邃幽深、峭壁千仞的寺沟峡黄河南岸，下临黄河深渊，上悬千仞峭壁，背山面水，北控黄河，东拒关口，是古丝绸之路和唐蕃古道上的重要关口。

关南约4000米是凤林山（今称"五女峰"），五峦俱峙，相传昔有凤鸟飞游五峰，山下是凤林川、凤林县，故关名也称"凤林"。《辞海》载："凤林，古地名，在甘肃临夏西北有凤林关。"《唐书》云："河州有凤林关。"成书于民国时期的《续修导河县志》载："凤林关在县北60里寺沟峡南，遗迹尚存。"在凤林川的唵歌集，西魏、北周、唐、宋、元、明等朝先后设置县城，成为河州境内丝绸之路上的重镇，促进了东西方和中原与塞外政治、经济、文化的交流。

凤林关是丝绸之路和唐蕃古道的孔道和唐、宋镇守河陇地区的关防要塞，故为历代兵家必争之地。它既见证了"金术绮绣，问题往来，道路相望，欢好不绝""岁时往复，信使相望"的繁荣景象，也见证了金戈铁马的嘶鸣。唐贞观十五年（公元641年），唐太宗养女文成公主嫁松赞干布，朝廷派江夏王李道宗护送，过凤林关渡过黄河。景云元年（公元710年），唐派御史大夫郑维忠与诗人周利用同送金城公主适蕃，他们经河州，过凤林关渡过黄河，经青海到拉萨。开元十九年（公元731年），唐玄宗派遣御史大夫、鸿胪卿崔琳率71人使团过凤林关报聘（回访）吐蕃。唐代宗宝应元年（公元762年），吐蕃将尚野息、尚悉息东赞率大军克凤林关，攻占河州全境。《旧唐书·吐蕃传》记载："（代宗）（大历二年，公元767年）十一月，和蕃使、检校户部尚书兼御史大夫薛景仙自吐蕃使还，首领论泣陵随景仙来朝。景仙奏云：'赞普请以凤林关为

---

① 参见刘满《凤林津、凤林关位置及其交通路线考》，载《敦煌学辑刊》2013年第1期，第1—23页。

界'。"此亦可见此关为要害之地。唐武宗会昌六年（公元846年）至宣宗大中十三年（公元859年），吐蕃发生内乱，连年内战，造成河湟千里内寂无人烟之惨状，凤林关内外一片凋弊。"凤林关里水东流，白草黄榆六十秋。边将皆承主恩泽，无人解道取凉州。"这首《凉州词》是唐朝著名诗人张籍在唐敬宗宝历元年（公元825年）到陷于吐蕃的凤林关，看到黄河之水依旧日夜东流去，而凤林关一带已被吐蕃占据60多年，交通堵塞，边将无能为力，到处一片萧条景象，感慨之下所赋之诗。大中十一年（公元857年）十月，河、渭二州吐蕃酋长尚延心降唐，唐朝收复了凤林关，河陇地区又为唐朝所有。唐特敕赠进士及第、官工部侍郎秦韬玉的《塞下》诗描述了当时凤林关内外被战乱造成的惨状："到处人皆著战袍，麾旗风紧马蹄劳。黑山霜重弓垛硬，青冢沙平月更高。大野几重开雪岭，长河无限旧云涛。凤林关外皆唐土，何日陈兵戍不毛。"宋朝建国后，吐蕃唃厮啰政权强大，一度控制了河湟地。直到宋神宗熙宁六年（公元1073年）河州才重归中原王朝版图。宋哲宗元符二年（公元1099年）九月，宋王瞻以步骑万人攻入唃厮啰青唐城，滥杀无辜，激起当地各部族暴动，围攻青唐、邈川（今乐都）等城，夏人也以10万民众来援助他们，断炳灵寺浮桥，烧星章峡栈道，宋派苗履由兰州、姚雄由河州率所部同时驰援，才解了围。随着炳灵寺浮桥的焚毁，凤林关从此销声匿迹。

由于已被刘家峡水库淹没，今日的凤林关已无从观瞻，也早已失去了关隘的功能，但由于碧波荡漾的刘家峡水库，神奇的黄河石林，著名的炳灵寺石窟及幽深险峻的寺沟峡，瓜果飘香的尕鲁坪风光，这些已经成为中外游人游览的旅游胜地。如图3-7所示。

图3-7 "凤林关"刻石与隘口

二、炳灵寺石窟

炳灵寺石窟位于甘肃省临夏市永靖县西南 35 千米处的小积石山中。历史上，关于炳灵寺的记述，曾见于北魏人郦道元《水经注》卷二"河水"条。《水经注》中记曰："河峡崖旁有二窟。一曰唐述窟，高四十五丈。西二里，有时亮窟，高百丈、广二十丈、深三十丈，藏古书五笥。"从记载中可见，这里风光清丽，千峰竞秀，崖如刀劈，极适宜寺窟寺院的建造。西汉前此地域为羌人聚居地，据考证，北魏前此窟称"唐述窟"。所谓"唐述"，即羌语"鬼窟"之音译。故积石山称为唐述山，河水亦称唐述水，表明它曾是羌族势力统辖的地区，也可见此地在古人眼中是神秘莫测的地方。同时，此地又是丝绸之路陇西段的交通要道，它是取道青海到达流沙，中亚西域通往西亚的必经之地，故有丝绸之路右南线"临津古渡"之称。西秦乞伏氏曾花费 3 年工夫在附近黄河上架桥，号称"桥高五十丈"，所以西秦曾选此地为国都。相传晋代名僧法显当年就是从这里渡黄河赴印度取经，并留有他的题记。西秦氏信佛法，并聘中原和西域著名高僧昙摩毗、玄高等为护国大禅师。昙弘、玄绍诸僧也到过西秦。高僧玄绍就在炳灵寺"蝉蜕而逝"。由此可知，当时的西秦已有"凿仙窟以居禅"的风气。至唐代，唐述山已成为佛教丛林，后改称为灵岩寺。公元 763 年，吐蕃占领陇右这一地区后，此地除有吐蕃军人驻扎外，还有大批吐蕃移民北上东迁，在炳灵寺石窟建造了无数雕像和壁画，并对佛窟进行了重修和重绘，藏传佛教文化开始直接对这些地区产生影响。到宋代，笃信佛教的吐蕃赞普王朗达玛第五世孙确斯罗于公元 1032 年建立了以青唐（今西宁）为中心的确斯罗藏族政权，占有整个河州地区，炳灵寺也随之为其所有，唐之灵岩寺才改称为藏语音译的炳灵寺。《青唐录》中写道："河州渡河至炳灵寺，即唐之灵岩寺也。"① 《宋史·吐蕃传》记载："自炳灵寺渡河至青唐四百里，道险地远，缓急声援不相及，一也；羌若断桥塞隘，我虽有百万之师，仓卒不能进，二也。"② 在藏传佛教后宏期的元代萨迦时期，由于元世祖忽必烈尊藏传佛教为国教，得势的萨迦教派

---

① 〔宋〕李远：《青唐录》，载陶宗仪《说郛》卷 53，涵芬楼排印本。
② 〔元〕脱脱、阿鲁图等：《宋史·吐蕃传》，中华书局 1977 年版，第 3657 页。

僧人入驻炳灵寺，将炳灵寺前代洞窟内的壁画进行了大量的重绘，佛教造像艺术在炳灵寺得到兴盛发展。其后，随着元朝的衰落，萨迦派在西藏的地位由噶举派取而代之，从而使噶举派在炳灵寺也有一定的传播和影响，炳灵寺地处偏僻深幽的洞沟内开凿的石窟大多是噶举派僧人所建，其风格显得格外幽深神秘，其间也有藏传佛教噶当派僧人入驻炳灵寺弘法传教，开窟造像。从明永乐年间兴起的格鲁派是对炳灵寺影响最大的教派，被永乐皇帝封为"大慈法王"的宗喀巴第四大弟子绛钦却杰代表宗喀巴进京朝觐时，曾两次路过炳灵寺宣讲佛法教义。其后，格鲁派在寺院内相继进行了一系列的弘法活动，对炳灵寺的寺院建筑、洞窟、壁画等连续两次进行了重修、重绘。在炳灵寺重绘的窟龛中，格鲁派壁画占了80%以上，并且还重新开建了一些新的洞窟，从而形成了炳灵寺石窟汉藏佛教并存的独特风貌。

炳灵寺是藏语"仙巴炳灵"的音译。"仙巴"即弥勒佛，"炳"是数词十万，"灵"是州的所在，意译即为"十万弥勒佛"，有学者推测炳灵寺之名始于唐代，是吐蕃对该寺的称呼①。大约宋元明以来，"灵岩""炳灵"互用，一直到清代喇嘛教在此地盛行，才不再称灵岩寺而专用炳灵寺。石窟创建于西秦，历经北魏、西魏、北周、隋、唐、元、明、清等朝代扩建，现存窟龛183个，造像近776身，分石胎泥塑和泥塑两种，壁画约900平方米，大型摩崖石刻4方，石碑1通，墨书及石刻造像题记6方②。石窟分上寺、洞沟、下寺等处，以下寺为主。窟龛均分布在大寺沟两岸的红砂岩上，层层叠叠，栈道曲折盘旋。

唐蕃战争中，炳灵寺所属河州为唐帝国与吐蕃用兵的重镇，通过炳灵寺入蕃的道路是唐蕃古道的官道。炳灵寺石窟内有吐蕃使者的题记，部分造像中的藏传佛教因素亦与吐蕃的一度占领有关，这些都是研究唐蕃关系及交通的重要材料。如阎文儒等先生认为，第64龛上方张楚金撰的《灵岩寺记》中描述的军事行动，是发生于仪凤三年（公元678年）九月李敬玄、刘审礼率领大军与吐蕃战于青海的战事。该文刻于当年十月，时距

---

① 参见魏文斌、吴荭《炳灵寺石窟的唐蕃关系史料》，载《敦煌研究》2001年第1期，第128–133页。

② 参见张宝玺《炳灵寺石窟》，载《永靖炳灵寺石窟研究文集》，甘肃文化出版社2011年版，第6页。

九月的战事仅一个月。刑部侍郎张楚金是随李敬玄参与这场战事的,时任洮河道行军大总管的李敬玄率大军路过炳灵寺,张楚金于战后的十月在炳灵寺撰文刻石记下了这一事件。第148窟外北壁刻魏季随撰《灵岩寺记》,该碑高1.32米、宽0.98米,楷书阴刻,共30行,每行43字,或多一二字不等。该碑中记载了唐蕃关系中以御史大夫崔琳为首的和蕃使团。和蕃使团开元十九年(公元731年)三月从长安出发,沿着唐蕃间相互进出的路径,不足一月就抵炳灵寺,由副使撰文描述了出使的前因及所见炳灵寺的盛况,并将使团的成员名字都镌刻于崖壁上。可以想象这一使团在炳灵寺礼佛时的盛况①。炳灵寺所在地如图3-8所示。

图3-8 炳灵寺所在的黄河与小积石山、崔琳使蕃题记

三、积石关

积石关位于甘肃省积石山县大河家镇关门村。"地险天成第一关,巍然积石出群山。"这是明御史李玑游历积石关后所写的《题积石》诗的两句,充分说明了明初在河州设置的24关中的第一大关——积石关的雄奇、险要和壮丽。这座雄关地处巍峨的积石山麓,积石峡东口。地险天成,南

---

① 参见魏文斌、吴荭《炳灵寺石窟的唐蕃关系史料》,载《敦煌研究》2001年第1期,第128-133页。

倚巍峨高耸的积石山峭壁，北临浊浪滔滔的黄河深渊，背山面水，一夫当关，万夫莫开，历来是丝绸之路和唐蕃古道要隘，军事之要地，甘青之门户。关内为积石山县，关外为青海省循化县，隔黄河与青海民和县相望。关口南侧悬崖坡度近70度，黄河南岸的石峡谷中有一条车马路从积石关通往青海循化县城。现存关墙一段长3米，下宽2米，上宽1米，残高2米，夯筑层20厘米，黄土夯成①。积石关的西端，是黄河上游著名的峡谷——积石峡，传说是大禹治水时凿开积石山而形成的峡谷，峡内黄河急流奔湍，两岸山势峭拔，绝壁千仞，如刀削斧劈；危石险峰，横出天际，大有将崩欲倾之势，为河州八景之第一景。

积石关之南的山峰上，筑有号称"积石锁钥"的墩堡。墩系明代所筑，为守御积石关的烽堠墩台之一，此村也以大墩为名。该墩堡系清咸丰十一年（公元1861年）河州知州赵桂芳驻防积石关时在原墩基础上所筑，取名静安堡。堡门嵌石质"积石锁钥"匾额。积石关以东约2500米的黄河二级台地上是明朝的长宁驿古城址。当时在驿堡内设陕西布政使司和按察使司行馆各一所。汉代在这里曾设河关县，唐代为积石军城，金、元时为积石州城。这里还是明代河州茶马互市的主要榷场。

从以上的描述中不难看出积石关险要的地理位置和重要的政治、军事、交通战略地位。历史上，朝廷很早就在这里设置县、军、州、驿站、关隘。明嘉靖《河州志》载："两山如削，河流其中，西临蕃界，险如金城，实系要地。隋置临津关，命刘权镇之，唐李靖伐吐蕃经积石，宋元立积石州，洪武改为关。"②明洪武三年（公元1370年），御史大夫邓愈统帅大军攻克洮山、岷山、河州后，在河州设置24关，积石关为第一大关，筑有扼控咽喉的雄伟关门、碉堡、哨所。设官1名、兵丁50名把守，一年一换。后积石关等大关设兵丁50名，中小关设兵丁五六人，仍一年一换，轮流驻守。清雍正九年（公元1731年），河州牧顾尔昌团练乡勇分布各关隘。24关集成185队，共计马步乡兵9644人。清乾隆四十六年（公元1781年），"裁以塘丁把守"，设有把总1人，士兵6人。到民国初

---

① 积石山县博物馆崔馆长为考察团提供了积石关遗址和临津渡的三普数据，在此表示感谢。

② 〔明〕吴祯：《河州志》，载张羽新：《中国西藏及甘青川滇藏区方志汇编》卷30，学苑出版社2003年版，第5671页。

年把守官兵全部裁撤。

积石关是中国历史上中原农业民族与青藏高原少数民族的分界线，是中原王朝与羌、鲜卑、吐谷浑、吐蕃、西夏、蒙古等部族争夺的军事要地，这里发生过许多惨烈的战争。汉朝时期，羌、汉长时间的争夺战、拉锯战在这里展开，汉将赵充国、李息、耿恭、马防、马贤、段颎、夏侯渊、张郃等多次用兵河湟，这里曾是主战场。隋炀帝讨伐吐谷浑"出临津关，渡黄河，至西平"。唐兵部尚书侯君集率军过临津，攻打吐谷浑。卫国公李靖在此驻军，哥舒翰伐吐蕃收黄河九曲。朝代宋与夏、金，金与夏，元与金曾在这里激烈血战，争夺积石州。明代大学士解缙被贬为河州礼房吏时游览积石关，写下了"积石唐家节度城，吐蕃羌帽帐纵横。而今河水清无底，时有游人月下行"的绝唱。

积石关壮美的风光，大禹导河的千秋功业及传说，古丝绸之路和唐蕃古道要隘，历代兵家必争的军事地位及悠久厚重的历史，使积石关一直声名显赫，现在更成为一处名胜，吸引着无数文人学士和游人来此游历、观光。积石峡与积石关风貌如图3-9所示。

图3-9　积石峡与积石关

四、临津渡

临津渡位于甘肃省积石山县大河家镇大河村，隔黄河与青海省民和县官亭镇相望。古渡口处黄河河面宽125米。古渡始于汉代，繁荣于唐宋时期，从汉朝到明、清以及近代，一直是黄河上游的重要渡口。西进新疆，南入西藏，是丝路古道和唐蕃古道的重要咽喉，如今只留下了一墩石锁、两条铁索。

《水经·河水注》:"河水又东,临津溪水注之。水自南山,北经临津城西,而北流注于河。河水又东,经临津城北,白土城南……城在大河之北,为缘河津渡之处。"[①]文献中白土城于汉末已有,见于《三国志》"正始九年叛羌屯河关白土故城"。临津城建于前凉张轨时,《晋书地理志》永宁中张轨分西平界置晋兴郡,所统有临津县。据《隋书·炀帝记》隋炀帝亲自出巡陇右、河西地区,亲临前线指挥与吐谷浑作战,从临津关渡黄河至西平。其降伏吐谷浑10万余人,畅通了丝绸之路,密切了内地和西域、西亚和欧洲国家的贸易和文化交流。隋炀帝在现今的张掖地区召开了有名的"西域十六国"大会,他的遂行宫殿是可以撤卸和组装的活动房,占地面积约2000平方米,里面陈设豪华,布局紧凑,有皇宫、侍卫房、后宫、假山、喷泉和花园等。唐设积石军,与吐蕃互通友好,丝绸之路和唐蕃古道上来往的使者、商贾络绎不绝。北宋熙宁年间,大河家古渡边设有茶马互市的榷场,各族人民和平贸易。金、元设积石州。明设积石关,商贩们从兰州、四川、陕西等地运回丝绸、布匹在大河家销售。因此,这里自秦汉以来就是今甘肃和青海间的重要渡口,是唐蕃古道的重要交通节点。

1988年11月,黄河大桥通车,结束了临津古渡的历史使命。古渡虽然已退出历史的舞台,结束了它的使命,但它所起的作用是不可忽视的,它所拥有的辉煌与繁荣也是值得注目的。它是历史的缩影,也是祖国文化重要的组成部分。临津渡如图3-10所示。

图3-10 临津渡

---

① 〔北魏〕郦道元:《水经·河水注》,中华书局2009年版,第2000-2500页。

五、石佛寺石窟

石佛寺石窟位于积石山县大河家镇。石窟位于大河家镇南侧、公路西侧的崖壁中部,距离地面大约17米。现存5窟1塔,保存很差。自北向南第4龛内残存1尊坐佛,高浮雕,头部无存,轮廓大体可辨,似为结跏趺坐,施禅定印,座似为方座,腿与座之间有3个小方孔。塔亦仅可辨轮廓。如图3-11所示。

图3-11 石佛寺石窟全景与塔

第五节 武威地区

武威位于甘肃省中部,系河西走廊东端之门户,丝绸之路自东而西进入河西走廊和新疆的东大门。东邻银川市,西邻西宁市,南邻兰州市,北通敦煌市,素有"通一线于广漠,控五郡之咽喉"之重地之称。汉武帝元狩二年(公元前121年),霍去病击败匈奴,为显示大汉帝国的武功军威,西汉政府在原休屠王领地置武威郡,武威由此得名。隋文帝开皇元年(公元581年),废武威郡,置凉州总管府,治所姑臧。隋炀帝大业初年(公元605年),废凉州总管府,复置武威郡,郡治姑臧县。唐武德二年(公元619年),凉州割据政权李轨被李渊所灭,废武威郡,置凉州总管府,治姑臧。武德七年(公元624年),改置凉州都督府。贞观元年(公元627年），分全国为10道，凉州属陇右道。武威郡属凉州，辖治范围仍沿用隋朝建置。唐玄宗天宝元年（公元742年）又改凉州为武威郡。唐肃宗乾元元年（公元758年），复改武威郡为凉州。公元764年，武威被吐蕃占据，直至唐末汉人张议潮占据河西、陇右，凉州才复归唐朝。今天的武威是"一带一路"的黄金节点城市，地处黄土高原、青藏高原、蒙新高原三大高原交会地带，地势南高北低，由西南向东北倾斜，依次形成南部祁连山山地、中部走廊平原和北部荒漠三个地貌单元。

一、天梯山石窟

天梯山石窟位于甘肃省武威市城南约60千米的黄羊河畔，始建于北凉沮渠蒙逊时期，是中国早期石窟艺术的代表，被称为中国石窟的鼻祖。1958年，因修建黄羊河水库，天梯山石窟除大佛窟外的其他文物均搬迁至甘肃省博物馆保存。1992年，国家文物局批复在原址、原位修复天梯山石窟文物。2006年，保存于甘肃省博物馆的天梯山石窟文物，除少量留存甘肃省博物馆外，其余500多件大小文物及残片移交武威市凉州区天梯山石窟管理处保护管理。

天梯山山峰巍峨，陡峭峻拔，耸入云霄。山有石阶，拾级而上，道路崎岖，形如悬梯，故称天梯山。山巅常年积雪，俗称"天梯积雪"，为凉州八景之一。石窟距今约有1600年历史，现存石窟19个，除第2、3、6、7、8窟和13窟等6个还比较完整外，其余诸窟大都已经残缺不全了。从时代来看，北凉时期石窟5个，北魏时期石窟4个，唐代石窟3个，空无一物的石窟6个。其中，第2、第3窟保存壁画和塑像较多，整个窟形也比较完整。此外，在距窟群东端第13窟再东约60米处的崖面及硕大积石上，可见10多个桩眼，可能系原有栈道桩眼或崖前建筑。

第1窟为北凉始建，北魏、唐、西夏、元、明、清重修。平面呈方形，覆斗形窟顶，中后部为方形中心柱，柱四面开龛塑像，以坐佛为主，尚存7尊。此外，右壁还残存有一身贴塑、着通肩袈裟的坐佛，应为北凉原作。壁画共10层，时代从北凉到清代，内容为千佛、飞天、菩萨、天王、西夏文题记等。

第2窟初唐开凿，盛唐、西夏、明重修。方形覆斗顶窟，现存完整塑像6身，主供为三世佛，带胁侍菩萨。壁画有3层，为唐代与明代所绘，内容有一佛二弟子、千佛、五方佛、一佛二菩萨、菩萨、护法天王、供养人画像、发愿文与题名等。窟内题记见有"正统七年""正统十一年""嘉靖十二年"等纪年。

第3窟初唐所凿，西夏、明重修。方形覆斗顶窟。全窟三龛，各塑一佛二菩萨。壁画有3层，时代为初唐、西夏和明代，内容有并排坐佛、千佛、立佛、立菩萨、伎乐天、韦陀像等。该窟题记有"嘉靖十二年"的纪年。

第4窟北凉所建，中心柱窟，历经北魏、盛唐、中唐、西夏、元、明、清重修。平面呈正方形，共存彩塑佛像8身，分别塑于中心柱下、中层的8个佛龛内，经明清重装，有明显的藏传佛教影响，但个别造像中仍可见早期遗风。该窟壁画共7层，是天梯山石窟中保存北凉壁画最多、最好、最重要的一个窟，壁画内容有立佛、坐佛、千佛、菩萨、飞天、帝释天、梵天、化生童子、天王、殿堂等以及明王、六臂观音、八臂观音等藏传密教图像。其中，中心柱右向面第1层壁画上的一尊身高0.86米的立姿菩萨是天梯山石窟中最完整、最优美、最典型的北凉菩萨。窟内题记中有"康熙五十八年"的纪年。

第5窟始建和重修年代均不明，原为方形覆斗顶窟，塑像、壁画、题记均毁或无。

第6窟始建年代不详，唐、明、清重修。略呈方锥形覆斗顶窟。未见造像。壁画内容有菩萨、老年帝王与侍臣等，保存较少、较差。未见题记。

第7窟北魏始建，北周、西夏、元、明重修。比较规整的方形覆斗顶窟。现存塑像5身，为一佛四菩萨，均为坐像。壁画共3层，内容有千佛、供养人像、童女。未发现题记。

第8窟北魏始建，北周、隋、初唐、盛唐、宋、明重修。不甚规整的方形覆斗顶窟。原作塑像已被毁，仅在后壁龛内留有一个较宽大的石胎。现存一佛二菩萨为宋塑明妆。该窟是天梯山石窟中保存北魏和北周壁画最多的一个窟，现存壁画4层，内容有供养菩萨、千佛、说法图、供养人像、立佛等。未见题记。

第9窟唐代始建，明代重修。方形覆斗顶窟。后壁前面平台正中留有坐佛一身。壁画无存。未见题记。

第10窟始建和重修时代均不明。不规则横长方形窟。塑像全毁，未见壁画及题记。

第 11 窟始建和重修时代均不明。现存部分酷似方形平顶敞口大龛。无塑像、壁画、题记。后壁下面有一个土炕式平台，可能为涅槃窟或禅窟。

第 12 窟始建和重修时代均不明。现存部分亦酷似方形平顶敞口大龛。无塑像、壁画、题记。

第 13 窟唐代始建，西夏、元、明、清重修。该窟为天梯山石窟现存窟龛中最大的一个，高 27 米，口宽 8～18 米，下大上小，下方上圆，敞口，似不规整的菩提叶。现存石胎泥塑塑像 7 身，正中为高 23 米的大佛，两侧分别为二弟子、二菩萨、二天王。壁画仅存明清时期绘制的花纹图案、青狮、白象、老虎供宝等。未见题记。该窟大佛对面约 10 千米的磨脐山下即为弘化公主和慕容诺曷钵、青海王慕容忠及其夫人金城县主、辅国王慕容宣彻、政乐王慕容宣昌、代乐王慕容明、燕王慕容曦等慕容氏家族的墓群。不排除大窟的开凿与慕容氏或弘化公主有关的可能性。

第 14 窟唐代始建，西夏、元、明重修。原来可能为方形覆斗顶窟。塑像仅残存后壁龛内的石胎一躯，可能为坐佛。壁画 3 层，保存较差，内容无法辨识。未见题记。

第 15 窟始建于北凉到北魏，西夏、元或明时可能做过重修。塑像仅存后壁石胎 3 身，可能为一佛二菩萨。壁画 3 层，内容无法确认，仅可辨西夏或元明时期的方形图案。未见题记。据《法苑珠林》《高僧传·昙无谶传》记载，北凉王沮渠蒙逊不但开凿了凉州石窟，还"为母造丈六石像"。按此窟正中石胎尺寸计算，与"丈六"恰好吻合，不排除该窟主尊即沮渠蒙逊为母所造之像。不过，第 17 窟亦有大型造像痕迹，究竟孰是，尚待进一步探讨。

第 16 窟北魏始建，西夏、元重修。坍塌严重，窟形已无法确认。塑像仅存后壁正中残存的立佛石胎，形象、色彩均为北魏风格。似有西夏或元代壁画的痕迹，但内容无法辨识。未见题记。

第 17 窟北凉至北魏始建，隋、中唐、西夏、元、明重修。坍塌严重，原貌已不可知。塑像无存，仅在后壁两侧角及左右壁的中部留有比较大的半个椭圆形佛座石胎，石胎上留有将近两米高的木桩，特别是左壁木桩右侧还残存了一段早期菩萨的飘带。按照一般造像的规律和现存 4 个佛座石胎的大小来推断，窟内至少应有相当大小的 5 尊造像，还有元代影塑、小脱塔、北魏晚期影塑千佛。壁画4层，保存状况较差，内容有立姿菩萨、千佛等。尤其值得注意的是，该窟右壁右侧第2层壁画中发现有中唐的吐蕃供养人图像4身，身着翻领宽袖长袍，长巾裹头，掩耳修发，斜垂脑后，船形眉，八字胡，下身穿紧口裤，足蹬长筒乌靴，侧身相向而立，作供养状①。靠外侧一身侧身向里，下半部多已剥落，头部及上身尚完整，合掌胸前。后边3身侧身向外，其中第一身头戴大红头巾，身穿浅黄色长袍，头巾后面向上翘起一角，并饰以圆形花纹，头部上方竖起一柄卷起的浅绿色伞盖。伞盖顶上镶嵌有巨大宝珠，下边垂挂各色璎珞。冠戴、服饰显然与其他三人不同，应为吐蕃贵族或赞普形象。这是天梯山石窟发现的唯一一组吐蕃供养人画像，与莫高窟159窟所画吐蕃王子及其侍众基本相同。整个画像线条纤细流畅，起落转折匀称、遒劲有力，为中唐时期重要的代表作品。

第18窟北凉始建，北魏、晚唐、西夏、元、明、清重修。平面呈"凸"字形，前后室，后室正中有3层中心柱。清理中出土有影塑千佛和小脱塔。所有塑像全都位在中心柱的各层佛龛内，均为佛像。壁画保存较差，5层，内容有化生童子、花草图案、坐佛、千手观音、北凉供养人、北魏千佛等，还有西夏佛像1身、晚唐龛楣残块1片、西夏佛像腿部残块1件、西夏佛光残块1件。窟内题记有"康熙二十五年""大明国……"等纪年。

第19窟始建和重修时代均不明，为横长方形覆斗顶窟。未发现塑像、壁画与题记。

天梯山石窟第17窟的吐蕃供养人画像及附近的唐公主、吐谷浑王墓葬群充分表明了天梯山在唐蕃古道、丝绸之路上的重要节点位置。天梯山石窟开凿时间早，是凉州模式最早的代表，对龙门石窟、敦煌石窟等中国石窟有直接的影响。天梯山石窟壁画如图3-12所示。

---

① 参见敦煌研究院、甘肃省博物馆《武威天梯山石窟》，文物出版社2000年版，第121页；彩版70、71页。

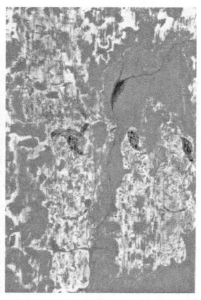

图 3-12　天梯山石窟 13 窟老照片与 17 窟中唐吐蕃供养人壁画

二、青嘴喇嘛湾墓群

青嘴喇嘛湾墓群位于凉州区南营乡青嘴喇嘛湾，北距武威城 20 千米。这里地处祁连山南麓，峰峦起伏，峡谷纵横，发源于天祝藏族自治县境内的冰沟河和大水河流经此地，形成两道湾，北湾叫青嘴，南湾叫喇嘛湾，两湾之间的一道山梁上从清同治年间以来，先后发现了唐代吐谷浑的墓志铭 9 方，所葬 9 人，即弘化公主、代乐王慕容明、安乐王慕容神威、青海王慕容忠、政乐王慕容煞鬼、金城县主、燕王慕容曦光、元王慕容若夫人、大唐故武氏夫人。因这座山梁没有名字，人们便统称这两湾一梁为青嘴喇嘛湾，墓志的发现确认了这里是吐谷浑王室贵族墓葬区。弘化公主墓在北湾，即青嘴①。

弘化公主，又名弘化大长公主，武则天称帝时赐姓武，封大周西平大

---

① 参见李占忠《吐谷浑王后——弘化公主墓解谜》，载《中国土族》2003 年夏季号，第 40-43 页。

长公主，生于唐武德五年（公元622年），为唐宗室淮阳王李道明之女，18岁时嫁与吐谷浑王诺曷钵，是唐王朝外嫁少数民族、实行"和亲"政策的诸多宗室女中的第一位。公元663年，吐蕃击败吐谷浑，诺曷钵携弘化公主逃至凉州，向唐求救。唐军救援不及，吐谷浑亡国。咸亨三年（公元672年），唐将诺曷钵迁至鄯州大通河之南（青海乐都），因惧怕吐蕃，不久又迁至灵州（宁夏同心）。据志文记载，弘化公主于圣历元年（公元698年）五月三日"寝疾于灵州东衙之私第"，"圣历二年三月十八日葬于凉州南阳晖谷冶城之山冈"。1980年，武威县文物管理委员会根据群众提供的线索，对弘化公主墓进行了清理①。墓道向南，方向160度，由斜坡墓道、甬道、墓室3部分组成。墓道最低处距现地表11米。甬道呈洞式，在墓室南壁中略偏东，平砖叠砌，砖缝相错。墓室平面呈长方形，四壁用条砖砌成，顶部用六瓣莲花砖封顶，底部用方砖平铺。当时四壁壁画破坏殆尽，木棺和人骨已散乱，但人骨尚全。随葬品尚存50余件彩绘木俑、木器残件、丝织品残件。墓志于民国四年（公元1915年）被盗出，后经武威商务会长贾坛从盗墓者家中收回。墓志为正方形，边长68厘米，厚6厘米，由志盖和志底两部分组成。志盖正中篆书"大唐故西平公主墓志"3行9字，四周雕刻缠枝卷草纹。志底文字25行，满行24行，介绍了公主的生平事迹，这是研究吐谷浑历史及补订史籍、碑志的宝贵资料。目前，不少学者都对包括弘化公主墓在内的该地区发现的吐谷浑王族墓志开展了深入研究②。青嘴喇嘛湾墓群及出土物如图3-13所示。

---

① 参见黎大祥《武威青嘴喇嘛湾唐代吐谷浑王族墓葬》，载《陇右文博》1996年第1期，第10-15页。

② 参见濮仲远《唐代吐谷浑慕容氏王室墓志研究评述》，载《青海民族大学学报》（社会科学版）2013年第3期，第42-46页。

图3-13 青嘴喇嘛湾墓群及弘化公主墓墓室与出土莲花纹方砖、墓志、石人、绳纹砖

第六节 张掖地区

张掖市地处甘肃省河西走廊中部,由"张国臂掖,以通西域"而得名,古称甘州,是古丝绸之路重镇,唐蕃古道支线的重要节点,新亚欧大陆桥的要道以及全国历史文化名城和中国优秀旅游城市。

夏帝禹元年，张掖属《禹贡》雍州之域，西戎氐之故墟。两晋南北朝时期，沮渠蒙逊在张掖建立北凉国，都建康（今高台县骆驼城），发展农业，大兴儒学，扩大同西域各国的文化交流，继承发扬汉文化，推广佛教，翻译佛经，开凿石窟，并以当地音乐、歌舞与龟兹乐相结合，创造新的音乐《秦汉伎》，使张掖文化呈现出空前繁荣的局面，成为北方中国佛教的中心，同时也使张掖成为中国内地与西域通使和商贸的中介。西魏废帝三年（公元554年），因境内之甘泉而改张掖为甘州。唐时期大力发展农业生产，河西的国际贸易地位达到前所未有的高峰，张掖成为中国对外贸易的重要场所。经济的繁荣促进了文化昌盛。著名高僧玄奘去印度（天竺）取经，途经张掖。诗人陈子昂奉旨视察张掖，写有《上谏武后疏》。王维、高适、岑参、马云奇等驻足甘州时均留下著名诗篇。甘州音乐《波罗门佛曲》传入宫廷后，唐玄宗改制为《霓裳羽衣舞曲》。甘州边塞曲流入中原后，成为教坊大曲，以《甘州破》《甘州子》《八声甘州》《甘州曲》等命名的词牌、曲牌流传甚广。唐末，张掖与中原、西域关系密切，通互市，发展贸易；僧侣往返，佛教文化得到进一步交流。张掖南部的祁连山古道麓则是青海与河西走廊之间的便捷通道，见证了中原王朝与吐蕃王朝之间的政治、军事和文化交流历史。今天，建设中的兰（州）新（疆）铁路第二双线改走青海西宁，穿越祁连，过河西走廊，直抵新疆首府乌鲁木齐，是中国首条在高原高海拔地区修建的高速铁路，被誉为高铁"新丝路"。兰新铁路第二双线经过张掖，直接沟通了唐蕃古道祁连支线。

一、扁都口（大拔斗）古道与石佛寺吐蕃佛教造像

扁都口（大拔斗）即处于今甘肃民乐县东南，甘、青两省交界处的扁都口隘路，文献中称作"达斗拔谷"或"大斗谷"，海拔3500多米，南通祁连县峨堡镇，北达甘肃民乐县炒面庄，地势险要，山势峻峨，峡谷长28千米，宽约10米，险隘深邃，227国道穿谷而过，时而盘旋百折冲上峰顶，时而俯冲万转扑入峡谷。

自汉唐以来，这里就一直是西部羌、匈奴、突厥、回纥、吐谷浑、吐蕃等民族相互联系和出入甘、青之间的重要通道。东晋僧人法显由靖远经兰州、西宁，穿越扁都口到张掖。隋大业五年（公元609年），隋炀帝西巡，于六月中旬进入扁都口，天气突变，大雪纷飞，在暴风雪袭击下，

"士卒冻死大半",隋炀帝的姐姐也冻死在这里。

石佛寺吐蕃佛教造像位于谷内中段,为摩崖线刻禅定印毗卢遮那与二菩萨。毗卢遮那与左侧菩萨束高髻,戴三叶冠,斜披帛带,下身着裙,跣足。右侧菩萨未刻画束高髻和三叶冠样式,仅在头顶刻画出一个水滴状。毗卢遮那禅定印、结跏趺坐,菩萨立姿,站于毗卢遮那左右两侧。有造像题记,内容为"比丘郭·益西央为赞普贵体安康、功德圆满、众生利益而建"。造像的题材、特征、题记等均表明这是一处典型的吐蕃石刻造像,时代约为公元8世纪末期至9世纪初期①,直接证明了扁都口古道作为唐蕃古道祁连支线的重要节点位置。

目前的扁都口景区总体规划40平方千米,分为"一轴四大功能区"格局。主要景观有金色田园、大地艺术、高原牧场、大斗拔谷、石佛岩画、娘娘坟、黑风洞、诸葛碑等。旅游项目有自驾营地、登山观景、田园摄影、激情滑雪、药浴温泉、风情购物、农家乐园、自行车观光体验和古道寻踪等,是唐蕃古道上一道亮丽的风景线。扁都口风貌与山谷内的石佛寺吐蕃摩崖造像如图3-14所示。

图3-14 扁都口与山谷内的石佛寺吐蕃摩崖造像

二、马蹄寺石窟

马蹄寺石窟位于甘肃省肃南裕固族自治县城东南80余千米的临松山

---

① 2015年,时任职于陕西师范大学的石岩刚于暑期赴民乐县考察该处造像地点时注意到其特殊性,并将线索提供给了浙江大学的谢继胜教授。经确认,这是一处吐蕃时期的毗卢遮那造像。2016年4月,谢继胜教授、王瑞雷博士等与青海民族大学的白果教授一行对该处造像地点进行了考察,并由谢继胜教授对藏文题记进行了释读。石岩刚为课题组来了造像照片,谢继胜教授和王瑞雷博士提供了题记释读的线索,在此一并感谢。

中，包括千佛洞、南北马蹄寺、上中下观音洞和金塔寺7个小石窟群。每个小窟群，多的有30余窟，少的有2窟，总共有70多窟，各处相距数千米至万余米不等。因山崖石质属粗红砂岩，不便雕刻，故绝大多数为泥塑。1996年，国务院公布马蹄寺石窟为第四批全国重点文物保护单位。

马蹄山古名临松山，又名丹岭山、青松山，是集石窟艺术、祁连山风光和裕固族风情于一体的旅游区。远在西汉初年，该地是匈奴阿育单于的避暑胜地。民间有这样的传说：天马下凡时一蹄落在了这里的一块岩石上，踩下了一只蹄印，寺院由此而得名。如今，这块蹄印石被保存在马王殿内。由于历史悠久，马蹄石窟同敦煌的莫高窟、安西的榆林窟齐称为河西佛教圣地的三大艺术宝窟。

石窟寺的创建年代迄无定论。从洞窟形制和造像风格上判断，金塔寺和北寺、千佛洞的部分洞窟创建于公元5—6世纪。其中一些洞窟可能在公元5世纪初或更早。所以，一般认为马蹄寺石窟可能与北凉沮渠蒙逊创建"凉州南山石窟"这一记载有关。此外，大量洞窟为北魏至明清历代营建或重修。

各处石窟以金塔寺[①]保存最为完整。洞窟坐北朝南，开凿在马蹄寺西北15千米山谷中高约60米的崖壁上，现存2个中心塔柱式窟。东窟高7米，宽12.4米，残深10.5米。中心柱座基之上分3层造像。下层四面各开一个圆券形龛，龛内塑一坐佛，龛外两侧胁侍除北面塑二弟子外，余三面均为二菩萨，龛楣上方各悬塑飞天6~8身。中层每面开3个小龛，除东西两面中间龛内塑交脚佛外，每龛内各塑一坐佛；西面南侧龛内为释迦苦修像，其龛外南侧胁侍为一天王，此外，各龛外两侧均为菩萨立像。上层北、东、南三面均塑10坐佛、10菩萨，西面为元代补塑5坐佛。四面壁间以影塑坐佛、供养菩萨填补。西窟高4.3米，宽10米，残深4米，形制与东窟相仿。中心柱四面仅下层各开一个大龛，东、南面龛外两侧塑一菩萨一天王，余皆为二菩萨。中层东、南、西、北面居中分别塑倚坐佛、坐佛、半跏菩萨和交脚佛，其两侧除北面塑4菩萨4弟子外，均为8菩萨。上层塑5佛、供养菩萨等。[②]

---

① 参见李娜、汪旻《浅谈金塔寺石窟艺术》，载《丝绸之路》2010年第22期，第26-28页。
② 参见张掖市文物保护研究所《祁连山北麓马蹄寺石窟群浮雕舍利塔考古调查简报》，载《华夏考古》2014年第4期，第39-49页。

北朝石窟较多地集中在千佛洞。位于马蹄寺东北约3000米的崖壁上，共有10余窟。第2、8窟为中心塔柱式，塔柱四面分4层造像，现存部分北魏、北周的造像和壁画。第1、4窟类似新疆克孜尔石窟的龟兹式窟形，现存造像塑于北魏或西魏，经后代重修。第6窟内为初唐石雕一立佛二弟子二菩萨，高约3米。

位于马蹄山东崖的马蹄寺北寺，计有大小窟龛30多个，多为北朝和西夏、元、明以来的残窟。第8窟名藏佛殿，规模最大，深33.5米，宽26.3米，开龛40余个，大约建于西夏至元代。此外，仅第1窟药王洞、第4窟北坐佛洞残留一些元代造像和壁画。[1]

南寺和上、中、下观音洞各有4～6窟不等，开凿时期虽早，但均仅剩残窟。

浮雕舍利塔是马蹄寺石窟的重要组成部分，时代从西夏到清，共计有462座。依据塔龛所处位置可划分成六大区域，即千佛洞区域、北寺区域、南寺区域、格萨尔王殿区域、观音洞区域以及金塔寺区域[2]，比较分散。塔龛多附着于粉砂状的红砂岩体上，多为圆拱形龛，也有三叶形、方形和梯形龛，龛内多凿雕佛塔一座，也有两座和三座的。佛塔的凿雕采用了高浮雕、浅浮雕、圆雕和线刻手法。佛塔风格多样，塔刹有日月莲花、日月宝珠、莲花、火焰宝珠、宝珠和葫芦顶。幡带有蛇状"S"形、"8"字形和组合形图案。华盖多为素面，也有彩绘小佛龛或雕饰数排联珠和山形纹饰，华盖下多雕饰联珠，也有仰莲，莲瓣为桃形。塔颈作相轮，多为粗相轮，也有素面，有十三级和十一级之分，形状有梯形和窄直形两种。山形小须弥刹座单层呈"十"字折角，有在山形处以祥云图案雕饰的。塔身多呈覆钵形，也有瓶形或桶形的，覆钵形塔身多雕饰一道或两道金刚圈，瓶形或桶形的塔身不作雕饰。覆钵塔腰部雕饰覆莲或仰覆莲，"凸"字形须弥塔座叠涩筑式，尚在上枋、束腰及四角保存有精美的浮雕图案。瓶形塔身则为方涩基座，无莲瓣雕饰。瘗穴开凿形式多样，但各塔龛区瘗穴开凿的位置、形制和方式有所不同。如千佛洞塔龛区的单瘗穴都开凿在

---

[1] 参见张掖市文物保护研究所《祁连山北麓马蹄寺石窟群浮雕舍利塔考古调查简报》，载《华夏考古》2014年第4期，第39-49页。

[2] 参见张掖市文物保护研究所《祁连山北麓马蹄寺石窟群浮雕舍利塔考古调查简报》，载《华夏考古》2014年第4期，第39-49页。

塔体正中或左侧，穴内空间较大的为单室。而南寺南区塔龛的单瘗穴或双瘗穴多开在塔体的右侧或两侧，穴内空间较小。北寺对面山塔龛区瘗穴内空间较大的为前后室，并在后室立壁开有拱形佛龛，前室正中凿雕焚香炉。中观音洞区域有在穴内开龛、龛内造塔的独特形式。调查中发现许多塔龛瘗穴内有包裹葬灰的擦擦，这种凿塔开穴以置身灰的埋葬方式，属典型的石窟寺佛教瘗葬。分布在马蹄寺石窟群的400多座浮雕舍利塔，其开凿规模和时间跨度在国内实属罕见，充分展现了该地区在公元十三四世纪藏传佛教文化的独特风格和艺术魅力，内涵丰富的雕刻和绘画，是研究我国古代雕塑艺术发展和宗教文化传承的极好例证。金塔寺石窟如图3-15所示。

图3-15　金塔寺石窟

三、大长岭吐蕃墓葬

大长岭吐蕃墓葬位于甘肃省肃南裕固族自治县马蹄区西水乡二夹皮村东北的大长岭上，距该村村委会所在地约 10 千米。墓葬由墓道、甬道、前室和后室 4 部分组成。墓主人为一成年男性，头南脚北，仰身直肢。头戴银丝网盔帽（已残破），内有缝制的黄丝绸垫，头上梳有 20 厘米长的发辫两根，用黄丝绸缠绕；身着盔甲，腰系牛皮腰带，上有很精致的金饰件；脚蹬高腰牛皮马靴。身体右边放有铁制宝剑一口，后室地面尚有一残损箭筒，内装箭 10 支（铁箭头）；左边放有 8 把腰刀（大、中、小各 3 种）。

该墓葬出土各类器物 143 件，大致可分为 5 类，即金器类、银器类、锡器类、铁器类和木器类。金器类有单耳带盖镶珠金壶、如意形金饰、金质马鞍、马具金饰件、马靴金扣环、金套环、金质方形带饰、金皮木胎刀销，以及其他金饰件。其中，鎏金类有鎏金菱花形三折叠银高足盘、鎏金六龙银杯、鎏金银洗、鎏金铜盏托、鎏金桃形铜饰、鎏金马鞍和马具等。银器类有银匜、银勺等。锡器类有菱花形二龙戏珠锡盘、锡圈等。铁器类有铁质宝剑、连环铁甲等。木器类有门楼图木板画、棋盘门木板画以及十二生肖木板画等。

墓葬所在地位于甘州城南，公元 8 世纪中叶到 9 世纪中叶，这里被吐蕃占据长达百余年，直到咸通四年（公元 863 年），唐王朝复置凉州节度使后，河西走廊才又畅通无阻。大长岭墓葬及墓葬中出土的这批吐蕃文物正是吐蕃占据河西走廊时期的遗存。从墓葬的结构和随葬品分析，墓主的身份较高，可能是一位将军[①]。大长岭墓葬如图 3-16 所示。

---

① 参见施爱民《肃南大长岭吐蕃文物出土记》，载《丝绸之路》1999 年第 1 期，第 66-67 页。

图 3-16 大长岭吐蕃墓葬地表现状、结构与部分出土物

第七节 敦煌地区

敦煌地区位于甘肃省西北部,丝路重镇,国家历史文化名城,东峙峰岩突兀的三危山,南枕气势雄伟的祁连山,西接浩瀚无垠的塔克拉玛干大沙漠,北靠嶙峋蛇曲的北塞山,以敦煌石窟及敦煌壁画而闻名天下,是世界文化遗产莫高窟和汉长城边陲玉门关及阳关的所在地。汉元鼎二年(公元前115年),张骞二次出使西域,开通了通往西域的丝绸之路,敦煌成为中西交通的"咽喉锁钥"。十六国以来,敦煌成为佛教东传的通道和门户,也是河西地区的佛教中心。隋文帝将一批南朝贵族连同其部族远徙敦煌充边,给敦煌带来了南方的文化和习俗。这样,南北汉文化在敦煌融为一体,使敦煌的地方文化更加富有明显的特色。唐代的敦煌经济文化高度繁荣,佛教非常兴盛。贞观十九年(公元645年),唐玄奘到印度取经返回,经敦煌回到长安。"安史之乱"以后,唐王朝由鼎盛开始走向衰落,从此一蹶不振。吐蕃乘虚进攻河西,攻陷了凉州、甘州、肃州等地。

沙州将士百姓坚持了长达11年的抵抗，终因弹尽粮绝，以城降蕃。自此，吐蕃统治了全部河西，长达70多年。唐宣宗大中二年（公元848年），本地人张议潮乘吐蕃王朝发生内乱，联络当地各族群众，聚众起义，赶走吐蕃贵族，一举光复沙州。经过10多年的斗争，全部收复河西、河湟等地，并遣使奉表归唐。唐王朝封张议潮为河西、河湟十一州节度使，建归义军，治沙州。敦煌是吐蕃与唐朝在河西走廊西端争夺的战略要地，留下了双方厚重的历史文化印记，是联系东部中原汉王朝、西南吐蕃王朝与印度半岛、西部中亚地区的枢纽。

敦煌吐蕃石窟包括莫高窟和榆林窟两处重要的石窟群。莫高窟位于敦煌城东南25千米的鸣沙山东麓，现存历代营建的洞窟共735个，分布于高15～30多米高的断崖上，上下分布1～4层不等。分为南、北两区，其中南区是礼佛活动的场所，各个朝代壁画和彩塑的洞窟492个，彩塑2400多身，壁画4.5万多平方米，唐宋时代木构窟檐5座，还有民国初重修的作为莫高窟标志的9层楼。莲花柱石和舍利塔20余座，铺地花砖2万多块。北区的243个洞窟是僧侣修行、居住、瘗埋的场所，内有修行和生活设施土炕、灶坑、烟道、壁龛、灯台等，但多无彩塑和壁画。莫高窟礼佛窟均是洞窟建筑、彩塑、绘画三位一体的综合性艺术，最大者200多平方米，最小者不足1平方米。洞窟形制主要有禅窟、中心塔柱窟、佛龛窟、佛坛窟、涅槃窟、七佛窟、大像窟等。塑绘结合的彩塑内容主要有佛、菩萨、弟子、天王、力士像等。彩塑形式有圆塑、浮塑、影塑、善业泥等。圆雕、浮雕除第96、第130窟两尊大佛，第148、第158两大卧佛为石胎泥塑外，其余均为木骨泥塑。佛像居中心，两侧侍立弟子、菩萨、天王、力士，少则3身，多则11身。以第96窟35.6米的弥勒坐像为最高，小则10余厘米。隋唐是莫高窟发展的全盛时期，现存洞窟有300多个。禅窟和中心塔柱窟在这一时期逐渐消失，而同时大量出现的是殿堂窟、佛坛窟、四壁三龛窟、大像窟等形式，其中殿堂窟的数量最多。榆林窟位于瓜州县（原安西县）城南70千米处榆林河峡谷两岸直立的峭壁上。从洞窟形式和有关题记推断，当开创于隋唐以前。从现存壁画风格和游人题记结衔看，唐、五代、宋、西夏、元、清各代均有开凿和绘塑，进行过大规模的兴建。现存有完整壁画的洞窟43个，其中东崖32窟、西崖11窟，洞窟形制主要有中心佛坛窟、中心塔柱窟、大像窟等3种。现保存着彩塑272身、壁画5650余平方米，其中第25窟的唐代壁画，更是世所罕见的珍品。① 莫高窟、榆林窟如图3-17所示。

图3-17 莫高窟、榆林窟外景

敦煌历史发展到中唐阶段，即吐蕃统治时期的公元786—848年，进入了一个较前朝完全不同的环境与时代，吐蕃的进入与统治，在敦煌产生了极大影响，体现在政治、经济、文化、民族关系等诸多方面。具体而言，在河西瓜沙等统治区施行了包括易服辫发、黥面文身、清查户口、推行部落制、杀阎朝以儆叛心等一系列高压政策，打破了敦煌几百年来以汉文化为主的传统格局。敦煌洞窟的营建和窟内壁画题材内容的选择，虽然有着清晰的时代特点，总体而言，延续和继承是主流，但是到吐蕃时期出现较多的则是带有吐蕃民族、吐蕃统治，或者说受吐蕃民族文化及吐蕃佛教特色影响的图像，如带有浓厚吐蕃世俗装特点的彩塑菩萨造像出现在洞窟的中心佛坛上（莫高窟第161窟），吐蕃样式毗沙门天王像和吐蕃传入的库藏神（榆林窟第15窟）、八大菩萨曼荼罗（榆林窟第25窟）等全新图像的出现，以及吐蕃装供养人形象的大规模出现（莫高窟第359窟），大量与于阗有关的瑞像图史迹画的集中出现（莫高窟第154、第231、第237窟），弥勒经变婚嫁图中唐装人物和蕃装人物记载的唐蕃联姻的场景（榆林窟第25窟），体现吐蕃告身制度的大虫皮天王像的出现（莫高窟第205窟），等等，这些珍贵的壁画图像，标志着敦煌石窟进入了一个全新的时代，也是吐蕃文化、艺术和宗教图像在汉文化地区大量呈现的历史见证，为了解吐蕃历史、社会、文化与艺术提供了不可多得的第一手考古形

---

① 参见沙武田《吐蕃统治时期敦煌石窟研究》，中国社会科学出版社2013年版，第1-36页。

象资料。①

供养人画像是敦煌石窟艺术中历史信息最为强烈的图像，其中的供养人是发现并出资营建了洞窟的窟主、施主，因此是研究洞窟历史等诸多问题最直接有效的资料。就吐蕃统治时期莫高窟洞窟壁画中供养人画像而言，无论是较前还是较后，都发生了很大的变化，主要表现在供养人画像的大大减少、吐蕃装的出现，以及吐蕃装与汉装供养人画像同时并存于洞窟、僧人多于世俗人等现象。其中最为典型的就是第158、第359、第220、第225等窟吐蕃装供养人画像的出现，时代特性极其明显。

作为敦煌吐蕃期洞窟中的吐蕃特色图像，出现于吐蕃期的洞窟如莫高窟第237、第159、第231、第359、第360等窟壁画维摩诘经变中的吐蕃赞普出行礼佛图像，是吐蕃统治时期洞窟壁画的一大特色，也是洞窟断代的标志性画面，这些画面无疑是从吐蕃本土传入敦煌的新画样，非敦煌所本有。吐蕃赞普礼佛图像到了晚唐公元848年，张议潮联合沙州当地豪杰推翻吐蕃回归大唐统治，赞普像又回到各国王子礼佛图的传统画面中，是政治与图像密切关联的实例。另一个有趣的现象是，这一时期吐蕃赞普礼佛图的出现，不是替代传统中原汉族帝王将相的礼佛图，而是在保存原有题材基础上，把吐蕃赞普与群臣礼佛图画在传统为各国王子礼佛图的位置，使得中原汉族帝王与吐蕃赞普两方形成呼应的局面，形象地表明当时唐蕃联姻、唐蕃和好的客观政治形势。②

而在敦煌石窟保存下来的吐蕃人的功德窟，除了体现功德主民族身份关系的吐蕃特色图像之外，还有唐代艺术的延续和敦煌本地特色的图像，是敦煌石窟保存下来的唐蕃艺术交流的重要历史遗存。如作为总指挥攻下瓜沙地区的吐蕃重臣、后为吐蕃宰相、曾经推动唐蕃"长庆会盟"、使唐蕃关系发生重大变化的尚乞心儿的功德窟榆林窟第25窟；长期在河西甘州、沙州译经讲经，藏汉互译了大量佛典的吐蕃高僧法成的功德窟莫高窟第161窟；从洞窟壁画中出现"T"形榜题框、经变画中大量出现吐蕃装世俗人物形象，可以肯定是吐蕃人功德窟的莫高窟第93窟；等等。至于

---

① 参见沙武田《敦煌吐蕃期洞窟与唐蕃文化交流》，载《光明日报》2015年9月17日第16版。

② 参见沙武田《吐蕃统治时期敦煌石窟研究》，中国社会科学出版社2013年版，第1–36页。

敦煌吐蕃洞窟中文殊五台山图的出现（莫高窟第231、第237、第361窟），正是《旧唐书》卷一九六《吐蕃传》长庆四年（公元824年）吐蕃遣使者求《五台山图》的洞窟图像验证。《五台山图》画样从汉地传入吐蕃，又在吐蕃统治下的汉文化区域敦煌大量出现，实是佛教美术交流史上的代表画面。①如图3-18所示。

图3-18 莫高窟吐蕃赞普礼佛图壁画

对敦煌石窟和吐蕃文化交流而言，在这些新的现象与因素当中，大量密教图像系统的表现尤其明显，而其中又以藏传吐蕃密教艺术最富时代和民族气息，客观形象地反映出独特的社会历史背景，即吐蕃统治下藏地吐蕃特色密教艺术传入瓜沙地区的历史事实，集中反映在瓜州榆林窟第15、第25窟二窟壁画当中库藏神、毗沙门天王像、八大菩萨曼荼罗造像，但这些图像并没有被广泛流传开来，仅是昙花一现。以此为线索，可以探讨吐蕃密教艺术进入敦煌石窟的尝试，及敦煌本地人对此类全新图像艺术的心理接受程度，探讨瓜沙信众及石窟营建者在面临吐蕃密教艺术时的

---

① 参见沙武田《吐蕃统治时期敦煌石窟研究》，中国社会科学出版社2013年版，第1-36页。

"文化认同"和"艺术选择",透视吐蕃密教艺术在敦煌的命运,最终为理解吐蕃期敦煌密教艺术提供了参考。①

敦煌是吐蕃人眼中的"善国神乡"。一方面,吐蕃人没有强行攻下沙州,而是和敦煌人达成"勿徙它境"的城下之盟,有效保存了沙州的文化;另一方面,作为向唐朝积极学习佛教的吐蕃统治者,把佛国世界的敦煌也视作发展吐蕃佛教的重要基地,因此有敦煌名僧昙旷答吐蕃赞普的"大乘二十二问",有敦煌高僧摩诃衍前往吐蕃弘扬佛法及其和印度僧人莲花生的"吐蕃僧诤",以及吐蕃统治者在沙州设立的大规模的抄经坊,藏经洞发现的大量的藏文写经即是这一背景下的产物。近年来,在西藏陆续发现来自敦煌的吐蕃写经,正是吐蕃统治时期以敦煌为中心唐蕃文化交流的重要佐证,彰显了敦煌在唐蕃文化交流史上不可估量的历史地位。

以下是敦煌石窟中两组典型的吐蕃佛教图像。

1. 莫高窟藏经洞绢画 ch. 0074(Stein Painting 50)②

该绢画现藏于大英博物馆,基本造像组合为禅定印毗卢遮那与八大菩萨。如图 3-19 所示。毗卢遮那居中,八大菩萨分列两侧,自上而下排列,每列 4 个。戴三叶冠,斜披帛带,为菩萨装。每尊造像都带有藏文题名。根据历史背景、图像题材与组合布局、图像特征风格等可知其时代应为公元 9 世纪上半叶。

2. 榆林窟第 25 窟东壁壁画③

榆林窟第 25 窟东壁壁画仅存主尊与其右侧 4 尊菩萨,根据整体布局可知,图像基本组合为禅定印毗卢遮那与八大菩萨。毗卢遮那居中,八大菩萨分列两侧,每侧上下两排,每排两尊④,每尊图像均带有汉文和藏文题名。戴三叶冠,斜披帛带,为菩萨装。根据历史背景、图像题材与组合

---

① 参见沙武田《吐蕃统治时期敦煌石窟研究综述》,载《西藏研究》2011 年第 2 期,第 87-102 页。

② 参见郭祐孟《敦煌石窟"卢舍那佛并八大菩萨曼荼罗"初探》,载《敦煌学辑刊》2007 年第 1 期,第 45-63 页;参见刘永增《敦煌石窟八大菩萨曼荼罗图像解说》(上),载《敦煌研究》2009 年第 4 期,第 8-17 页;参见刘永增《敦煌石窟八大菩萨曼荼罗图像解说》(下),载《敦煌研究》2009 年第 5 期,第 8-17 页。

③ 参见敦煌研究院编《中国石窟·安西榆林窟》,文物出版社 1997 年版,第 1-200 页;参见陈粟裕《榆林 25 窟—佛八菩萨图研究》,载《故宫博物院院刊》2009 年第 5 期,第 56-82 页。

④ 参见沙武田《榆林窟第 25 窟八大菩萨曼荼罗图像补遗》,载《敦煌研究》2009 年第 5 期,第 18-24 页。

布局、图像特征风格等可知其时代应为公元 9 世纪上半叶①。

图 3-19 敦煌石窟毗卢遮那与八大菩萨

---

① 参见谢继胜、黄维忠《榆林窟第 25 窟壁画藏文题记释读》,载《文物》2007 年第 4 期,第 75-76 页。

第四章　青海段唐蕃古道考古调查

唐蕃古道青海段大致路线为龙支县（古鄯盆地北古城遗址）—鄯州治所湟水县（乐都县）—唐边州最西县鄯城（西宁市）—绥戎城（湟源县北古城遗址）—石堡城（吐蕃铁仞城）—赤岭（日月山）—大非川（共和县）—都兰—那录驿（兴海县大河坝乡）—暖泉驿（兴海县大河坝乡）—烈谟海（苦海）—众龙驿（称多县）—多弥国（役属吐蕃，以玉树巴塘草原为中心）—牦牛河（通天河）—列驿（玉树县结隆乡）—截支桥（玉树县子曲河谷）。该段交通地处要冲，自汉代张骞凿通西域以来一直是丝绸之路南线上的重要枢纽，相继受西羌、吐谷浑、吐蕃等民族控制，是传统的唐蕃古道路线，发现有众多的唐蕃古城遗址，或为地方治所，或为军事城堡，或为古道驿站。不过，在这一路段上，既往的考察与研究多忽略了缺乏直接文献记载但留有大量吐蕃墓葬、遗址与佛教造像的都兰察汗乌苏河谷分支通道。

第一节　海东地区

海东位于青海省东部，东部与甘肃省的天祝、永登、永靖、临夏、甘南等州（市）、县毗邻，其他三面分别与青海省海北、湟中、黄南等州县接壤。隋唐时，今海东地区曾盛极一时，所处地位举足轻重。其治所所在的乐都先后为西平郡、鄯州、陇右道治所，一度成为陇右乃至西北地区的政治中心和军事重地，唐蕃古道的重要节点。

一、龙支故城遗址

龙支故城遗址位于青海省民和县古鄯镇柴沟河和案板泉沟两河交汇处的台地上,距河约50米。故城东为古鄯水库、南为案板泉沟、西为石头沟、北为柴沟河。故城又名"战城""北古城",故城依地形而建,平面呈不规则长方形,东西长约700米、南北宽80~240米。现存东墙墙基残长约106米,残高约1米;西墙残长81米,残高2~3.5米,基宽2.5~16米,顶宽1.4~15米,夯层厚0.05~0.08米。城内可见一条东西向的田间便道,很可能就是故城原来的东西向中轴大道。城内散布有大量瓦片以及泥质灰陶罐、瓮等的残片,出土有唐代铜镜、泥质灰陶罐、柱础和"开元通宝"钱币等。①如图4-1所示。

图4-1 龙支故城遗址与遗址内发现的绳纹砖、筒瓦、莲花纹瓦当

---

① 参见青海文物志编辑委员会《青海省文物志》,青海人民出版社2001年版,第1-304页。

该城址于1982年被调查发现，1986年复查，收录在《中国文物地图集·青海分册》中。目前对于龙支城的位置有分歧，严耕望先生认为龙支城在隆治沟上游古鄯镇，而20世纪80年代唐蕃古道考古队经过现场考察认为，现北古城即为唐龙支故城①。《武经总要前集》一八下云："自（河）州北百里过凤（林）关，渡黄河百四十里至鄯州龙支县。"可见，龙支县地当在河州经凤林关渡黄河去鄯州的大道上。

仪凤三年（公元678年）七月，唐与吐蕃爆发龙支之战。《旧唐书·高宗纪》载："秋七月丁巳，宴近臣诸亲于咸亨殿。上谓霍王元轨曰：……又得敬玄表奏，吐蕃入龙支，张虔勖与之战，一日两阵，斩首极多……"②《元和郡县志》载："龙支县本汉允吾县也，蜀金城郡。后魏初于此置金城县，废帝二年改名龙支县，西南有龙支谷，因取为名。"③

《读史方舆纪要·陕西十三·西宁镇》"龙支城"条："镇东南八十里。城西有龙支堆，因名。汉为金城郡允吾县地。后汉时，置城于此。和帝使曹凤为金城西部都尉，屯龙耆，即此城也。晋隆安二年，南凉秃发乌孤击羌酋梁饥于西平。饥退屯龙支保，乌孤攻拔之。后魏时，置北金城县。西魏又改为龙支县。后周属凉州。隋因之。唐改属鄯州。仪凤三年，鄯州都督李敬玄奏败吐蕃于龙支，是也。后没于吐蕃，号为宗哥城。宋大中祥符中，吐蕃唃厮啰徙居邈川。其相李立遵居宗哥，请命于宋。宋命为堡顺军节度使。元符二年，王赡取其地，旋复陷于吐蕃。崇宁三年，王厚收复。后废。又卫南有龙居废县。"④另清乾隆《甘肃通志》《大清一统志》等资料也都有龙支城的记载。

---

① 参见卢耀光《唐蕃古道考察记》，陕西旅游出版社1989年版，第68页。
② 〔后晋〕刘昫：《旧唐书·高宗纪》，中华书局1975年版，第1－500页。
③ 〔唐〕李吉甫纂修：《元和郡县图志·关内道·陇州》，国家图书馆出版社2011年版，第4000页。
④ 〔清〕顾祖禹：《读史方舆纪要·陕西十三·西宁镇》"龙支城"条，中华书局2005年版，第2357页。

第二节 西宁地区

西宁地区位于青海省东北部，青藏高原东北部，是青海省省会和西北地区重要的中心城市。西宁古称"西平亭"，曾是汉后将军赵充国屯田的地方，南凉的都城，唐蕃古道的咽喉，丝路南道的枢纽，青藏高原通向中原的门户，河湟文化的发祥地之一。

唐高宗仪凤三年（公元678年）由湟水县析置鄯城县，治所在今西宁市东郊，辖区约当今西宁市及湟中、湟源、大通、门源等县地区。玄宗天宝十三载（公元754年），陇右节度使哥舒翰在县境创设鄯城郡，辖鄯城县和临蕃县，不久即废。约肃宗上元二年（公元761年）鄯城县地入吐蕃，县废。西宁是唐蕃古道东段和西段的交会点，以东以唐朝的管辖为主，以西（尤其是过日月山后）则多为吐蕃所控，是两个强盛百余年的王朝政治、文化、军事上的分界区。

一、唐蕃分界碑

唐蕃分界碑残碑首目前放置于青海省湟源县博物馆后院，是20世纪80年代于湟源县日月山口出土的。碑首已残，用青灰色砂岩雕刻，残宽1.13米，残高0.63米，厚0.23米，碑首正面刻双螭垂首，圭形碑额，背面无文字。从其形制可判断为典型的唐代碑首，很可能为唐蕃分界碑。

碑身位于湟源县日月山口的日月亭内。其中月亭内现存分界碑的碑座和碑身，碑首不存，为砂岩凿刻。整体高约2.57米。龟趺座高约0.57米，碑座前宽1.17米，后宽1.04米，龟趺整体呈椭圆形，头部已经残损，左右两侧为腿，卷尾，龟背中间开槽嵌入碑身；碑身高2米，最宽处0.76米，厚0.28米。日亭内发现一龟趺，用砂岩凿刻。整体呈椭圆形，龟趺头残，整体长1.23米，宽0.99米，高0.6米，龟尾部下垂；龟背中间榫槽长0.61米，宽0.23米，深0.24米。碑身不存。

《册府元龟》卷九一《外臣部·盟誓》载，开元二十一年（公元733年）唐蕃双方"乃于赤岭各竖分界之碑，约以更不相侵"；又，该书卷九七九《外臣部·和亲二》记载，赤岭分界之际，唐朝"诏御史大夫崔琳充使，宣谕于赤岭，各分竖界碑约不相侵，后吐蕃不受，破之"。另《旧唐书》卷八《玄宗本纪》载，开元二十二年（公元734年）"六月，己未，遣左金吾将军李佺于赤岭，与吐蕃分界立碑"。另《旧唐书》卷一一二《李暠传》载："暠持节充入吐蕃使，……及还，金城公主上言，请以今年九月一日竖碑于赤岭，定蕃汉界。竖碑之日，诏张守珪、李行祎与吐蕃使莽布支同往观焉。"日月山被很多历史地理学家认为是赤岭，故上述两碑当为唐蕃分界碑，界碑当为两块，正与发现的两碑对应。湟源县博物馆所藏的碑首为20世纪80年代在日月山发掘，当为其中一块碑的碑首部分。如图4-2所示。

图4-2　唐蕃分界碑碑首与碑身

二、柏林嘴古城遗址

柏林嘴古城遗址位于青海省湟源县寺寨乡上寨村贡家营一社，西北临贡家营一社，西距寺寨乡政府驻地约1000米，南面山脚下即为扎草公路。

古城东西长120米，南北宽175米。城墙残宽1～2米、残高0.5～1.1米，夯土层厚0.05～0.12米。城门不详。城墙东、西、南三面均为悬崖峭壁，北与大梁山相连。古城东北部最高处有一夯筑哨台。另外，在古城东、西及中部也筑有烽火台各一座。城墙为石块及沙土夯筑而成，城内多见青砖、陶片等遗物。三普调查时在地面采集到瓦片、灰陶片、残铁器等遗物，2000年被湟源县人民政府公布为县级文物保护单位。①

考察队在柏林嘴古城附近一村民家中见到了采集于城中的"开元通宝""宋元通宝"等唐宋钱币，为古城的时代找到了依据。如图4-3所示。

从采集的遗物及古城残存的遗迹判断，该古城为一处唐代的古城，主要功能为军事防御。

图4-3　柏林嘴古城遗址及出土物

三、营盘台遗址

营盘台遗址位于青海省湟源县日月乡哈拉库图村的野牛山上，北距扎

---

①　参见青海文物志编辑委员会《青海省文物志》，青海人民出版社2001年版，第1-304页。

巴公路 200 米，东、西均为哈城村农户庄院，海拔约 3228 米。

遗址平面呈长方形，南北宽 55 米，东西长 49 米，城的外侧还有两道环壕，宽约 8 米。城南部和东南部的部分夯土墙保存较好，夯层厚约 11 厘米。城内有明显建筑遗迹 9 处，仅剩高出地面的高台。城门开于古城南墙正中，宽 2.9 米。

城北有一座烽火台，东西长 8 米，南北宽 6 米，残高约 3 米，烽火台夯层明显，夯土中夹杂红烧土和白灰墙皮，外部部分区域还保留有花岗岩的卵石护墙。

古营盘始建于唐代，清时在原建筑上增加了新建筑，并留存于今。1985 年文物调查登记时，采集到灰陶片、瓷片、"开元通宝"等遗物，[①] 1983 年被湟源县人民政府公布为县级文物保护单位。如图 4-4 所示。

图 4-4 营盘台遗址全景与夯土墙局部

四、北古城遗址

北古城遗址位于青海省湟源县城关镇光华村东 1000 米处的山地上，西距湟源县城 2000 米，南距 109 国道 80 米、青藏铁路 240 米、湟水河 280 米。地处东峡西口，与隔河相望的南古城扼控峡口两侧。

古城北侧为护城壕，东、西两侧为自然冲沟，南临断崖。古城四面皆有城墙，城墙四角各有马面。北城墙长 150 米，中间有 1 马面；东城墙长 412 米，中间有 5 个等距的马面；南城墙长 414 米，分东西两段，西段紧贴悬崖崖壁，东段则向里稍错开，与崖壁间留有约 10 米的空隙，南门即

---

① 参见李智信《青海古城考释》，西北大学出版社 1995 年版，第 136 页。

开在错开处，门向东，错开处即为进出大道；西城墙长478米，中间偏北开有一门，门向西，两门皆宽约10米。在东城墙外由第一个马面起，自北向南至湟水边，沿南部山梁的东断崖又修筑有一条长约500米的围墙，围墙高约4米，宽3米，有一门与古城南门相对，围墙的尾端建有一高11米，长、宽各12米的瞭望台。出古城西门折向北角再折向西有大道，大道北山上筑有3个相同并列的瞭望台，台高19米，底径15米，顶径11米。台底利用原生土层，土层上采用夯筑，夯层内夹有圆形穿木，每排穿木相距约50厘米，穿木之间相隔约30厘米。站在瞭望台西望，湟水与药水交汇的三角地带尽收眼底。

城内采集到砖、陶片等文物标本，20世纪80年代在城内还采集有"开元通宝"数枚、骨骼器及石马各一件。砖的制法、大小厚薄等与日月山出土的唐蕃分界碑共出的砖完全一致。[①] 特别是在该次调查过程中还发现了唐代花纹方砖，亦可见其时代。此城系湟源县境内发现的规模最大、内涵最为丰富的唐代古城。

据文献记载，唐时在湟源地区曾先后设有白水军、振武军、安人军、定戎军、临蕃城等军事据点。根据史迹记载的里距与地望，专家认为其是唐代白水军绥戎城。白水军是唐代湟水上游最大的军事基地。据《新唐书·地理志·陇右道·鄯州·西平郡》记载："鄯城仪凤三年置，有土楼山，有河源军。西六十里有临蕃城，又西六十里有白水军绥戎城，又西南六十里有定戎城，又隔涧七里有天威军，即故石堡城，开元十七年置，初曰振武军，二十九年没吐蕃，天宝八年克之更名，又西二十里至赤岭其西吐蕃，有开元中分界碑。"从这则记载推断白水军绥戎城即在北土城附近。

北古城规模之大、文化堆积层之厚，都说明此城为当时唐军在湟源地区部署的军事据点中驻扎时间最长、规模最大的军事指挥中心。1998年，该城址被青海省政府公布为省级文物保护单位。如图4-5所示。

---

① 参见李智信《青海古城考释》，西北大学出版社1995年版，第125页。

图 4-5 北古城遗址烽燧、城墙与马面、绳纹砖

五、石堡城遗址

石堡城又称"铁刃城",最初系吐蕃建立的边陲军事城堡,位于青海省湟源县日月藏族乡大茶石浪村西南的大、小方台之上,西邻109国道与湟水上游支流药水河,西南距日月山口唐蕃分界的赤岭遗址仅10千米左右,地理位置十分重要。因日月山口无险可守,地势险要①的石堡城就成了唐蕃双方在边陲地带争夺的战略要地。大方台和小方台均为不规则台地,仅东北侧坡势稍缓,其余三面均为陡峭崖壁。小方台在北,略偏西,大方台在南,略偏东,两台之间有一道很窄的石梁相连。小方台平面略呈不规则三角形,北窄南宽,南北最长约110米、东西最宽约103米。台地边缘可见局部暴露的石砌基础,应为外围墙体基础;中部有凹凸不平的块状区域,因上层堆积覆盖,砌石遗迹暴露很少,但最初应为建筑的墙体基础。台地西南部有一小高台,系修整基岩而成,基岩上垒砌石砌墙基,现存部分边长约8米、高约3米,西北角可见人工垒砌的石块,可能为瞭望台的基础部分。调查中,在小方台遗址区仅发现少量板瓦残片,时代偏晚。②大小方台之间相距约110米,连接二者的山梁顶部很窄,可见人工凿刻的石槽与柱洞,且地表可见到陶器残片以及砖瓦残块。山梁西坡陡峭,未见遗迹现象;东坡稍缓,局部暴露出建筑基址的砌石。过山梁后可到达大方台。大方台整体呈东南-西北向条状,东西最长约180米、南北最宽约50米,中部偏西处及东端地势较高,其余部分微内凹。台地边缘

---

① 参见《资治通鉴·唐纪》卷二十三:"其城三面险绝,唯一径可上。吐蕃但以数百人守之,多贮粮食,积檑木及石。唐兵前后屡攻之。不能克。"

② 参见青海文物志编辑委员会《青海省文物志》,青海人民出版社2001年版,第101页。

亦可见明显的石砌墙体，应为台地边墙的基础。台地内部建筑基址的石砌墙基部分较清楚，散落在地表的砖瓦残块较多。中部偏西处亦有一小高台，现存部分边长约7.8米、高约2米，南侧为加工规整的基岩，顶部有被掏挖的痕迹，散落较多的砖、板瓦、筒瓦残块以及陶器残片。经观察，大方台发现的砖瓦残块部分时代可早至唐代。通过调查，可以确认石堡城遗址地势险要，是扼守赤岭3个山口的唯一要塞，吐蕃控制时期建立了完善的石构防御体系，唐朝攻克该城后设立军堡，因而遗留下唐代的砖瓦建筑材料。如图4-6所示。

图4-6 石堡城遗址远景、石道路与出土物

第三节　海北地区

海北藏族自治州位于青海省境东北部，北与甘肃省毗邻，东南与西宁市的大通县，海东市的互助县，西宁市的湟中、湟源县接壤，西与海西蒙古族藏族自治州的天峻县毗连，南与海南藏族自治州的共和县隔湖相望，东北与甘肃省的天祝、山丹、民乐、永昌、张掖、肃南等市县毗邻。

海北之地古为羌地。汉元始四年（公元4年），王莽在今海晏县三角城设置西海郡，辖海晏、刚察等地区。东汉永元十四年（公元102年），复置西海郡。晋和十六国时（公元265—420年），设置西平郡，海北州属西秦、北凉、南凉统治。隋大业五年（公元609年），炀帝击败吐谷浑伏允主力后，又设置西海郡，郡治移至伏俟城。唐贞观五年（公元631年），设置米川县，辖门源地区。唐咸亨三年（公元672年），徙吐谷浑诺曷钵于浩门水南。唐广德元年（公元763年），吐蕃占据青海，海北州属其域。

西海郡古城

西海郡古城位于海晏县城西北1000米处的金银滩乡，现为全国重点文物保护单位。遗址东西长650米，南北宽600米，城墙残高4米，隐约可见有4道城门。后因风雨侵蚀，东南城角坍塌，呈三角形状，故又称"三角城"。城内采集有卡约文化夹砂粗陶片，西汉王莽时期的五铢、货泉、大泉五十等货币及"小泉直一"钱范、"五铢"钱范，东汉时期的"西海安定元兴元年作当"铭文瓦当、汉代的长乐未央瓦当、唐代的莲花纹瓦当以及宋代的崇宁重宝、圣宋元宝等钱币。这些文物为研究各时期的政治、军事、文化和西海郡的建置沿革提供了重要的实物例证。

古城遗址内发现的虎符石匮由石虎、石匮两部分组成，石虎是用整块花岗岩雕凿而成，长1.5米，高0.5米，背宽0.6米，俯卧在长方形底座上，虎尾搭背，呈蹲伏状，双目前视、欲跃而起的神态，具有我国汉代石雕浑厚古朴艺术风格。石匮正面凿有"西海郡虎符石匮始建国元年十月癸卯工河南郭戎造"3行22个篆字铭文,充分证实了现今三角城系汉代西海郡古城。①

西汉末年,王莽逐步取得汉朝实权,于汉平帝元始四年(公元4年)派中郎将平宪等人来到西海(即青海湖),以大量财物利诱羌人首领献地称臣。西海的卑禾羌首领良愿在利诱和武力威慑下,同意让出鲜水海(亦即青海湖)、允谷(即大允谷,今青海共和县东南部地区)、盐池(今青海茶卡盐湖)等地区,率领本部落12000多人迁到更边远的地区。王莽得到西海地区后,请求监朝太后王政君,说当时已有东海郡、南海郡、北海郡,请求将良愿等所献地区设置为西海郡,以实现所谓"四海一统"。准奏后于公元5年冬设西海郡,置太守,郡下沿青海湖滨设五城:一是今青海海晏县西海郡故城,二是今青海海晏县甘子河乡尕海古城,三是今青海刚察县吉尔孟乡的北向阳古城,四是今青海共和县曲沟乡的曹多隆古城,五是今青海兴海县河卡乡宁曲村的支东加拉古城。五城归西海郡管辖。新莽始建国元年(公元9年),王莽篡政,同年秋派五威将王奇等出使各地,收回汉室印,授予新政新印,并颁布"四十二篇"符命昭告天下。同年十月,西海郡正式移归"新政管辖",并立虎符石匮,以此来巩固政权。新莽地皇四年(公元23年),王莽政权崩溃,卑禾羌遂又趁机夺回了故土,西海郡随之废弃。东汉时,郡城曾一度为金城西部都尉治所。② 西海郡古城遗址与王莽虎符石匮如图4-7所示。

---

① 参见张世杰《青海新莽西海郡虎符石匮铭刻》,载《中国书法》2013年第7期,第176-177页。

② 参见王迹《西海、西海郡考索》,载《青海社会科学》1983年第2期,第107-111页。

图 4-7　西海郡古城遗址与王莽虎符石匮

第四节　海西地区

　　海西蒙古族藏族自治州位于青海省西部、青海湖以西，北邻甘肃省酒泉市，西接新疆巴音郭楞蒙古自治州，南与青海省玉树、果洛藏族自治州相连，东与青海省海北、海南藏族自治州相毗邻。

　　两汉时，今海西东部为先零卑禾等羌人部落活动范围，西部属"若羌国"。隋大业五年（公元609年），隋军击败吐谷浑，在其地设置四郡，今海西东部属西海郡，西部属鄯善郡。隋末，吐谷浑复据故地。唐贞观十年（公元636年），吐谷浑成为唐属国。龙朔三年（公元663年），吐蕃王国灭吐谷浑据有其地，今海西州曾隶吐蕃腊城节度使。宋代，今海西西部为撒里畏兀儿（即黄头回纥）辖地，东部为吐蕃地方政权——角厮啰势力范围。

热水墓地与官却和遗址

20世纪80年代以来，在察汗乌苏河谷开展的一系列调查与发掘工作发现了热水墓地、智尕日墓地、扎麻日墓地、赛什堂墓地、露斯沟墓地以及露斯沟岩刻、官却和遗址等考古遗存，时代从南北朝至隋唐时期，又以唐代为主。此次重点考察了热水墓地[①]与官却和遗址[②]。

热水墓地位于从热水乡至那日马拉黑山的察汗乌苏河两岸台地及山间谷地上。墓葬区东部紧接鄂拉山，西连柴达木盆地东南隅并与布尔汗布达山东麓相邻，以察汗乌苏河为界可分为南北两区：北区东西长1000米，南北宽500米，以热水一号大墓为中心；南区墓葬分布在河岸台地和露丝沟内。墓葬可分为大型墓葬和中小型墓葬两类，一般由封堆、墓室及周围的祭祀坑组成。封堆形制根据墓葬的规模大小有别，根据调查和发掘情况可知，平面形制多为梯形覆斗。大型墓葬的封堆构筑时一般在夯土中夹杂圆木、石块、牛羊骨骼和沙柳枝条等，外围垒砌石砌边框。大型墓葬一般为多室或双室，中小型墓葬多为单室，墓室或为土圹，或石块垒砌，或砖木构筑。青海省文物考古研究所、北京大学考古文博学院、陕西省考古研究院等单位曾独立或联合对该墓地进行了数次考古发掘，出土有石器、骨器、铜器、铁器、陶器、木器、漆器、金银器、古藏文木简牍与卜骨、纺织品、棺板画等文物。

---

① 参见许新国《寻找遗失的"王国"——都兰古墓的发现与发掘》，载《柴达木开发研究》2001年第2期，第66-70页；参见北京大学考古文博学院、青海省文物考古研究所《都兰吐蕃墓》，科学出版社2005年1月；参见青海省文物考古研究所、陕西省考古研究院《青海都兰热水哇沿水库考古发掘》，载《中国文物信息网十大考古新发现专栏》2015年2月11日。

② 参见青海省文物考古研究所、陕西省考古研究院《青海都兰热水哇沿水库考古发掘》，载《中国文物信息网十大考古新发现专栏》2015年2月11日。

官却和遗址位于察汗乌苏河北岸、热水墓地西部。2014 年，为配合哇沿水库建设，青海省文物考古研究所与陕西省考古研究院联合对水库淹没及涉及区的古代文化遗存进行了考古发掘，发现并确认了热水墓地周边的首个重要遗址——官却和遗址，清理房址 9 座、成排灶坑 31 座、灰坑 14 座。房址出土物有陶片（陶罐、陶灯、陶甑、陶纺轮）、铁器残块（甲片、马蹄铁、铁剑、铁钉、铁刀）、铜器残块（铜饰、铜铆钉）、石器（石凿、涂朱石块）、骨角器、炼渣以及动物骨骼、炭样等。

铁剑、卜骨、陶罐等遗物在墓葬和遗址中均有出土，形制也十分相似；并且，房址与墓葬均开口于表土层下。这表明两者具有共时性。墓葬与遗址中同时出现的铁剑、马蹄铁以及遗址中发现的带孔铁甲片都表明这群人很可能与军队活动有关，集中分布的灶坑也表明其生活方式是军事化的集体生活。

公元 670 年，薛平贵西征吐蕃时，与吐蕃军队在玛多与花石峡一带交战。而察汗乌苏河谷则是一条通往花石峡的重要而快捷的通道。因此，初步推测官却和遗址与热水墓群的主体遗存很可能与吐蕃于公元 663 年击败吐谷浑，统治都兰地区之后的驻军有关。紧邻哇沿水库发掘区的露斯沟吐蕃风格的佛教造像①也无疑是这一时期吐蕃统治该地区的佐证。

在浓郁的吐蕃文化因素之外，砖室墓、"开元通宝"等则反映了来自中原地区文化因素的影响，蜻蜓眼玻璃珠的发现，则表明了该区域一直以来处于丝绸之路南道与唐蕃古道青海段重要节点的地位。热水河墓址与官却和遗址如图 4-8 所示。

---

① 参见许新国《露斯沟摩崖石刻图像考》，载《青海社会科学》1994 年第 2 期，第 78 - 83 页；参见 ［日］前园实知雄《中国青海乌兰の仏塔——いわゆる希里沟瞭望台について》，载《考古学に学ぶ Ⅲ》，同志社大学考古学シリーズ 2007 年 7 月 10 日发行。

图 4-8　热水河墓址与官却和遗址

第五节 海南地区

海南藏族自治州位于青海湖之南,是青藏高原的东门户,素有"海藏通衢"之称。西汉神爵二年(公元前60年),金城郡设河关县,辖今贵德、共和东部地区,受"护羌校尉"节制。汉平帝元始四年(公元4年),置西海郡,其辖地包括今共和、兴海两县的大部分地区。南梁大同六年(公元540年),吐谷浑国王夸吕在今共和县石乃亥乡建都伏俟城,海南地区均为其属地。此后,曾数度为吐蕃属地。

一、铁卜恰古城遗址

铁卜恰古城遗址位于共和县石乃亥乡菜济河南的铁卜加村的冬季草场内,东部6000米处为青海湖,2000米处为环湖公路,东北600米处为铁卜加村庄,西南3000米处为乡府所在地。

遗址平面略呈方形,东西长220米,南北宽200米,残高6~12米,城垣基础宽17~18米,可分为早晚两期,早期城垣用素土夯筑而成,晚期用土较杂。城垣四角宽大,疑似角楼。东墙处开门,门宽10米,门外有一折角形遮墙,应为瓮城,东西长约20米,南北宽约20米,城垣残高6米,夯层厚8~11米。瓮城城垣用素土杂以碎石片分层夯筑,其筑建方法与其他吐谷浑古城完全相同。城内布局依稀可辨,城内自东门起有条西向大道,即为全城中轴线,最西端有一方城,东西长70米,南北宽80米,建筑遗址西依城墙,其余三面是另筑的夯筑墙体,其基宽约2米,残高约1米,东墙居中有门,宽5~7米,应该为内城。轴线南侧,残存一个平面近似圆形的圜丘状夯土台基,径长25~30米,残高约10米。台上有建筑遗址。在其南侧和西南处另有两座长方形的夯土台基,风化严重,夯土采用的方式类似吐谷浑城砌筑方式。轴线北侧有一个隆起的土包,是一平面近似长方形的建筑遗址,风化严重,东西长约100米,南北宽约35米,根据辨认,这个建筑可能为房屋基址。城内东南处即靠近东门处,出土大量素面布纹里板瓦和筒瓦残件以及夹砂灰陶残片。城外有外郭围墙,墙基由河砾石垒砌而成,中轴线稍偏向东南,被一条内隔墙分为东西两部分。西部较大,呈方形,东部较小,呈长方形,东部面积不及西部的1/2。外郭围墙南墙长1400米①。根据黄盛璋、方永推断,这方形外廓即是外城②。在此次考察过程中,笔者在城内发现了带有绳纹、刻画纹陶片,并发现一片带有文字的陶片。

黄盛璋、方永先生推测该古城即为吐谷浑的都城伏俟城。《魏书·吐谷浑传》:"伏连筹死,子夸吕立,始自号为可汗,居伏俟城,在青海西十五里。"这座古城距青海湖以西最近处7500米。

20世纪90年代,青海省文物考古研究所在天峻县西约14千米、快尔玛乡东约4000米的加木格尔滩古城遗址进行了调查和试掘。古城址东西长约750米,南北宽约600米,有房屋建筑8座,主体建筑1座;两座城门,北门宽12米,西门宽20米。建筑物有棱形乳钉方砖、粗绳纹板瓦、筒瓦及铭文瓦当。铭文为"常乐万亿"。其面积比铁卜恰古城大很多,建筑规格也较高,亦推测可能为吐谷浑王都,至少是四大成之一的所在地。故伏俟城的地望还需要进一步的考古调查发掘确定。铁卜恰古城遗址如图4-9所示。

二、娃彦古城

娃彦古城位于兴海县上游村娃彦山(吐蕃称"独山")西北方向的一处丘陵台地上。城北侧正在新建一座寺院,东侧有僧人和村民的房子。山北侧有煨桑台,有道路可通,山顶及山坡上可见经幡、小塔等宗教设施。山周边有一圈深壕沟,是共和盆地与娃彦山的断裂带形成的自然壕沟。城墙呈东北-西南走向,由东北主城和西南小城组成。主城平面大致呈方形,

---

① 参见李国华《吐谷浑遗存的初步探索》,载《中国人民大学考古学科建立十周年纪念文集:北方民族考古》(第1辑),科学出版社2014年版,第201-221页。据李国华在文章中介绍,伏俟城的考古工作做得较为充分,靳玄生最初发现这座古城,之后黄盛璋和方永两位先生做过考察,并于1962年发表了《吐谷浑故都——伏俟城发现记》。20世纪80年代初,青海省文物考古队又曾对此城进行过多次调查,其后90年代初又进行了较大规模的发掘考察。

② 参见黄盛璋、方永《吐谷浑故都——伏俟城发现记》,载《考古》1962年第8期,第436-440页。陈良伟先生认为,外郭城的说法不成立,仅是挡水堤坝。参见陈良伟《丝绸之路河南道》,中国社会科学出版社2002年版,第1-350页。

图4-9 铁卜恰古城遗址与出土带符号的陶片

北边长48米，西墙长50米。城西北角被钢构寺院打破，东北角被僧人房屋破坏。东墙局部稍高，芨芨草较少，东侧有简易道路，通向南部插箭台。东南角稍高，南墙西、中段较低。城范围内芨芨草较密，周边低矮草较多。

西南小城平面呈近似方形，整体北高南低。东西墙长28米，东墙低平，局部凸起，东南部稍高。南北墙长34米，南墙低平，局部凸起。城中部内侧有一小高台，被盗挖，暴露出较多的筒瓦、板瓦、滴水等残件。城内其他地表也有散落的板瓦、筒瓦残块，采集有筒瓦、板瓦、莲瓣残块等。该城很可能与吐蕃独山军城有关，是唐蕃古道上重要的地理坐标。如图4-10所示。

图4-10　娃彦山、娃彦古城遗址与航拍、古城内出土的板瓦与筒瓦

第六节　玉树地区

玉树藏族自治州位于青海省的西南部，地处青藏高原东部，东及东南与西藏自治区接壤，西南与囊谦县为邻，西与杂多县毗连，西北与治多县联境，北及东北与曲麻莱、称多县以及四川省相望。古为羌地。魏晋南北朝时属苏毗王国，隋、唐称之为"女国""东女国"，为吐蕃辖地。州政府驻地结古镇历史上是唐蕃古道的重镇，也是青海、四川、西藏交界处的

民间贸易集散地。

一、玉树地区吐蕃摩崖造像与汉文、古藏文题记

玉树地区吐蕃摩崖造像与汉文、古藏文题记共计4处13组，分布在贝纳沟和勒巴沟内。贝纳沟1处4组，此次重点调查了毗卢遮那与八大菩萨造像。勒巴沟3处9组，此次均做了重点考察。

贝纳沟吐蕃佛教造像位于青海省玉树州玉树县结古镇南约13千米的贝纳沟内约500米处紧靠山脚的崖壁上，壁面亦自上而下微外斜，浮雕毗卢遮那与八大菩萨造像，毗卢遮那位于中间，八大菩萨分为上下两排分列主尊两侧，每侧上下两排，每排左右两个。造像区域下面、左侧、右侧线刻联珠、斜向四分方框、外凸三瓣花饰等装饰纹样，构成外龛。造像均带藏文题名，凹入的头光和身光兼具龛的功能，均身着三角翻领袍服，束高筒状发髻，戴三叶冠，穿圆头靴。依据古藏文题记可知，该组造像雕凿于赤德松赞赞普在位时期的狗年，即公元806年，功能主要为"用祝赞普父（赤德松赞）子（赤祖德赞）及一切众成无上菩提"①。造像附近崖面还发现有汉藏文题记、毗卢遮那与二菩萨及十方佛摩崖造像、线刻佛塔与古藏文题记等，时代均为吐蕃时期②。如图4-11所示。

图4-11 贝纳沟吐蕃佛教造像

---

① 汤惠生：《青海玉树地区唐代佛教摩崖考述》，载《中国藏学》1998年第1期，第114－124页。

② 参见乔虹、张长虹、蔡林海、马春燕《青海玉树三江源地区史前文化与吐蕃文化考古的新篇章》，载《青海日报》2016年5月3日。

勒巴沟摩崖造像位于青海省玉树州结古镇贝纳沟造像所在地东北的巴塘乡通天河畔勒巴沟沟口及沟内①,共3处地点。

第一处地点位于沟口左侧,为礼佛图和转法轮图摩崖线刻②。礼佛图自左而右由礼佛侍童、礼佛贵妇、礼佛赞普或贵族、礼佛侍童、释迦牟尼立像组成,画面横宽2.8米,纵高3.95米。释迦牟尼呈站立姿态,通肩袈裟,站立在扁平仰覆莲座上。释迦左侧第二个形象为赞普或吐蕃贵族装人物,侧身弯腰作献礼状,头顶裹高筒状缠巾,身穿三角翻领左衽阔袖袍服,脚穿圆头靴。第三个形象为一贵妇装人物,梳抱面髻,面部圆润,身披无领大氅,氅内穿阔袖袍服,脚穿圆头靴。说法图图像及疑似藏文题记区域横长3.43米,纵高2.38米,图像区域最下部距现地面高19厘米。整个图像由中间的主尊转法轮印释迦牟尼及两侧胁侍菩萨、左下部和中下部的各种动物、右下部的两位龙王和两位供养人、左上部的听法比丘组成。如图4-12所示。

图4-12　勒巴沟造像第一地点全景、礼佛图礼佛人物与说法图主尊

第二处地点位于沟内路左侧一处石棚上,图像均为线刻。根据图像和题记分布的相对集中程度和画面的区域,将此处的造像和题记分为6组,以面对崖面的方向为准,自右而左排列:第一组为涅槃图和题记,图像位于上部,藏文题记位于下部。图像下半部分为主尊佛与两侧双手合十、侧身交脚而坐听法的菩萨像,中部主体为一涅槃卧佛,上部为一佛二菩萨图像。涅槃佛下部可见一高筒状缠头的吐蕃人物形象,与沟口

---

① 参见谢佐等《青海金石录·勒巴沟佛雕及其石刻〔唐〕》,青海人民出版社1993年版,第1—200页。

② 参见汤惠生《青海玉树地区唐代佛教摩崖考述》,载《中国藏学》1998年第1期,第114—124页。

礼佛图非常接近。古藏文题记现可辨8行，其中提到降魔。第二组为降自三十三天图和题记，位于第一组左侧相邻的低一级崖面上，上部为图像区域，下部为古藏文题刻区域。主要图像为上部的立姿佛以及佛背后的天梯，下部的骑象普贤菩萨。古藏文题记位于图像区域下部，现存7行，内容为降自三十三天。第三组为说法图和《般若波罗蜜多心经》，位于第二组左侧偏下处的低一层崖面上，由上部的图像和下部的古藏文题刻组成。图像位于崖面上部，画面中心为右侧部分的禅定印、结跏趺坐坐佛，身穿袒右袈裟，佛陀两侧及下部可见听法比丘，左侧上部线刻有一疑似的屋形、亭状或龛状建筑物，内有3个人物。古藏文题记可辨29行。第四组《无量寿经》，位于第三组左侧下部低一层的一块不规则崖面上，现存部分可辨12行。第五组为佛诞图，该组仅有图像，画面中心为一株高大的无忧树，树下右侧有7朵基本完整的仰覆莲花，象征步步生莲。树下右侧的摩耶夫人体态高大，头戴三叶高冠，身穿阔袖袍服，脚穿圆头靴，右臂下为体态较小的佛陀。第六组为猕猴献蜜图和题记，图像区域上部为一佛二菩萨，中部为二菩萨与献蜜猕猴，下部为猕猴溺水。图像区域右下部至下部右侧，可辨藏文18行，上半部分为猕猴献蜜的故事，下半部分为佛诞故事。

勒巴沟第三造像地点位于沟内右侧近地面的一处三角形崖壁上。题材为毗卢遮那、二菩萨、二飞天。毗卢遮那和二菩萨为减地浅浮勾画轮廓，阴线刻画细部，二飞天为阴线刻。戴三叶冠，上身斜披帛带，下身着裙，跣足。毗卢遮那禅定印结跏趺坐于莲花狮子座上，二菩萨游戏坐于莲花座上。主尊坐下部有3行横书古藏文造像题记，内容为"向朗巴朗增、金刚手大势至菩萨及观世音菩萨顶礼，刻于马年"。如图4-13、图4-14所示。

图4-13　勒巴沟造像第二地点全景、古藏文题记、佛诞图

图4-14 勒巴沟造像第三地点全景

玉树地区吐蕃佛教造像题材丰富，包括以释迦牟尼为主尊的礼佛、说法、佛传和以毗卢遮那主尊、配置以二菩萨或八大菩萨的两大类5种类型。其中的佛传故事题材在吐蕃摩崖佛教造像中尚属首例，吐蕃装的摩耶夫人形象尤为重要。礼佛图和说法图等也较少见于四川西南部、西藏东部至中部地区，具有鲜明的地域特色。而毗卢遮那与二菩萨、毗卢遮那与八大菩萨的造像组合则多见于四川西北部和西藏东部地区，与文献记载的吐蕃腹地卫藏地区流行的造像题材组合相近。造像特征包括俗装、佛装和菩萨装三大类。此外，佛像的葫芦状肉髻、佛像或菩萨像的扁平仰覆莲座、摩耶夫人与贝纳沟九尊像的三叶冠等也是玉树地区吐蕃时期造像的主要特征之一。此外，玉树地区吐蕃佛教造像伴存的题记内容丰富，数量较多，这一点与临近的四川西北部地区石渠境内发现的吐蕃佛教造像与题记具有相似性，时代为公元8世纪中晚期至9世纪初期。

二、聂龙加霍列与章其达吐蕃墓葬

聂龙加霍列与章其达吐蕃墓葬均为吐蕃时期的封堆墓葬。聂龙加霍列墓群位于治多县治曲乡治加村的聂龙沟内。根据墓葬所处的地形特征和分布情况，可分为3个区，一区墓葬共5座，二区墓葬最为集中，共9座，三区仅 1 座。封堆形制全部为梯形，墓室为竖穴土坑，石板封顶，层层叠压，底部铺有小碎石，不铺底板。内部用石条分割出区域。随葬品主要有牛尾骨、银器、铁器、漆器、陶器等。① 章其达墓群位于治多县立新乡叶青村，墓地分布有地表特征明显的 33 座单体墓葬。整个墓地中以 M1 规模最为宏大，梯形，前端边长 17.3 米，后端边长 12.6 米，侧边长 12.5 米，高度 1.7 米左右。封堆采用岩石人工垒砌，中间加以碎石填充。M1 封堆砌石底部前沿经过修整，基本上处于水平线上，两侧边及后沿随地形。两座封堆墙体逐级收分，呈三级台阶状。第一、第二级保存明显，第三级局部有所破坏。M1 封堆内部结构最为复杂，采用岩石砌成的网格状石墙将封堆上部划分成 7 个不同的单元，墓室位于中间的一格位置，由墓道、天井、主室、侧室以及主侧室与天井相通的甬道组成。墓道平面呈狭长条形，西向，开口于封堆顶部 2/3 处，与封堆顶部齐平。墓道下行共有 9 级级踏到达天井。天井平面呈长方形，天井南侧通甬道与主室相连，西侧通甬道与侧室相连。主室与侧室平面呈圆形，略不规整，下半部采用平砌，上半部采用立券，逐渐收分成穹隆顶。顶部留有圆形空洞，用石板封砌墓室顶部。圆形穹隆顶的墓室结构不但与西藏发现的墓葬形制相同，也与近年在海西蒙古族藏族自治州德令哈郭里木棺板画上绘制的吐蕃"拂庐"形制相似。墓内出土的人骨不完整，为一个个体，初步判别为男性。人骨旁还有一个羊的头骨随葬。出土物不丰富，有石器和残碎陶片②。

包括这两处墓地在内的青海玉树地区吐蕃时期墓葬的考古调查与发掘工作是继都兰吐蕃墓葬发掘之后最重要的青海唐蕃古道吐蕃考古工作。从墓地布局、墓葬形制结构等方面来看，既与西藏本土发现的吐蕃墓葬之间具有许多相同的特点，但也具有若干地方性的特点。如图 4-15 所示。

---

① 参见乔红、张长虹、蔡林海、马春燕《青海玉树三江源地区史前文化与吐蕃文化考古的新篇章（二）——吐蕃时期的文化遗存》，载《青海日报》2015 年 4 月 24 日第 11 版。

② 参见乔红、张长虹、蔡林海、马春燕《青海玉树三江源地区史前文化与吐蕃文化考古的新篇章（二）——吐蕃时期的文化遗存》，载《青海日报》2015 年 4 月 24 日第 11 版。

图4-15 玉树吐蕃时期封堆墓现状与结构

第五章　四川段唐蕃古道考古调查

　　唐蕃古道四川段是以考古发现为基础新确认的古道分支路线，这里北连青海玉树，与青海境内的传统唐蕃古道线路相通，东接西藏江达，与自西藏东部入藏的唐蕃古道南部支线接合。该段道路经过四川石渠草原和洛须河谷，植被和气候均较玉树向西由藏北草原进入拉萨的唐蕃古道传统路线好，所遗留的吐蕃考古遗存也十分丰富。此次重点考察了县境内的"照阿拉姆"、须巴神山、白马神山、麻呷镇等地的吐蕃摩崖造像及墓葬遗存。

第一节　石渠地区

　　石渠县地处四川甘孜藏族自治州西北边陲，川、青、藏三省（区）接合部，与青海玉树地区和西藏昌都地区接壤。2005年，四川省文物考古研究院与故宫博物院合作的"康巴地区民族考古综合考察"对石渠县境内的文物遗存进行了调查。

　　2005—2006年，四川省文物考古研究院对松格玛尼石经城和洛须镇丹达沟的吐蕃遗存"照阿拉姆"石刻进行了田野考古调查。2010—2013年，四川省文物考古研究院联合石渠县文化局对石渠县境内的早期石刻开展调查工作，陆续在石渠县的长沙干马乡和洛须镇发现3处吐蕃时期石刻群遗存，分别为须巴神山石刻群、白马神山石刻群、洛须村石刻，总计17幅。2014年，唐蕃古道考察期间又发现了数座疑似吐蕃墓。

一、石渠吐蕃墓葬

阿日扎吐蕃墓葬海拔4123米,位于阿日扎乡东北部、雅砻江支流东侧的坡地上,其南部最近居民点为洛吉。在地表发现有排列成行的封堆,均遭到严重破坏,封堆底部可见石砌边框,平面略呈梯形,封堆中部凹陷,具有吐蕃墓葬封堆的特征,可能为吐蕃时期墓葬。

雅砻江吐蕃墓葬海拔4014米,位于阿日扎乡东部,雅砻江支流各曲的东岸。在地表发现一个疑似封堆,封堆破坏严重,在地面呈现较低的小土包,平面略呈梯形,封堆中部凹陷,为一处疑似吐蕃时期的墓葬。

旺布洞吐蕃墓葬位于石渠县洛须镇烟角村旺布洞,海拔3467米,在该处发现有3个疑似封土堆,封土堆平面呈梯形,封土堆侧面暴露有一层小石块,其中一个封土堆底边长、宽为22米×11米,高8米。墓葬前部的台地上还采集到了粗绳纹陶片,考察团专家认为陶片时代为新石器时代。① 如图5-1所示。

图5-1 阿日扎吐蕃墓葬与旺布洞吐蕃墓葬

二、须巴神山摩崖造像与古藏文题记

须巴神山摩崖造像位于石渠县长沙干马乡政府以北约1500米的须巴神山北面西侧山脚处,北距雅砻江约500米,共计发现造像、造像与题

---

① 参见陕西省考古研究院等《从长安到拉萨——2014唐蕃古道考察纪行》,上海古籍出版社2017版,第184页。

记、题记等13幅。图像内容包括佛、菩萨、飞天、动物、供养人、供养僧等，服饰有俗装的三角翻领袍服、辫发、高筒状缠头以及菩萨装的斜披帛带、三叶冠等。题记内容有佛像赞颂诗、赞普祈愿文等。[①]如图5-2所示。

图5-2　须巴神山石刻群供养人与佛像、藏文题记

三、"照阿拉姆"摩崖造像

"照阿拉姆"摩崖造像位于四川省甘孜州石渠县洛须镇丹达沟内，石刻崖壁坐北朝南。造像为阴线刻，题材为大日如来与二菩萨，其下还有汉藏文题记。主尊大日如来像结跏趺坐，坐于束腰双兽莲花座上。主尊两侧菩萨站立。右侧菩萨身体右侧刻有横书藏文题记和竖书汉文题记，菩萨仰覆莲座下亦有横书藏文题记。造像汉文题记中的"仏"字是唐代汉地流行的写法，藏文题记的字体特征所显示的年代范围为公元755年赞普赤松德赞继位到公元826年赤祖德赞进行文字改革之间[②]。如图5-3所示。

---

① 参见四川省文物考古研究院、石渠县文化局《四川石渠县新发现吐蕃石刻群调查简报》，载《四川文物》2013年第6期，第3-15页。

② 参见故宫博物院、四川省文物考古研究院《四川石渠县洛须"照阿拉姆"摩崖石刻》，载《四川文物》2006年第3期，第26-30页。

图5-3 "照阿拉姆"摩崖造像与汉、藏文题记

四、白马神山石刻群

白马神山石刻群包括洛须村、更沙村等多个地点。洛须村石刻点共两幅图像。

第一幅石刻。石刻所在石高1.3米、宽0.9米，为平面阴线刻坐像，刻纹较浅，下部分残失，附近村民用泥石填补进行加固，且对两侧进行了泥墙加固，以防倒塌，图像保存较差，风化残损严重。尊像通高0.85米，像残高0.53米，头部风化残损，可辨戴低三叶冠痕迹。有头光痕迹，上身残损，左臂振臂体侧屈肘，左手置于左侧腹前，手部残损不明。右臂振臂体侧屈肘，右手置于右胸前持剑。双腿游戏坐，左腿盘坐，右腿屈膝，右脚下踏。其座残失，形制不明，下侧可见狮子像残迹，残高0.29米、残宽0.20米，侧面向外而立。①

第二幅石刻。石刻所在石高1.45米、宽2.4米，为阴线刻坐像，刻纹较浅，年久风化，表面因人为抚摸有光滑的痕迹，图像残损较为严重。

---

① 参见四川省文物考古研究院、石渠县文化局《四川石渠县新发现吐蕃石刻群调查简报》，载《四川文物》2013年第6期，第3-15页。

尊像通高0.72米、宽0.50米、身体残高0.55米，头部风化残损，戴低三叶冠，冠檐装饰联珠纹，面部残损，大耳垂肩，有椭圆形头光。颈部刻3道纹，戴项圈，袒露上身，从左肩至右侧腰斜披帛带，束带末端从后背沿左肩垂下。左臂置于体侧，小臂残损不明，右臂体侧振臂屈肘，右手于右胸前施无畏印。有单层大圆形身光。下身着裙，腰间系带，双腿游戏坐，左腿盘坐，右腿屈膝，右脚踏莲座外沿。单层仰覆莲座，仰莲宽圆，覆莲较窄。莲座下方卷草由中央向两侧发散，因下侧残失，完整形制不明。①

更沙村石刻点，石刻所在石高6.12米、宽8.05米。尊像面部采用浅浮雕的雕刻手法，其余皆为阴线刻，仅面部保存较好，其余风化残损严重。主尊像高2.3米、宽2米，头顶戴高冠，冠式风化不明。面部短圆，眉骨、鼻梁及鼻头皆有立体感，上眼皮微微下垂，嘴唇宽于鼻头，唇角微微上翘，有双层头光，上侧残失。上身残损严重，衣饰不明，左臂残失，可辨右臂体侧屈肘，右手置于右胸前，手印或持物残损不明。可辨双腿结跏趺坐，莲座残损，局部可见为双层仰莲。有双层大圆形身光，身光与头光相接位置较高。

烟角村摩崖造像，位于石渠县洛须镇嘛呷乡烟角村金沙江北岸50米外的山腰处一块高4米、宽5米的岩石上。阴线刻单尊佛坐像，双层椭圆形头光与双层圆形身光。像宽2.53米、高3米，束高髻，戴三叶高宝冠。面部短圆，颈部较短，刻3道纹，戴项饰。上身袒露，从左肩至右腰上侧斜披帛带。双臂戴花形臂钏，双手戴腕钏，置于腹前结禅定印。双腿右腿居上结跏趺坐。造像右下部刻有藏文题记，内容为"向朗巴朗增顶礼"。按图像题材内容和风格的分析，烟角村摩崖造像与须巴神山和"照阿拉姆"摩崖造像风格上有诸多相似之处，因此应是同时期（公元8世纪中叶至9世纪初）的作品②。该题记反映了须巴神山石刻群施造的重要信息。③如图5-4所示。

---

① 参见四川省文物考古研究院、石渠县文化局《四川石渠县新发现吐蕃石刻群调查简报》，载《四川文物》2013年第6期，第3-15页。
② 参见四川省文物考古研究院、石渠县文化局《四川石渠县新发现吐蕃石刻群调查简报》，载《四川文物》2013年第6期，第3-15页。
③ 参见四川省文物考古研究院、石渠县文化局《四川石渠县新发现吐蕃石刻群调查简报》，载《四川文物》2013年第6期，第3-15页。

图5-4 烟角村摩崖造像

第二节 炉霍地区

炉霍县位于四川省西部，甘孜藏族自治州的北部。炉霍石棺葬墓地分布较为广泛，沿达曲河、泥曲河、鲜水河两岸均有大量的分布，目前发现的石棺葬墓地约25处。2009年9—10月，四川省文物考古研究院联合日本九州大学考古系、炉霍县文化旅游局联合对该遗址进行了考古发掘。发掘面积300平方米，共清理冶炼遗存1处、墓葬14座，出土各类文物200余件，发掘取得了较为重要的收获。经过研究，识别出吐蕃墓葬遗迹1处。

呷拉宗吐蕃墓位于四川省炉霍县仁达乡呷拉宗村鲜水河左岸缓坡地带的唐代冶炼遗存，其上部堆积，经调查，实际为一处吐蕃早中期的墓葬，发现有两具人骨。1号人骨的下部为牛骨、羊头骨、大量鸟类肢骨及大量石块，人骨的右腿有残疾现象，其下为2号人骨。2号人骨周围堆积着大量的石块，包含有人骨、兽骨、炼渣等，并随葬有陶罐、铁带扣、铁凿和铜耳坠等物。这两具人骨应是丧葬活动留下的遗存，其性质当为墓葬，而墓室正是经高温烧灼的坚硬结实炉壁，深达1米的椭圆形窑炉在废弃之后，形成了一个天然的墓室。炉霍吐蕃墓葬的识别，为寻找唐蕃古道南线早期通道提供了重要线索。①如图5-5所示。

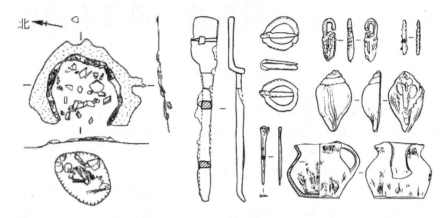

图5-5　呷拉宗吐蕃墓平面图及出土物

---

① 参见席琳、王蔚、余小洪《四川炉霍呷拉宗吐蕃墓研究》，载《文博》2017年第1期，第36-42页。

第六章　西藏段唐蕃古道考古调查

　　唐蕃古道西藏自治区自昌都、工布江达至拉萨的南线交通也是以考古发现为主新确认的古道分支路线，既往的考察与研究中很少涉及。从四川西北部越过横断山脉地区的金沙江、澜沧江与怒江之后，进入雅鲁藏布江流域，逆流西上，最终到达吐蕃王朝的统治中心、雅鲁藏布江支流——拉萨河流域。该路段发现有大量吐蕃时期的碑刻、佛教造像、墓葬等遗存，其中不乏唐风因素的寺院建筑构件与纪念唐蕃会盟的造像题记等。该段主要调查了路线走向与沿线的江达县西邓柯摩崖造像，察雅县向康吐蕃圆雕造像，芒康县查果西沟摩崖造像，米林县雍仲增古藏文石刻，工布江达县洛哇傍卡摩崖造像，拉萨唐蕃会盟碑、查拉鲁普石窟、布达拉宫、达札鲁恭纪功碑、大昭寺、唐蕃会盟碑等典型的唐蕃古道文物遗存。

第一节　昌都地区

　　昌都地区位于西藏自治区的东部，紧邻青海、四川、云南，是西藏的东门户。昌都地区唐代吐蕃时期的遗存包括摩崖石刻、墓葬等。

一、江达西邓柯摩崖造像

　　江达西邓柯摩崖造像位于西藏自治区东部、昌都地区东北部的江达县邓柯乡西邓柯村境内的金沙江西岸。共两处地点，第一处位于金沙江西侧临近江面的崖壁上，枯水期才完全暴露在外，为一尊单体线刻毗卢遮那像，禅定印，结跏趺坐，束高髻，戴三叶冠，斜披帛带，下身着裙、跣足,坐于扁平仰覆莲座上。第二处位于西侧居民区后面山坡崖壁上,共4组,均为线刻,题材包括毗卢遮那、坐佛、游戏坐菩萨等,保存状况较差,零星的古藏文题刻亦不十分清楚,难以释读。其中一组为毗卢遮那单体图像,线刻粗略,保存较差,从现存状况可知,其均束高髻,戴三叶冠,斜披帛带,禅定印,结跏趺坐(如图6-1所示)。江达县与石渠县相邻,石渠县境内金沙江及其支流雅砻江流域集中分布着4处吐蕃佛教造像地点。位于金沙江沿岸的江达县吐蕃佛教造像地点应与石渠县的属于同一个集中分布区。①

图6-1 江达西邓柯摩崖造像

二、察雅向康吐蕃圆雕造像

察雅向康吐蕃圆雕造像位于西藏自治区昌都地区察雅县香堆镇次曲拉康内。次曲拉康位于向康大殿以东约20米处,与坐北面南的厨房和宿舍之间形成一个西端开门的小巷,由佛堂、库房和廊房三部分组成。廊房位于次曲拉康内东侧,门面北而开,平面呈长方形,进深4柱5间。佛堂位

---

① 参见霍巍《青藏高原东麓吐蕃时期佛教摩崖造像的发现与研究》,载《考古学报》2011年第3期,第353-384页。

于次曲拉康内西南部，坐西面东，平面呈长方形，进深、面阔各2柱3间①。堂内主供拼凑、修补、重装为弥勒的毗卢遮那，周边供台上主供祖师像等。库房位于佛堂北侧，平面呈长方形，进深3柱4间。造像残块就堆放在库房后面的低矮土台上或地面上，残损严重，共计发现拼对确认的造像个体数量达到32件，题材应为毗卢遮那与八大菩萨。根据现有特征来看，各尊菩萨的身份大部分无法辨明，只有从手持物的残存部分可辨出为金刚杵，应为金刚手菩萨。造像的主要装束特征为菩萨装，上身左肩至右胁斜披帛带，下身着裙，束高髻，头戴三叶冠，毗卢遮那法界定印、结跏趺坐，菩萨游戏坐，高台式仰覆莲座，背光装饰简单朴素，具有吐蕃时期佛教造像，尤其是菩萨装造像的风格，时代应为公元9世纪前期。除造像残块外，还发现有3块早期建筑的础石残块，这也从一个侧面说明了造像最初便是建有佛殿供奉的。造像及础石的雕凿技法以圆雕为主，辅以浅浮雕和阴线刻表现细部。不过，该处造像的圆雕是将背光与像雕成一体的，莲座则均有圆形子母口榫眼②。如图6-2所示。

三、察雅丹玛札摩崖造像

丹玛札摩崖造像位于西藏自治区昌都地区察雅县香堆镇仁加村仁达拉康内的丹玛札崖壁上，海拔4025米。2009年6—7月，西藏自治区文物保护研究所和陕西省考古研究院联合进行了藏东地区盐井盐田及吐蕃石刻调查，期间对丹玛札摩崖造像进行了首次全面的考古调查和记录。

造像位于岩面右侧中上，为一纵向长方形龛。龛内饰正反两破、二方连续式宝相莲花。龛内中部为毗卢遮那，头顶浅浮雕屋顶式宝盖，宝盖左侧上方有一月亮，右侧上方有一太阳。毗卢遮那两侧自上而下为1尊飞天及4尊菩萨像。毗卢遮那高浮雕，菩萨、飞天、龙王浅浮雕。造像衣纹、装饰等细节用阴线或浅浮雕刻画。题记阴线刻画。

毗卢遮那，华盖由上下两层小伞盖及两侧伸展出的枝茎，中部的庑殿

---

① 参见席琳《吐蕃佛教石刻造像综述》，载《西北大学学报》（哲学社会科学版）2011年第1期，第52—56页。
② 参见张建林、席琳《芒康、察雅吐蕃佛教石刻造像》；参见樊锦诗主编，敦煌研究院编《敦煌研究院学术文库：敦煌吐蕃统治时期石窟与藏传佛教艺术研究》，读者出版集团、甘肃教育出版社2012年版。

图 6-2　向康吐蕃圆雕造像

顶式部分，下部的三排联珠以及联珠内的正反两破、二方连续式宝相花及椭圆形花饰三个主要部分组成。下排联珠下一排连续头戴三叶冠，叶面饰卷草纹，镶嵌宝石；冠檐两侧饰有宝相花装饰，檐下露出发际线。两肩可见三缕披发，末梢均向内卷曲，微分开。发缕上阴线刻画发丝、宽额，面部略呈倒梯形。双眉呈弓形上翘，眉间有白毫，大耳垂肩，戴圆形宝相花状耳环，颈部佩戴宝珠项链，下端呈三角形。抿嘴微笑。上身扁平，较瘦削，束腰曲线流畅。双臂较粗，双手于腹部结禅定印，结跏趺坐，跣足。上身披帛，自左肩绕至右胁，逐渐加宽，刻画出几道褶皱层次。双臂看不到明显的臂钏和手镯痕迹。下身着长裙，下摆覆至小腿上部。左腿仅上部可见几道衣纹，外侧由于敷泥，原衣纹已不清楚，右腿衣纹明显。

单茎仰覆莲狮座，仰莲呈圆润饱满的正视效果，覆莲呈瘦长的侧视样式。莲茎中部偏下处又伸出两片侧视窄长莲叶，叶尖外翻，与两侧的浅浮雕狮子尾部相接。两狮相对，造型基本一致，侧身而蹲，头部外侧正视。右狮头右尾左，头微仰，双目圆睁，小耳翘起，卷曲的鬃毛成排披于头顶及颈部。张嘴露齿，牙齿磨损严重，仅剩残痕，可见犬齿相合，舌尖呈三角形抵上颚。鼻下有用阴线刻画出的髭须。颌下有须，分缕下垂。腿上及腹部的鬃毛均用斜向短阴线表现。胸部前凸。两前腿右前左后站立，用纵向阴线刻画出关节和筋腱，脚趾及脚掌较短；两后腿曲蹲，侧视几乎重合,贴于腹部两侧,脚掌宽大肥厚,趾部较长。长尾从左后腿根部内侧绕出,然后贴身上翘,尾部用卷云纹和大波浪状弧线刻画出尾毛。

丹玛札摩崖造像题记共计4组,其中古藏文3组,汉文1组。

丹玛札摩崖造像的组合为禅定印毗卢遮那与八大菩萨,是吐蕃时期西藏东部、四川西北部、青海西南部、敦煌地区非常流行的佛教造像题材,与吐蕃禅宗思想关系密切。毗卢遮那莲座下的狮子造型也与藏王墓石狮风格十分相近,而这种石狮的风格源自中原汉地南北朝以至隋唐时期的陵墓石狮。

猴年当为公元804年,汉文题记开篇的"大蕃国皇帝"无疑是从吐蕃立场出发,借用唐代"皇帝"这一称谓来代替"赞普"这一吐蕃称谓;题记末尾提到了"甲申岁",而公元804年恰为甲申年,是唐德宗李适(公元780—805年在位)贞元二十一年。①

四、芒康查果西沟摩崖造像

该造像位于西藏自治区昌都地区芒康县纳西乡上盐井村查果西沟内,距214国道2000米。石刻在当地的小拉康内,归觉龙村噶达寺管辖,是当地一处重要的宗教活动场所。造像雕凿在拉康内中部偏后处一块面南的大石和一块面西的小石上。据岩石外观和周围崖面情况观察,此二石最初可能位于沟北侧崖壁中上部,崩落于地后建一拉康保护。造像共7尊,其中5尊雕凿在大岩石上,分别为浮雕俗装立像、浮雕俗装坐像、浮雕俗装立像、阴线刻佛装坐佛像、浮雕菩萨装坐像,造像自西向东依次编号为1—5;2尊雕凿在小岩石上,其中岩石西面浮雕1尊俗装供养人坐像,编号为6,东面阴线刻一尊半身佛装佛像,编号为7。这7尊造像从位置、雕造技术、造像特征等来看,时代和题材应不尽相同,可以分为3组。第一组为1—3、6号造像,为公元9世纪初的吐蕃时期造像;第二组为5号造像,雕凿时代较第一组晚;第三组为4、7以及5号背光外侧的阴线刻

---

① 参见陕西省考古研究院、西藏自治区文物保护研究所《西藏察雅县丹玛札摩崖造像考古调查简报》,载《考古与文物》2014年第6期,第7-14页。

龛楣，该组造像时代最晚①。如图6-3所示。

图6-3　查果西沟摩崖造像

五、芒康噶托大日如来造像

芒康噶托大日如来造像位于芒康县噶托镇，是芒康县内第二处吐蕃摩崖石刻。浮雕菩萨像群凿刻在一山嘴岩壁上，岩壁高9米，宽7.5米。大日如来（梵语为"毗卢遮那"）像居中，高4.95米，双手禅定，神态慈祥，端坐于莲花狮座上。左右侍立8尊菩萨。各分上下两层，右上为普贤、金刚手，下为地藏、观世音，左上为弥勒、虚空藏，下为文殊、除盖障，共为八大菩萨像，造型浑朴生动，反映了早期藏族石雕工艺的高超水平。②

---

① 参见西藏自治区文物保护研究所、陕西省考古研究院《查果西沟摩崖造像2009年考古调查简报》，载《考古与文物》2012年第3期，第16—21页。
② 参见巴桑旺堆、次仁加布《芒康县嘎托镇境内首次发现大型吐蕃摩崖浮雕大日如来像》，载《西藏研究》2014年第4期，第120页。

六、芒康朗巴朗增拉康摩崖石刻

芒康朗巴朗增拉康摩崖石刻位于西藏昌都地区芒康县帮达乡然堆村朗巴朗增拉康内。造像组合为毗卢遮那、八大菩萨。造像整体圆雕，座单独圆雕，二者榫卯相合；头光、身光，与像之间以榫卯相接，非石质，已无存！毗卢遮那结跏趺坐，菩萨游戏坐；均束高髻，戴高筒帽或缠头，穿三角翻领阔袖袍服，束腰带，穿圆头靴。单尊造像，供奉于朗巴朗增拉康佛堂内。早期寺院建筑已不存，仅在寺院周围发现有早期建筑的瓦当、筒瓦和板瓦残块，据此推测早期建筑形制应为汉式，时代为公元9世纪前期的赤祖德赞统治时期。①

此外，在朗巴朗增拉康造像附近发现了一批十分重要的玛尼石刻造像，造像种类包括俗装禅定印毗卢遮那、佛装或俗装佛像、俗装菩萨、菩萨装菩萨，均为单体石刻，具有明显的吐蕃造像风格，时代为公元9世纪末期；被发现时零散分布于地表或半埋于地下，原始造像数量及组合已无法确定，但不排除最初存在俗装禅定印毗卢遮那与俗装八大菩萨组合的可能性。

七、芒康然堆村达琼摩崖、扎金玛尼石刻

芒康然堆村达琼摩崖、扎金玛尼石刻均位于西藏自治区昌都市芒康县帮达乡然堆村，系2009年陕西省考古研究院与西藏自治区文物保护研究所联合开展"藏东吐蕃石刻与盐井盐田考古调查"期间新发现的造像地点。② 雕凿手法稚拙古朴，为凿点阴线或连续阴线刻。题材具有多样性，包括密教毗卢遮那、显教佛、菩萨3类。三叶冠、缠头、三角翻领阔袖左衽袍服等服饰特征具有明显的吐蕃本土风格，应为赤松德赞时期推行佛教

---

① 参见霍巍《试析西藏东部新发现的两处早期石刻造像》，载《敦煌研究》2003年第5期，第9–15页。

② 参见西藏自治区文物保护研究所、陕西省考古研究院《昌都地区芒康县两处新发现吐蕃佛教石刻造像考古调查简报》；参见西藏自治区文物保护研究所《西藏文物考古研究》第1辑，科学出版社2014年版，第70–87页。

吐蕃化政策之后的作品，时代为公元8世纪晚期。①

八、边坝吐蕃石板墓

边坝县发现两处吐蕃早期石室墓，其中冬卡都石室墓出土了铁器、海螺、丝绸片、马牙等。冬玛通石室墓墓内填以杂土、碎石；人骨散乱，没有随葬品；石室墓东南和南部有圆坑，圆坑底部摆有白石、箭镞、铜片饰。②

第二节 林芝地区

林芝地区位于拉萨的东部、昌都地区的西部，其南部紧邻滇缅地区。林芝地区唐代吐蕃遗存包括碑刻、摩崖造像、墓葬等。

一、林芝雍仲增古藏文石刻

林芝雍仲增古藏文石刻位于西藏林芝地区林芝县米瑞乡雍仲增村东侧，西北距离地区驻地八一镇48千米、林芝镇32千米，东距米瑞乡府驻地约10千米，西面300米处为雍仲增村。南临雅鲁藏布江，后靠苯日神山，地处雅鲁藏布江的河流阶地。因这座碑刻地处河流阶地，容易被洪水、风沙等覆盖。刻碑是在一块天然巨石上凿刻而成的。大岩石高3米、宽4米余。碑面凿刻于这块大岩石上，方向南偏东53度，朝向更倾向于东面。碑面形制呈近矩形，依岩石弧，凸面磨光平整，其上下及左右有明显的边框凿刻痕迹。碑身正面镌刻古藏文21行，均阴刻，多数文字清晰可辨，基本依据刻碑时期内吐蕃王室流行的敕令文字格式及字体规格大小

---

① 参见陕西考古研究院、西藏自治区文物保护研究所《西藏芒康县扎金玛尼石刻造像与达琼摩崖造像调查报告》，载《西藏研究》2017年第1期，第43–59页。
② 参见《西藏自治区志·文物志》编纂委员会《西藏自治区志·文物志（上）》，中国藏学出版社2012年版，第239页。

来设计、安排碑文的镌刻。碑面高 2 米、宽 1.6 米。碑面顶部留有边框，其上凿刻痕迹明显，高 0.08～0.1 米，其平面比碑面略低 0.05 米。碑面下方雕刻出长方形碑座，长 1.6 米、高 0.25 米，从碑面往外突出 0.2～0.25 米。在其突出面上，原来浮雕有 10 个雍仲符号，完整或基本完整存留于碑座上的雍仲符号共 7 个，其余 3 个已经完全损毁，看不清具体形制，但能确定它们在碑座所处的位置。

这座刻碑前面的左右、正前方和顶部使用大型条石、石柱和石板制作有一个非常完备的遮盖棚或岩棚。岩棚顶部由两块梯形石板拼接盖住刻碑前面的空间，形成一个"屋檐"；刻碑左右两侧的前面，紧贴岩石各侧边铺架有一块长方形大石块作为两根侧边"筑墙"；两个侧边大石块的前面或刻碑正前方左右两侧，各立有一根石柱子，两根石柱子上面，横向架设一块大的条石，在其之上铺设顶部岩棚石板；靠近目前地面的两根石柱子中间又铺设有一块条石，右侧石柱子的西外侧又立一块石头（其用途尚不明确）。因刻碑前方岩棚覆盖范围内的地面要比目前地面还要低，所以石柱子内侧和外侧的高度不同；石柱上下略有收分，下宽上窄，且其内侧尚制作一个叠涩台子，正面两根柱子之上横架有一块石条。正前方石柱子东西向相对应的内侧面分别刻有一个槽子，上述东西向两根石柱内侧的槽子和两根石柱间外侧地面铺架的一个条石内侧（北侧，靠近刻碑一侧）凿刻有 4 个槽子，是构成刻碑正前方一个"栏窗"的装饰。

碑文共 21 行文字，为吐蕃时期流行的古藏文乌金体正楷书写。其内容主要为赞普赤德松赞（公元 798—815 年在位）期间，应其属部首领工布噶波芒波杰（也被译为"工布嘎布莽布支"）家臣们的祈请而颁诏的重申和续证前一代赞普赤松德赞（公元 755—797 在位）之盟誓[①]。

碑文内容分为上下两部分，上部分讲述赤松德赞及德松（及赤德松赞）父子时期曾给工布噶波芒波杰颁赐过的敕令，并追述工布噶波芒波杰与吐蕃王室同源于第八代吐蕃赞普直贡赞普，现因遭遇地方官吏对工布噶波芒波杰王统治区域内施行苛刻赋税政策，故请求减税与永远安定之诏令。下部分先说明赤松德赞曾颁赐给工布噶波芒波杰王的诏令，并在王子德松时期又为工布噶波芒波杰王及其子孙后代颁发了增补内容的敕令。此敕令允准工布噶波芒波杰的特殊权利及首领王位可由其后代传承，若无直

---

① 参见王尧编著《吐蕃金石录》，文物出版社 1982 年版，第 101 页。

系嗣子继承,可允准其近亲承袭;可免去各种苛捐杂税,说明此令是王子德松期间,王与臣商议后决议下诏的。该石刻为我们研究与剖析吐蕃王朝历史提供了极其珍贵的实物资料。如图6-4所示。

图6-4　雍仲增古藏文石刻

二、洛哇傍卡摩崖造像

洛哇傍卡摩崖造像位于西藏自治区工布江达县江达乡太昭村西约2000米的朗布日山东南麓。凿刻于面西、面北的两部分崖壁上,共计6龛。中间主龛共雕刻6尊像,题材为一佛二菩萨,佛像高肉髻、身着袒右袈裟,左手作禅定印,右手作指地印,跏趺坐于仰、覆莲座上,头顶华盖装饰有三角折线连续纹及花纹等图案。左侧胁侍上身袒露,下身着裙;右侧胁侍站于仰莲座上,头戴三叶冠。右侧胁侍外侧有一尊阴刻造像,似为一袒右袈裟佛像;左侧胁侍外侧有两尊阴刻人物造型,上方似为一尊佛,似有头光、背光及肉髻,着长袍,下方造型似为一俗人,服装具有中原汉人长袍的特点。主尊造像左侧有三龛,右侧有两龛。左侧三龛的第一、三龛中为后期凿刻的6字真言,第二龛中有一座阴刻四塔阶佛塔,风化严重。右侧两龛的第一龛中,在崖面靠近底部有两排雕刻作品,第一排有8座佛塔,第二排有一座佛塔和两块古藏文题刻;第二龛中有一座佛塔。佛塔高0.67～0.96米,皆为覆钵塔,三塔阶或四阶、三轮、四轮或五轮,为早期佛塔形制结构特征,与主尊造像的凿刻年代当为同一时期,最晚不超过公元10世纪。两块古藏文题刻字体特征也为这处摩崖造像有可能为公元9—10世纪作品提供了佐证,字体中出现有藏文元音字母"i"的反写,题刻内容中有"佛陀""殊胜戒律"等内容。从造像及佛塔特征与风格看,初步认为其年代为公元9—11世纪。这对研究西藏地区早期佛教造像题材内容、佛教造像艺术、佛教史甚至社会文化发展史具有重要的价值和意义。① 如图6-5所示。

图6-5 洛哇傍卡摩崖造像

三、朗县列山墓地

列山墓地位于西藏林芝地区朗县金东乡列村东北约1500米的列山南坡,海拔3200米,金东河自东向西流经墓地南缘,在6000米外注入雅鲁藏布江。墓地面积约80万平方米,已发现不同规模和形制的墓葬213座以上,分为东、西两区,东区墓葬191座、西区22座,两区相距约2000米,其间隔有自然冲沟。1982年,西藏自治区文化局、文物管理委员会与山南地区文物管理委员会、朗县文教科等单位先后两次调查和试掘了列山墓地,并发表了简报。1987年上半年,西藏文物管理委员会文物普查队对墓地的一处殉马坑和一座坛形墓进行了试掘。② 两次发掘均表明该墓地为一处吐蕃时期的大型墓地。为了更全面深入地了解其文化面貌,1993年夏季,中国社会科学院考古研究所西藏队与西藏文物管理委员会联合对

---

① 参见西藏自治区文物保护研究所《西藏工布江达县洛哇傍卡摩崖造像考古调查简报》,载《考古与文物》2014年第6期,第26-31页。

② 参见西藏自治区文物管理委员会文物普查队《西藏朗县列山墓地殉马坑与坛形墓试掘简报》,载《西藏考古》1994年第1辑,第1-200页。

列山墓地进行了历时1个月的发掘①。

列山墓地的墓葬均为封土墓，封土形状各异，常见方形、梯形和圆形，还有少数"亚"字形和复合形状。墓葬封土面积差异较大，最大者边长达66米，最小者仅2～3米，高度一般为1～3米，最高达14米，最低者仅几十厘米。根据封土面积，可把东区墓葬分为大、中、小3类，封土边长25米以上、面积600平方米以上的大型墓有20余座，封土边长10～25米、面积100～600平方米的中型墓有70余座，封土边长10米以下、面积100平方米以下的小型墓有100余座。墓葬主要采用藏式建筑风格的夹石、夹木夯筑方法。本次共发掘4座封土石室墓。②

这4座墓葬均被盗扰严重，出土遗物不多。另外在M171封土中出土一枚骨质印章。木构件4件，上有墨书藏文和墨线，或为墓室内部结构的组成部分，鉴定为柏木。

骨质印章出土于墓葬西区M171封土。黄白色，佛塔形，顶部有扁圆形钮，中空。底部阴刻一匹向右站立的马，上有一排藏文字母，最左字母缺失，印文及图案内残留红色印泥。印文为3个藏文词汇。

墓地附属遗迹有碑亭基址、房址等。碑亭基址位于墓葬东区西部边缘地势相对平缓的坡地，地表仅见残损石碑座，下半部埋于土中。清理后发现碑亭建筑遗迹。石碑座由一块整石雕成，平背龟形，伏于八角形石台上，保存较差，碑已无存。碑座前部可辨龟之四肢，前肢大部分已毁，后肢相对完整。碑座上部中央有长方形台面，长1.06米、宽0.42米，高出龟背0.2米，台面中心有长方形凹槽，长0.56米、宽0.2米、深0.1米，应是安插石碑处。碑座表面残留部分龟甲状凿刻图案，模糊不清。③

房址。碑座周围发现石围墙基，平面为方形，整体随地势倾斜，略呈东高西低之势。南北长4.52米、东西长4.56米，四面墙基保存较好，均使用单层或双层石块堆垒而成，石块墓地南部低一级台地上发现建筑遗迹，或为墓地附属建筑。该台地与金东曲河面高差约50米，与列山墓地

---

① 参见索朗旺堆、侯石柱《西藏朗县列山墓地的调查和试掘》，载《文物》1985年第9期，第32-38页。

② 参见中国社会科学院考古研究所西藏队、西藏自治区文物管理委员会《西藏朗县列山墓地的调查与发掘》，载《考古》2016年第11期，第58-66页。

③ 参见中国社会科学院考古研究所西藏队、西藏自治区文物管理委员会《西藏朗县列山墓地的调查与发掘》，载《考古》2016年第11期，第58-66页。

所在的坡地高差约 15 米。因发掘面积所限，仅揭露房址 F1 的东墙、部分南墙，以及与东、南墙相连的室内居住面。从揭露部分推测，该房址平面为方形，已清理的墙体长 4.7 米、宽 4.48 米、厚约 0.7 米，现高 0.6～0.75 米，墙体为直径 0.05～0.3 米的石块堆砌，石块间有黄土类黏合物痕迹。M155 出土木构件的碳十四测年数据为距今 1275 年，树轮校正后为公元 682—888 年。1982 年发掘的墓葬碳十四测年数据为公元 700 年和公元 740 年，由此基本可确定该墓地为吐蕃时期遗存。列山墓地的墓葬形制和构筑技术也具有典型的吐蕃时期墓葬特征。青藏高原较大型的吐蕃墓地累计近 200 处，墓葬超过万座[1]。

大型墓葬，墓主人多为吐蕃大姓氏族、高级官僚和附属邦国国王，他们追随与效仿吐蕃赞普之制，诸如在墓地中采用高大的梯形或方形封土，墓前建大型动物殉葬坑，墓地安置石狮、石碑等，可能还建造用于祭祀或守墓者居住的建筑物。列山墓地封土之下的墓室结构有几种不同的类型，主要包括带竖井墓道的穹隆顶形石墓室和长方形竖穴土坑石室墓，后者又有用横木或巨石来封墓顶两种情况，与前两次发掘所揭示的情况比较一致。多种形制的墓葬共存，意味着列山墓地使用了较长时期，墓葬的营建技术也有改进。用巨石封顶的长方形石室墓可能属于相对原始、简易的形制，不如用横木搭建的墓顶坚固且便于建造。而带竖井形墓道的穹隆顶墓室结构最为复杂，技术难度更大，可能代表了较为晚期的、技术更为成熟的墓葬营建手法[2]。

列山墓地恰好处于古藏文文献记载的下塔布和上工布交界之地，是古代藏族著名的氏族——钦氏（古代汉文文献译为"琛氏"）所建邦国——钦域的中心区域，从地望上将墓葬主人指向钦氏家族列山墓地重要出土物之一，是 M155 墓道填土中发现的木构件，上面的墨书藏文和墨线应该是木匠留下的木构件位置标记，以便在墓道内进行拼接。公元 7 世纪藏文的创制和使用，是吐蕃文明史上的一件大事，骨质印章是该次发掘的另一个重要发现。吐蕃时期驿站印章流行，常刻有飞鸟、马、狗等动物，配以印

---

[1] 参见中国社会科学院考古研究所西藏队、西藏自治区文物管理委员会《西藏朗县列山墓地的调查与发掘》，载《考古》2016 年第 11 期，第 58－66 页。

[2] 参见霍巍《西藏列山墓地相关问题的再探讨》，载《藏学学刊》第 5 辑，四川大学出版社 2009 年版，第 54－68、300 页。

边文字，代表不同的驿传级别和紧急程度。①

第三节　拉萨地区

拉萨地区是西藏的核心地区，雅鲁藏布江拉萨河流域流经拉萨地区，其北部为藏北草原地区。拉萨地区唐代吐蕃遗存包括古建筑、碑刻、摩崖造像、墓葬等。

一、布达拉宫

布达拉宫位于西藏自治区拉萨市城关区吉崩岗办事处红山顶部。公元7世纪由吐蕃第三十三代赞普松赞干布建造，是吐蕃王朝的王宫与行政中心。公元1642年，五世达赖喇嘛建立甘丹颇章政教合一地方政权，拉萨再度成为西藏地方政治、宗教、文化、经济中心。公元1645年，五世达赖喇嘛决定重建布达拉宫。公元1648年，基本建成以白宫为主体的建筑群，将行政办公地由哲蚌寺移至布达拉宫白宫。从此，布达拉宫成为历代达赖喇嘛居住与进行宗教活动、处理行政事务的重要场所。公元1690—1694年，第司桑杰嘉措陆续扩建红宫，修建了五世达赖喇嘛灵塔殿为主的红宫建筑群。十三世达赖喇嘛在位期间，又在白宫东侧顶层增建了东日光殿和布达拉宫山脚下的部分附属建筑。1933年，十三世达赖喇嘛圆寂，灵塔殿建于红宫西侧，并与红宫结成统一整体。至此，形成了今日所见布达拉宫的建筑规模。②如图6-6所示。

---

① 参见巴桑旺堆《试解列山墓葬群历史之谜》，载《西藏研究》2006年第3期，第67-74页。

② 参见《西藏自治区志·文物志》编纂委员会《西藏自治区志·文物志》，中国藏学出版社2012年版，第110页。

图6-6 布达拉宫

二、大昭寺

大昭寺位于拉萨市城关区八角街，藏语称其为"祖拉康""觉康"。"祖拉康"有神庙、庙宇之意，"觉康"为佛殿、释迦佛殿的意思。大昭寺的藏语全名汉语译为"逻些显幻之神庙"（Ra sa vphrul snang gTsug lag khang），是目前西藏境内影响力极大的吐蕃时期建筑。大昭寺始建于公元7世纪中叶，后经历代多次修葺和扩建，形成了今天占地2.51万平方米的大型佛寺建筑群。拉萨的繁荣地段，实际是围绕大昭寺发展起来的。因此，后期的藏文文献和口耳相传中将其命名为"热萨"（逻些，即今所说的"拉萨"）"祖拉康"。由于它具有特殊的历史背景，所以被历代西藏官民僧俗所重视，不断进行补建增修，使现存大昭寺建筑在平面、立面布局和许多建筑装饰方面均出现了显著的、先后不同时期的时代特征。①

现存大昭寺建筑以初建时期的中心佛殿为核心，由内向外层层扩建。以中心佛殿的外门和主殿释迦牟尼佛殿门为轴线，在其外围前方修建的千佛廊院的门，即大昭寺正门均朝向西。用于礼拜和朝佛的殿堂除了中心佛殿外，主要分布于中心佛殿正前方外补建的千佛廊院、中心佛殿外的礼拜廊道，以及上述两组建筑楼层之上的各个殿堂。大昭寺主体建筑由中心佛殿（其中包括作为主殿的释迦牟尼佛殿）、千佛廊院、中心佛殿外的礼拜廊道、礼拜廊道外围绕中心佛殿的各个外围佛堂，补建于千佛廊院南侧的

---

① 参见《西藏自治区志·文物志》编纂委员会《西藏自治区志·文物志》，中国藏学出版社2012年版，第115页。

南院、灶房，分布于中心殿和千佛廊院外围的各种库房、供品制作房，以及大昭寺正门前方的唐蕃会盟碑、劝人种痘碑、传说唐公主所植柳树、南院东南外围的辨经场等组成。现存建筑主体坐东面西，高4层，布局结构上再现了佛教中曼陀罗坛城的宇宙理想模式。①

根据宿白先生的研究，大昭寺建筑在形制上至少有4个不同阶段的遗存。

第一阶段，公元7世纪中叶至9世纪中叶，这一时期的主要遗存有中心佛殿的第一、第二层建筑。这一阶段所见方形内院或绕置小室的布局和雕饰的木质构件，可以明确它较多地受到印度寺院的影响。

第二阶段，公元9世纪中叶至14世纪中叶，这一时期出现了前期所没有的内地斗拱的木构架，中心佛殿一层殿门开始出现新增的殿堂建筑，中心佛殿二层廊道壁面出现同一时期的壁画。

第三阶段，这个时期基本与帕竹政权相始终，公元14世纪中叶至16世纪中叶。这一时期变动最大的是中心佛殿天井部分。一是原有四周廊柱前方建四方抹角柱一匝，柱顶设栌斗，其上置托木，上承外延至廊檐，托木下缘仅具简单曲线，面无雕饰；二是在原平面略呈方形的天井中后部分竖高柱，其上建天窗。高柱与其上托木的形制略同上述新设的四方抹角柱和托木。

第四阶段，以藏巴第司政权时期为主，公元16世纪中叶至17世纪40年代。这一时期补建增修的建筑有大昭寺外大门、千佛廊院、中心佛殿外围的礼拜廊道和中心佛殿第三、四两层的建筑。公元17世纪40年代，格鲁派掌握西藏统治权力后，五世达赖期间，不但大规模地修葺了中心佛殿，而且对其围廊进行了较大规模的维修。同时，在寺院大门门楼上下两层增建了五世达赖的拉让和第司的寝室等，大昭寺遂成为西藏地方政府管辖的一个重要寺院。后来，西藏地方政府政权机构噶厦设在大昭寺南面，另外还有许多地方政府的机构设在大昭寺的四面八方，大昭寺从一个单纯的佛教圣地逐步变成西藏地方政府政教合一统治的基地②。如图6-7所示。

---

① 参见西藏自治区文物管理委员会《拉萨文物志》，1985年内部印刷，第18-21页。
② 参见宿白《藏传佛教寺院考古》，文物出版社1996年版，第1-17页。

图 6-7　大昭寺

三、唐蕃会盟碑

唐蕃会盟碑位于拉萨市城关区八角街大昭寺广场上，又名长庆会盟碑、甥舅和盟碑，古代藏文文献称之为逻娑碑，系为纪念唐蕃长庆会盟（唐朝长庆三年、吐蕃王朝彝泰九年，即公元823年）而立。据文献可知，从公元706—822年，吐蕃和唐朝之间的会盟达8次之多。公元823年所立的唐蕃会盟碑，记载的便是这其中第八次会盟的盟文。当时正值唐与吐蕃双双衰败之际，为了各自集中精力应付内部严重危机，双方遂决定停止构兵，互相扶助，订立盟约。公元821年（唐穆宗长庆元年，吐蕃彝泰七年），唐朝和吐蕃双方派使节，先在唐京师长安盟誓，次年又在吐蕃逻些（拉萨）重盟。公元823年，将盟文用汉藏两种文字刻石立碑。

石碑通高5.6米，由碑座、碑身和碑首3部分组成。碑首为四坡平顶，上置莲座宝珠，宝珠上雕4条凸棱，并有小涡旋纹；下部四周边缘雕刻有排列疏密匀称的升云图案。碑座为龟趺，由一块整石雕刻而成。碑身为长方形截面柱形，上部有收分，高3.8米。下端宽0.88米、厚0.39米，上端宽0.7米、厚0.35米。碑四面均刻有文字。西面为碑阳，刻有盟约文本，为汉文和藏文两体文字，藏文为左半部分，横书，汉文为右半部分，自右至左竖排；北面为吐蕃参与此次会盟的官员名单，共17人，上为藏文，下为姓氏与职衔的汉字译音；南面为唐朝参与此次会盟的官员名单，共18人，上为藏文，下为汉文；东面为碑阴，全部为藏文盟词。西面盟文起首为"大唐文武孝德皇帝与大蕃圣神赞普舅甥二主商议社稷如一，结立大和盟约，永无沦替，神人俱以证知，世世代代使其称赞，

"是以盟文节目题之於碑也",东面藏文盟词起首为"大蕃圣神赞普可黎可足与大唐文武孝德皇帝和叶社稷如一统,立大和盟约,兹述舅甥二主结约始末及此盟约节目,勒石以铭"①。

西面汉文:

大唐文武孝德皇帝与大蕃圣神赞普舅甥二主商议社稷如一,结立大和盟约,永无沦替,神人俱以证知,世世代代使其称赞,是以盟文节目题之於碑也:文武孝德皇帝与圣神赞普猎赞陛下二圣舅甥濬哲鸿被,晓今永之屯亨,矜愍之情,恩覆其无内外,商议叶同,务令万姓安泰,所思如一,成久远大喜,再续慈亲之情,重申邻好之义,为此大好矣。今蕃汉二国所守见管本界,以东悉为大唐国疆,以西尽是大蕃境土,彼此不为寇敌,不举兵革,不相侵谋。封境或有猜阻捉生,问事讫,给以衣粮放归。今社稷叶同如一,为此大和。然舅甥相好之义善谊,每须通传,彼此驿骑一往一来,悉遵曩昔旧路。蕃汉并於将军谷交马,其绥戎栅以东大唐祇应清水县,以西大蕃,供应须合舅甥亲近之礼,使其两界烟尘不扬,罔闻寇盗之名,复无惊恐之患,封人撤备,乡土俱安,如斯乐业之恩垂於万代,称美之声遍於日月所照矣。蕃於蕃国受安,汉亦汉国受乐,兹乃合其大业耳。依此盟誓,永久不得移易,然三宝及诸贤圣日月星辰请为知证。如此盟约,各自契陈,刑牲为盟,设此大约。倘不依此誓,蕃汉君臣任何一方先为祸也,仍须仇报,及为阴谋者,不在破盟之限。蕃汉君臣并稽告立誓,周细为文,二君之验证以官印登坛之臣亲署姓名,如斯誓文藏於玉府焉。

东面藏文译文:

大蕃圣神赞普可黎可足与大唐文武孝德皇帝和叶社稷如一统,立大和盟约,兹述舅甥二主结约始末及此盟约节目,勒石以铭。

圣神赞普鹘提悉补野自天地浑成入主人间,为大蕃之首领。于雪山高耸之中央,大河奔流之源头,高国洁地,以天神而为人主,伟烈丰功,建万世不拔之基业焉。王曾立教法善律,恩泽广被,内政修

---

① [日]佐藤长:《唐蕃会盟碑研究》,载《东洋史研究》通卷第10卷第4号,1949年,第237-281页。

明，熟娴谋略，外敌慑服，开疆拓土，权势增盛，永无衰颓。此威德无比雍仲之王威严烜赫，是故，南若门巴天竺，西若大食，北若突厥拔悉蜜等虽均可争胜于疆场，然对圣神赞普之强盛威势及公正法令，莫不畏服俯首，彼此欢忻而听命差遣也。东方之地曰唐，地极大海，日之所出，此王与蛮貊诸国迥异，教善德深，典笈丰闳，足以与吐蕃相颉颃。初，唐以李氏得国，当其创立大唐之二十三年，王统方一传，圣神赞普弃宗弄赞与唐主太宗文武圣皇帝和叶社稷如一，於贞观之岁，迎娶文成公主至赞普牙帐，此后，圣神赞普弃隶缩赞与唐主三郎开元圣文神武皇帝重协社稷如一，更续姻好。景龙之岁，复迎娶金城公主降嫁赞普之衙，成此舅甥之喜庆矣。然，中间彼此边将开衅，弃却姻好，代以兵争，虽已如此，但值国内政情孔急之时仍发援军相助（讨贼），彼此虽有怨隙，问聘之礼，从未间断，且有延续也，如此近厚姻亲，甥舅意念如一，再结盟誓。父王圣神赞普弃猎松赞陛下，深沉谋广，教兴政举。受王之慈恩者，无分内外，遍及八方。四境各部，来盟来享。与唐之好夫复遑言，谊属重亲，地接比邻，乐于和叶社稷如一统，甥舅所思熙融如一。与唐王圣神文武皇帝结大和盟约，旧恨消泯，更续新好。此后，赞普甥一代，唐主舅又传三叶。嫌怨碍难未生，欢好诚忱不绝，亲爱使者，通传书翰，珍宝美货，馈遗频频，然，未遑缔结大和盟约也。甥舅所议之盟未立，怨隙萌生，盖因彼此旧日纷扰、疑虑，遂使结大和盟事，一再延迟，倏间，即届产生仇雠，行将兵戎相见，顿成敌国矣，于此危急时刻，圣神赞普可黎可足陛下所知者聪明睿哲，如天神化现；所为者，悉合诸天，恩施内外，威震四方，基业宏固，号令遍行，乃与唐主文武孝德皇帝舅甥和叶社稷如一统，情谊绵长，结此千秋万世福乐大和盟约于唐之京师西隅兴唐寺前。时大蕃彝泰七年，大唐长庆元年，即阴铁牛年（辛丑）冬十月十日，双方登坛，唐廷主盟；又盟于吐蕃逻些东哲堆园，时大蕃彝泰八年，大唐长庆二年，即阳水虎年（壬寅）夏五月六日也。双方登坛，吐蕃主盟；其立石镌碑于此，为大蕃彝泰九年，大唐长庆三年，即阴水兔年（癸卯）春二月十四日事也。竖碑之日，观察使为唐之御史中丞杜载与赞善大夫高□□等参与告成之礼。同一盟文之碑亦竖于唐之京师云。①

该碑对于研究吐蕃历史、唐蕃关系、吐蕃姓氏、唐蕃语音和吐蕃时期的官制、宗教及政治文化来说，是极为宝贵的资料。② 如图6-8所示。

图6-8　唐蕃会盟碑

四、恩兰·达札路恭纪功碑

恩兰·达札路恭纪功碑位于北京中路南侧、布达拉宫广场东北角，与布达拉宫隔北京中路相望，建有围墙院落保护。碑帽为四角攒尖式，四角微上翘，坡面上面有两层叠涩台阶，再上为两层葫芦状摩尼宝珠，最顶部为弧尖三角形缠枝花纹包裹的3个呈"品"字形排列的圆珠装饰。碑身呈方柱形，截面方形，整体下宽上窄，碑座为三级叠涩台阶式③。碑通高8米左右，其形制受到以长安地区唐代石台孝经碑、临洮唐代哥舒翰纪功碑等为代表的唐代方形碑身、庑殿顶碑首、方形碑座形制的影响。

---

① 参见王尧《吐蕃金石录》"唐蕃会盟碑"条，文物出版社1982年版，第1—200页。
② 参见任乃强《唐蕃舅甥和盟碑考》，载《康导月刊》第5卷第7、8期，1943年12月。
③ 参见张仲立《西藏地区的碑石及其渊源浅谈》，载《文博》1987年第5期，第64—67页。

碑身正面、背面、左面3面有字，正面藏文68列，左面藏文16列，背面藏文74列①。北侧碑文讲述了赞普对达札路恭及其子孙所给予的告身等级以及所享受的种种特权等，左侧面碑文讲述了任命达札路恭为大内相、平章政事的诏命，背面碑文赞颂了达札路恭在吐蕃内政及对唐战争中的卓越才能与功绩。据碑文所载其率兵攻唐推测，该碑应立于唐代宗广德元年（公元763年）之后、赤松德赞逝世（公元798或797年）之前。

正面译文：

敕授论达札路恭盟誓之诏书，并竖碑勒石。

赞普赤松德赞陛下诏誓如下：

论达札路恭之子孙后代，无论何时，地久天长，赐以银字大告身，永作盟书证券，固若雍仲。赞普后世每一代之间，诏令"大公"之子孙后代中一人充任内府官员家臣以上职司，并可常侍于赞普驻牧之地。"大公"之子孙后代果有任官府职司之能力者，必按其能力任命之，且予以褒扬。苟"大公"之子孙对赞普陛下不生二心，其他任何过错决不处以死刑；若依法科处任何刑罚时，亦予以比原科处减轻一等而加以保护。"大公"之子孙某代或因绝嗣，其所属奴隶、地土、牲畜决不由（赞普）没收，而定举以畀其近亲兄弟一支。论达札路恭之子孙后代，当其手执盟誓文书，或因绝嗣，或遭罪谴，亦不没收其银字告身。论达札路恭与"大公"之子孙最近支派之一脉，授以"雍仲"大银字告身；论达札路恭之父，"大公"之子孙繁衍，均授"尚论长史"权衔，统三百军丁之职务。

而禁卫军"彭域东本"之职，永不授予他人，论达札路恭之远祖"悉腊"之子孙凡具能力者，公正临民者，授以"禁卫军彭域东本"，永为世职。恩兰·悉腊之子孙无论何时均令入禁卫军旅，其俸养决不减少，亦不变更。"大公"之子孙后代手中所掌管之奴隶、地土、牧场、草料、园林等等一切所有，永不没收，亦不减少，他人不得抢夺。若彼等自家不愿再管时，不拘其（血统）远近，贤与不肖，亦不更换而畀予焉。倘有人为报仇计，使"大公"之子孙后代遭到

---

① 参见王尧《恩兰·达札路恭纪功碑》，载《社会科学战线》1981年第4期，第222－230页。

生命危险之时，将由上峰做主保护之。"大公"之子孙后代若不背叛（王室），则（赞普）决不听信挑拨离间之词，不计小疵，不予罪谴。子孙后代某人，苟对赞普陛下心怀二志，情况属实，犯罪者自身将受惩罚，其兄弟子侄决不连坐，（其本人）亦不科以死刑。

简言之，论达札路恭之父——"大公"之子孙后代生命，予心中以……（下残）

背面译文：

弃隶缩赞赞普之时，恩兰·达札路恭忠诚业绩卓著，时，末·东则布、朗·迈色正任大相，忽生叛逆之心，由是，父王弃隶缩赞被害宾天；王子赤松德赞政躬亦濒危境，蕃境黔首庶政大乱。斯时，路恭乃将末·东则布与朗·迈色叛逆事实启奏王子——赞普赤松德赞圣聪。末氏、朗氏叛乱劣迹确乎属实，遂将彼等治罪，路恭之忠贞明矣。

恩兰·路恭忠贞不贰，足智多谋，英勇深沉，令任大论平章政事。后，彼洞悉唐廷政情，复任为往攻（唐地）州县堡寨之先锋统军元帅。其精娴弓马战阵，所出计谋，均操胜算，先克唐廷藩属（吐谷浑）阿豺部，自唐土夺取人口、头疋、辖土，唐人震惊。于唐境之野猫川……湟水之滨等地……开始纳贡，路恭鏖战……大事，忠贞……利于社稷，……献大计谋，对赞普忠贞，对社稷裨益，心地纯良。赤松德赞赞普深沉果敢，议事有方，所行政事靡不佳妙，攻取唐属州郡城池多处，唐主——孝感皇帝君臣大怖，年纳绢缯五万疋为寿，以为岁赋。其后，唐主——孝感皇帝驾崩，唐主太子——广平王登基，以向蕃地纳赋为不宜，值赞普心中不怿之时，恩兰·（达札）路恭乃首倡兴兵入唐，深取京师之议，赞普遂以尚·琛·野息囊通与论达札路恭二人为攻京师之统军之帅，直趋京师，于周厔之渡口岸畔与唐兵大战，蕃兵掩袭，击唐兵多人。唐帝广平王乃自京师出走，遁陕州，京师陷落。唐宰相□□□等潼关与□□□□赞普□□蕃地□□赋□金城公主之弟□□大相□□大小君长□□社稷长久，永远赞颂，路恭忠贞裨益社稷，心地纯良。

左面译文：

论达札路恭已任命为大内相平章政事，如诏书所颁，一切艰巨王事均曾从事，对内外政务大有裨益，上下黎庶一例公允平和，于蕃境黔首庶政堪称嘉妙。①

达札路恭纪念碑如图6-9所示。

图6-9 达札路恭纪功碑

五、谐拉康碑

谐拉康碑是赤德松赞为旌表娘·定埃增桑波的功劳而颁诏刻立的记功碑，按照藏文佛教史书记载，上面刻有赤德松赞授予娘·定埃增桑波的盟文。该碑有两块，分别称谐拉康甲碑和谐拉康乙碑，原碑立于今墨竹工卡县止贡宗萨区的谐拉康寺（又称"夏拉康寺"，意为帽子寺）大门的东西两侧，西侧碑高约3.65米，称甲碑，碑文62行；东侧碑高约2.9米，称乙碑，碑文约49行。后来，两碑损毁断裂，碑文模糊不清。不管怎样，谐拉康碑是吐蕃历史上唯一一块现存赞普专为高僧竖立的，既是娘·定埃增桑波的记功碑，也是研究吐蕃社会政治、经济、文化不可或缺的史

---

① 参见王尧《吐蕃金石录》，文物出版社1982年版，第1—296页。

料碑。

谐拉康甲碑：
天降之王神赞普赤松德赞之诏敕：
永远授予班第·娘·定埃增盟书誓文。
  班第·定埃增为人自始至终忠贞不贰。予幼冲之年，未亲政事，其间，曾代替予之父王母后亲予教诲，又代替予之舅氏培育教养。父系子侄兄弟，母系子弟上下人等，莫不悦乐称庆。对众人每倡有利之建言，并躬自践行，一切事业成就，广被利乐，忠贞不渝。迨父王及王兄先后崩殂，予尚未即位，斯时，有人骚乱，陷害朕躬，尔班第·定埃增了知内情，倡有益之议，纷乱消弭，奠定一切善业之基石，于社稷诸事有莫大之功业。及至在予之驾前，常为社稷献策擘划，忠诚如一，上下臣工奉为楷模栋梁，各方宁谧安乐。及任平章政事之社稷大论，一切所为，无论久暂，对众人皆大有裨益。如此忠贞，超越此前任何一人，奉献一切力量效忠尽职。予窃思之，参比往昔宫廷表册，施予相应之惠，而班第本人，持臣民之礼，遵比丘之规，不肯接受。感恩报德，勖忠勉良乃是先王陈法，予乃下诏，授予班第·定埃增重盟大誓，赐以雍仲永固之权力，长远、平安。为令人民普遍知晓，于三宝所依之此神殿之处，敕建盟誓文龛，立碑竖石。而盟书誓文，明白勒诸石上，四周封以大印而覆盖之。子孙后世继位主政者，平章政事，社稷大论，后来从政官员人等，凡盟书誓文中所有者，碑上书列各款，不得减少，不得更改，不得变动。无论何时，赞普世代子孙，对班第·定埃增祖先大论——"囊桑努贡"之子孙后代，予以青睐照管，安置为适宜之职守，如其所能予以褒奖宣扬。若为他人欺压凌辱，或有奸人谗言，均由王廷做主保护。设或有罪而不实，则决不听信离间，决不听从谗言。"囊桑努贡"之子孙后代，若有某人对社稷及赞普政躬心怀二志，或做其他歹事，处罪仅于一身，其兄弟子侄不得连坐，不置他人于法，不予责谴，唯有罪者受罚。其永久持有之告身及家世令名不得湮没，所任职司大位仍着令继续操持。其部落"岱本"一职，仍予世袭承传。"囊桑努贡"之子孙后代之奴隶、牧场、草料、园林等项，无论何时，设或断绝后嗣，或因罪置狱，王廷亦不没收，亦不转赐他人。下面臣僚未呈献（赞普）之前，不得以任何方式抢夺或没收等。永远永远，赐予论"囊桑努贡"之子孙后代，社稷安谧鸿固之盟书誓文，不予变更，无论何时，不予修改，并均于予之驾前盟誓。王兄牟茹赞普与王（太）后戚族，诸小邦、平章政事社稷大论以下，诸大尚论均使其参与盟誓，誓文封以雍仲之印。

有关班第·定埃增如何忠贞、如何效力、对社稷如何利济、所盟誓文如何详尽等，均书于诏敕盟书之内，而藏于密处。其一副本盖印加封，置于此敕龛内，另一副本盖印加封，交付（娘氏）执掌之！

娘·定埃增祖先之叔伯旁支，"伊公"之后代，亦授以盟誓诏敕。往昔，娘氏、韦氏对王廷忠贞相佯，效力相垺，但与韦氏相比，对娘氏恩泽稍欠周详。今者，予下诏，对娘氏之盟书誓文另有增益也。

此盟书誓文神龛何时若需开启，予之子孙执掌社稷者派遣可以信赖之堪布、忠直主盟者三人以上，授予此任，而共同携手并出此盟书。后，仍如往昔，盖印加封，堪布用印，安置之！

谐拉康乙碑：

天神来作人主，圣神赞普赤德松赞之诏：

再赐班第·娘·定埃增之盟书誓词。

班第·定埃增为予之社稷擘画谋略，竭尽全力。往昔，盟誓之时，即赐予诏文及与效力相等之权利，与之相应之恩泽。但，班第本人对所赐予之恩泽，祈请恳辞，不愿接受。予思之，所赐虽与盟书誓文相符，但其恳求减少、降低，则与效力大小之权利不相适应矣。对娘·定埃增施恩微薄而亏待于彼，予心有憾焉。班第·定埃增于予之驾前，参与社稷大事。予掌政之日起，即对予政躬，对社稷政务，倡有益与久暂之善议，行有利于众人之大事，上下安宁，共同受益，忠贞之念耿耿，效力之勤昭昭。为增添誓文内容，予窃思之：班第虽恳辞往昔盟书誓文之颁赐，不愿再求超越，然，对其竭力效顺之还报，恩泽岂能泯灭，应予相应适宜之赏赐。君长臣工商议如一，应于前所颁赐盟书誓文内容之上，有以加之。

班第·定埃增忠贞不贰，竭尽效力之故，特加恩泽，乃于后一龙年，驻驿温江岛宫之时，下诏，颁赐增新内容，较之往昔雍仲永固之誓文，尤加赞颂褒奖。论"囊桑努贡"之子孙后代，有人分驻于藏、堆等地者，亦授予文书告身之尚论职权，若有罪谴或生命遭到暗算、加害之时，无论何人所为，对此阴谋之人以及前来讲情之人，均不看情面，不马虎了事，作为阴谋而予以处刑。凡献予寺庙之奴户、地土、牲畜，其他臣民上下人等概无权干预，等等。于往昔盟书誓文之上，复增新文，如盟书所誓，永远恪守祗遵。于予之驾前盟誓者：王后之戚族、诸小邦、社稷诸大论、大小尚论诸寮采，均参加盟会、起誓。增新内容之盟书誓词，永固久安。

为令众人普遍知晓计，乃将誓文勒诸石上，四周盖印护持，置于神殿及盟誓文龛之内，后代掌政君臣，无论何时，于此二盟书誓文上所许各款，此二碑上所刻之文，永远不得减少，不得修改，不得变更！

前誓之上，复增新盟，细密节目，书于诏敕之中，藏于秘府。其一，与前之盟书誓文一并置于龛内，另一，令（娘氏）执掌之。①

六、查拉鲁普石窟

查拉鲁普石窟位于西藏自治区拉萨市城关区吉崩岗办事处药王山东侧山腰上。据《贤者喜宴》记载，该石窟始建于吐蕃松赞干布时期，创始人为茹雍妃即洁莫遵。"文革"时期受到破坏，1962年，十世班禅确吉坚赞出资维修。1979年，土登旺久出资再次维修，隶属功德林寺。

石窟寺依山而建，分为3部分，依次名为乃曲拉康、觉卧拉康、东夏拉康。觉卧拉康年代最早，由经堂、石窟洞组成。经堂南北各辟一门，南入北出，内部面阔，进深均为3间2柱，四壁彩绘有壁画。经堂后为石窟洞，洞口朝东，洞内有一中心柱，平面呈不规则长方形。中心柱与洞壁之间是一条狭窄的转经廊。洞内造像共计71尊，除两尊泥塑外，均为石胎泥塑像，分布在中心柱四面和石窟南、西、北壁上。其中中心柱四面共有14尊造像，皆为高浮雕，多残损，重修时残缺部分用泥塑补全，造像种类有一佛二弟子二菩萨、不动佛、松赞干布及二妃子等。窟壁上凿刻有千佛、持金刚、三世佛、莲花生大师、观音等造像。该石窟1996年被西藏自治区人民政府公布为西藏自治区文物保护单位。②

---

① 参见王尧《吐蕃金石录》，文物出版社1982年版，第16页。
② 参见西藏文管会文物普查队《拉萨查拉路甫石窟调查简报》，载《文物》1985年第9期，第51-64页。

查拉鲁普石窟为平面呈长方形的中心柱窟，这种形式的石窟在我国其他地区是专作供养礼拜的，流行于北魏至隋唐之间，唐代之后不见。公元1564年成书的藏文史书《贤者喜宴》明确记载查拉路鲁普石窟是由松赞干布的藏妃茹雍主持开凿的。藏族本不信佛，茹雍妃开凿石窟，当在二公主与松赞干布结婚和佛教传入之后，由此推断，查拉鲁普石窟当开凿于公元7世纪40年代中期，即唐代早期。而窟内的造像则并非同一时期雕凿。第一期造像为公元7世纪中叶至9世纪初叶，第二期造像为公元12、13世纪，第三期造像为公元14、15世纪。而霍巍先生认为，造像的衣饰、造型具有印度后期波罗王朝佛像的特征，所以其年代不早过公元8世纪①。查拉鲁普石窟造像如图6-10所示。

图6-10　查拉鲁普石窟造像

---

①　参见霍巍《吐蕃第一窟——拉萨市药王山札那路浦石窟的几个问题》，载《考古与文物》2003年第1期，第51-55页。

七、墨竹工卡切卡寺吐蕃石狮

2016年6月初，笔者根据有关报道提供的线索赴切卡寺（又称"切嘎贡巴"）调查吐蕃石狮。切卡寺位于西藏自治区拉萨市墨竹工卡县扎西岗乡。该寺始建于公元1165年，2009年公布为第五批西藏自治区文物保护单位。巴桑旺堆先生根据奥地利藏学家哈佐德提供的线索，首先发现了切卡寺大殿门口的两尊石狮，并根据其造型风格推测切卡寺石狮与拉孜查木钦墓地（又称"昌庆吐蕃墓"）石狮相似[1]。

石狮由切卡寺附近的且卡墓地搬运而来，石狮距今有约900年的历史。且卡墓地2009年公布为拉萨县（市）级文物保护单位，是吐蕃时期的墓地[2]。

切卡寺石狮雕刻较为精美，造型独特，与藏王陵等地发现的吐蕃石狮迥异，与拉孜扎西岗石狮相似。两尊石狮均用花岗岩整石圆雕，石狮五官轮廓不甚清晰。两尊石狮大小略有差异，根据体型、头部特征，尤其是尾巴的特征，将体型较小、尾巴较短者视为雌性，将体型较大、尾巴较长者视为雄性。

两尊石狮相同之处较多：①均为整石圆雕，雕刻技艺粗糙；②方头大眼，五官等轮廓不甚清晰；③胸部圆鼓，宽背弓腰；④呈半蹲伏状，前肢粗短、直立，后肢下蹲。两尊石狮不同之处有：①公狮吻部较胸部凸出，而母狮胸部较吻部凸出；②公狮头部较母狮头部大，公狮体形较母狮大；③公狮尾巴较母狮长。

通过以上描述，可以看出拉孜扎西岗与墨竹工卡切卡寺两对石狮造型风格相似：①雕刻技法粗糙；②石狮呈半蹲状，前肢粗短；③五官轮廓不清晰；等等。

从以上分析来看，这两对石狮与目前西藏各地寺庙常见石狮差异较大，而与青海、西藏吐蕃时期的石狮风格类似[3]。

---

[1] 参见巴桑旺堆《墨竹工卡县切卡寺发现两尊吐蕃时期遗存的古石狮》，载《西藏研究》2014年第4期，第120页。

[2] 参见西藏自治区地方志《西藏自治区文物志》，中国藏学出版社2012年版，第35页。

[3] 参见余小洪、岳燕《论西藏考古新发现的吐蕃石狮及其造型艺术特征》，载《西藏大学学报》（社会科学版）2017年第1期，第85-92页。

第四节　山南地区

山南地区位于雅鲁藏布江沿岸，是吐蕃文化的发源之地。拉萨地区唐代吐蕃遗存包括古建筑、墓葬、摩崖石刻等。

一、桑耶寺

据《桑耶寺志》记载，公元762年，赤松德赞亲自为寺院举行奠基，历时12年建造，到公元775年终告落成。由于有传说在初建时，赤松德赞急于想知道建成后的景象，于是莲花生就从掌中变出了寺院的幻象，赤松德赞看后不禁惊呼"桑耶"（意为"出乎意料""不可想象"），后来就把这一声惊语作为寺名，于是该寺也就因国王一声惊语而被命名为桑耶寺。桑耶寺落成后举行了盛大的开光仪式。赤松德赞又从唐朝、印度和于阗等地邀请僧人住寺传经译经，并宣布吐蕃上下一律遵奉佛教。因此桑耶寺是西藏第一座具备佛、法、僧三宝的正规寺院，在藏传佛教界拥有崇高的地位。桑耶寺兴佛证盟碑，在乌孜大殿正门口，高3.8米，座高0.8米。桑耶寺铜钟，高1.1米，直径0.55米，重约三四百千克。钟面铸有古藏文，记述着墀松德赞的第三妃甲茂赞母子为供"十方三宝"而铸造此钟。这口钟是甲茂赞特邀请内地汉僧大宝（仁钦）监造的。据《贤者喜宴》记载："墀松德赞第三妃甲茂赞，自修一般，殿上又献铜钟一口。"即指的这口铜钟，也是西藏所铸的第一口铜钟。

二、琼结藏王墓

松赞干布陵，又名"红陵"，位于琼结县城西南的琼结河岸边，即藏王墓地的西北。陵封土为正方形，平顶，边长129米，高13.4米，陵封土结构较为复杂。由土、木、草、扁石组成。四壁因年久风雨冲刷，下部迹象暴露明显。南壁夯层厚0.07~0.1米，土质为黄褐色夹小石粒。土层中有圆木加固，圆木朽后留有很多孔洞，孔洞上下垂直，间距0.15米，左右间距0.18米。孔洞圆壁全用小扁石圈砌，以保护圆木。夯层平面上摆有整齐的白玛草。夯墙东西向，似为板筑。西端露出横断面，宽1米、高1米。封土南壁破坏严重，部分墓址被当地居民占用。

西壁圆木朽后所留孔洞大部分为方形，边宽0.17～0.28米，上下左右间距均为0.7米，亦有石板层，较薄，位于横向排列的孔洞之上。板筑夯墙明显。北壁夯层最厚，一般在0.17米以上，并露出当时筑墙工具印痕。

东壁雨水冲刷严重，在正中偏南的冲刷口处亦见板筑夯墙，高约1.5米，墙与墙连接处采用圆、方木榫合。

赤松德赞陵，琼结县城南面的木惹山中腰，海拔3850米，规模属藏王墓之冠。依山势而建，封土为正方形，平顶，边长180米，残高14.7米。北壁椽孔犹如蜂窝，上下相错，共3排，排列有序。总高4.5米，其左右间距0.5～1.5米，木椽孔径0.2～0.4米，石层介于两椽孔带之间，厚0.2米。

石狮。陵前方东西两边各置一石狮。西边一尊已埋没，仅露出身体局部的残块。东边整体亦残缺，通高1.45米，底座的长宽为1.2米×0.78米。右前腿残缺，左后腿表面亦缺一块。石狮雄踞前视，双目圆睁，牙齿外露，气势逼人，颈毛卷曲，线条细腻流畅，前肢直立，身躯后蹲，尾巴从腹下搭于脊上。

石碑。通高5.24米。碑首高0.94米，碑身高4米，碑座高0.3米。碑身左右两侧为飞龙图案。右侧面的龙纹已经漫漶。碑座是一自然石块，形状如龟形。碑正面为古代藏文。

赤松德赞墓碑译文：

先祖，神圣赞普，治理天人，礼教尽善，武功煊赫。神圣赞普，赤松德赞，恪遵祖训，不违圣典，谐和天地之教，功德圆满，众口交誉，勒铭于石，永不纪毁。伟大法王，丰功伟绩，军威所向，开土拓疆，如斯等，详志它方。

赞普赤松德赞，天神化身，四方诸王，无与伦比。睿智聪明，武功赫赫，上自大食边境，下迄陇山隘口，无不臣服。疆土辽阔，南北东西，广袤无际。吐蕃大国，富强繁荣，境内众生，安居乐业。赞普心发菩提行，胸怀广阔，得澄超凡出世之妙谛。恩惠广施，贵宵黎民,来世今生,咸受其泽。万众尊号,日大觉天神化身。①

琼结桥碑。2012—2013 年,四川大学藏王陵考古队重新对该石碑进行了全面的考古调查和清理,不仅绘制了较完整的线图,而且对以前的考古测绘数据也作了一定的更正。

琼结桥碑原位于琼结河北岸桥头,现位于琼结县政府院内西北角。石碑通高 5.13 米,由碑帽、碑身、碑座 3 部分组成。碑帽连顶总高 0.89 米,顶部微残,帽顶端为重叠的两枚宝珠。上方宝珠直径 0.26 米,高 0.27 米,下方宝珠有残破裂纹,直径 0.4 米,高 0.22 米。碑帽平面为长方形,顶部为四面坡状庑殿顶式,边缘略微上翘,沿宝珠边缘的碑帽有一圈莲纹。碑帽长 1.2 米,宽 0.85,总厚 0.4 米,边缘厚 0.2 米,碑帽以卯榫结构与碑身相互连接。碑帽边缘四周图案均漫漶不清。碑帽底部对称浮雕升云图案。碑身上小下大,高 4.03 米,上端宽 0.8 米,厚 0.33 米,下端宽 0.85 米,厚 0.41 米。碑身正面即现西北侧刻有古藏文,已漫漶不清无法释读。碑身背面即现东南侧以减地浮雕方式雕刻雄狮与对龙图案,上半部为一蹲立的正面狮子,头部已漫漶不清,仅能识别健硕的狮身及四肢,下半部为肢体伸展、尾向两边上卷的怪兽图像。碑南、北两侧以减地浮雕结合线刻,装饰有相向对称的图案,均雕刻 3 段有翼升龙祥云图案。龙身健硕,昂首,前爪前伸,有须、角、脊毛,遍施鳞甲,作疾走状,龙尾下为祥云。第三段仅残留龙身上半截。碑座为圆形石块,略加修整,长 1.88 米,宽 1.5 米,高 0.17 米。圜丘状碑座下为基座,长 1.9 米,宽 1.52 米,厚 0.04 米。②

墓碑译文:

神圣先王赞普,治理天神人间,教法圣典兴旺,圣冕极其珍贵。

神圣赞普赤松德赞恪遵祖训,不违圣典,和谐天地之教等伟业勒铭于石。伟大法王的功业及圣冕开拓疆土等详志它方。

天神化身赞普赤松德赞,不同于四方诸王,他以宽广的胸怀,圣冕征服了上自大食边境,下迄陇山隘口,四方疆土广袤无际。因政权

---

① 参见王望生《松赞干布、赤松德赞陵调查记》,载《文博》1986 年第 6 期,第 21 – 23 页。

② 参见西藏自治区文管会《琼结县文物志》(内部资料),1986 年。

强大,吐蕃地域辽阔,民众富庶,永久安居乐业。赞普心怀菩提行,兴出世间之善法,恩惠广施。人畜两者,永久受其恩泽。万众尊号,赤吉拉强曲钦波(意为"天神化身大菩提")。

赤德松赞墓碑与琼结桥碑无论是行文风格还是碑文内容都极其相似。琼结桥碑最初应是赞普赤松德赞的墓碑。①

三、洛扎吉堆墓地

2012年9—10月,受山南地区文物局委托,在山南地区文物局洛扎县文广局的协助下,陕西省考古研究院对吉堆墓地进行了考古调查与测绘,在已有资料的基础上又新发现了墓葬、殉牲坑、石墙等遗迹31处。

墓地保存状况整体较差。多数墓葬封堆尚存,顶部多有盗扰的凹坑,封堆周缘风蚀加水土流失的情况十分严重;部分墓葬封堆仅残存底部或局部夯土断面;个别墓葬封堆已无存,仅见基础部分的残迹。构筑封堆的石块大部无存,主要是由20世纪六七十年代筑梯田及居民建房时取石所致。吉堆墓地调查确认墓葬68座,殉牲坑36座,墙1道,分布在东西660米、南北500米的范围内,地势东南高,西北低。墓葬分布整体呈北宽南窄的不规则梯形,与封堆形制十分相似。其中,M1规模最大,位于墓葬区中部偏北偏东处,其西北、东北侧两区域内墓葬分布最为集中,殉牲坑与石墙亦围绕M1及其附近的M2、M4、M20 3座墓葬分布。而M1西、西南、东南部墓葬数量相对较少,呈现整体分散、局部集中的分布特点,如东南侧的M50—M57即为分布相对集中的一小组,居于墓地最高处。②

大型带附属坑与石墙的墓葬1座,为M1。封土规模大,附属的条形殉牲坑和近方形殉牲坑数量多、规模大,南侧及东、西两侧围沟宽而深。条形殉牲坑位于封堆北侧陡坡上,距封堆北边28.5米,现存7条,间距3.7～5.1米,东西向。近方形殉牲坑,位于条形殉牲坑东西两侧,现存11座,自南向北排列。石墙,位于M1南侧山坡上,距M1约154米,墓与墙之间坡面较陡。

---

① 参见中国社会科学院考古研究所《藏王陵》,文物出版社2006年版,第1-200页。
② 参见陕西省考古研究院、山南地区文物局、洛扎县文广局《西藏洛扎县吉堆墓地与吐蕃摩崖刻石考古调查简报》,载《考古与文物》2014年第6期,第15-25页。

中型带附属坑的墓葬 3 座，M2、M4、M20 封土规模较小，北宽 12.4～17 米。附属的条形殉牲坑和近方形殉牲坑数量较少，规模亦较小，南、东西两侧围沟明显但较浅。从分布上来看，这 3 座墓葬均位于 M1 东西两侧相邻处。M2 封堆为正北方向，平面呈梯形，北边长 14.6 米，土石混合构筑而成。条形殉牲坑，位于封堆北侧坡面上，距封堆北边 36.5 米，现存 3 条，间距 3.86～3.94 米，东西向。方形殉牲坑，位于条形殉牲坑东西两侧，自南向北排列，相距 4～4.1 米，现存 5 座。

中型无附属坑的墓葬 42 座，北宽 10～26.1 米不等，规模与第二类墓葬相仿。该类墓葬围绕第一类和第二类墓葬分布，遍及整个墓葬区，规模大多与第二类相当，个别墓葬稍小或稍大，但均未发现殉牲坑迹象，有明显的围沟迹象，但宽窄、深浅不一，与墓葬大小及保存状况有关。

小型无附属坑的墓葬 15 座，北边宽 10 米以下，其中 11 座集中在墓葬区东部，4 座分布在墓葬区西北部，与前三类墓葬交错分布，大多无围沟。

四、洛扎得乌琼摩崖刻石与门当摩崖刻石

得乌琼摩崖刻石位于洛扎县洛扎镇吉堆村二组（得乌琼组）境内普曲河谷东岸崖壁上，吉堆墓地东北直线距离 4000 米处。刻石所在沟谷向北有次贡拉康和噶玛措。刻石壁近直立，以细砂岩和页岩为主，崖面上部微内凹，下部外凸，表面粗糙。刻字范围呈不规则四边形，高 3.03～3.2 米，宽 3.25～3.81 米，一周可见明显的阴线刻凿痕，减地部分自外而内逐渐加深，边缘形成斜坡状，为刻字前加工壁面的痕迹。文字间无边框及字格线，字体古朴，为串珠体，阴线刻，可见反书元音"i"等典型的吐蕃古藏文特点。文字现存 11 行，自上而下 1—7、11 行保存较好，大部分文字可辨。

门当摩崖刻石，位于洛扎县洛扎镇门当村境内门当曲与洛扎雄曲交会处以北约 55 米处的门当曲河谷东岸崖壁下部，吉堆墓地东南直线距离 11 千米处。中部偏左处壁面上有 3 道斜向裂痕，壁面局部略有凹凸起伏，并且可见较粗较深的斜向或横向凿痕，应为最初处理崖面时的痕迹。刻石文字无边框及字格线，字体古朴，阴线刻。

摩崖石刻译文：

天神之子赞普驾前，德门得乌穷忠贞不贰，为利赞普之身与政，呕心沥血、业绩卓著。为此诏敕曰：得乌穷之父洛朗子孙后代，其权势犹如"雍仲万字"般永固。其所属奴隶及封地等决不减少；得乌穷之丧葬应法事优隆。在任何赞普后裔掌政期间，其墓若有毁坏，由东岱专事修缮。得乌穷之父洛朗子孙后代，若有兄弟□□祸事□□□不管闯何等祸事，仅于□□立盟誓。天神赞普之亲属贡格布王，□□□臣以及四子舅臣参与盟誓，誓文置于龛内藏之。①

吉堆墓地是洛扎县境内及周边地区发现的唯一一处大型吐蕃墓地，土石构筑的梯形封土与藏王陵、列山墓地、查莫钦墓地等基本相同，封土内的墓室结构特征及封土前的殉牲坑等附属遗存也是吐蕃时期高等级墓葬的特征之一。

第五节　日喀则地区

日喀则地区位于西藏自治区的西南部，是通往南亚的必经之地。日喀则地区唐代吐蕃遗存有古建筑、墓地、碑刻等。

一、拉孜查木钦墓地

查木钦墓群作为西藏自治区为数不多的国家级文物保护单位，位于西藏拉孜县曲玛乡查木钦村北，地处雅鲁藏布江岸，距县城约 50 千米，海拔 4100 米左右。该墓地由西藏自治区文管会文物普查队于 1990 年首次发现并试掘，试掘简报刊登在《南方民族考古》1991 年第 4 辑上。该地区目前称为查木钦。"查木"一词在吐蕃时期专指军事驻扎地，可译为军镇或节度衙。

---

① 参见霍巍、新巴·达娃扎西《西藏洛扎吐蕃摩崖石刻与吐蕃墓地的调查与研究》，载《文物》2010 年第 7 期，第 56－62 页。

墓地分为两个区，共135座，殉葬坑28条。查木钦墓群据其墓葬土丘的外观形状大致可分为梯形封土、"凸"字形封土、方形封土、长方形封土、圆形封土、塔形封土6种类型，其中尤以梯形封土为多。封土的构筑方法有以下两种：石块堆筑和黄砂土夯筑。该地区墓葬群由于其封土形制、规模、构筑方法、附属石狮等特点与吐蕃的贵族墓葬有相似之处。

查木钦墓地中"凸"字形封土墓有15座，且全部集中在A区。[①]

石碑发现于A区左上端，发现时已断成3块置于地面。石碑为砂石质，较粗糙，长方体顶部略呈三角形，系整块条石加工而成。高2.31米、宽0.46米、厚0.2米。碑身四面皆刻藏文文字，正面32行，背面28行，左侧32行，右侧25行，字数不等，皆为阴刻横书。有些字文已不甚清晰，尤其是两侧面漫漶最为严重。

正面：

智慧瑜伽祖拉康之教源，神子颁赐诏文，赞普赤祖德赞之鸿恩功德之业永久牢记，不得篡改。达摩……以上者，位于何处不可奉告。从其他祖拉康应邀的来访者按承诺从事其职，为了不反纪律，意志坚定地加入盟誓每一晚，为三宝小团供品一次，……从桑玛萨桥河谷……和十居士之生活，四比丘（善知识）要不断念经修佛。达摩经十居士中的一位要不断念诵白伞经，并定期用鲜花、妙音、熏香、净水、宝伞之供奉并偈文礼赞佛和随行之福分。赞普赤祖德赞之护法兄……

背面：

礼赞。从事十善业，众人每天敬奉三宝，向四位僧人各献一药品或博斜（意为一种佐料）……进行供奉并祈福。季首月和春季首月十五号集资为佛诞点燃一百零八盏酥油灯；夏季首月和秋季首月十五号为千座佛塔集资，信众庆祝泥沙千塔和法印……敬三宝并祷告。信众时刻不得危害万众有情者，并向三宝祷告，若有机缘，将对当地人讲经授课，敬三宝，修随从像，并向穷人布施。

---

① 参见西藏文管会文物普查队《西藏拉孜、定日二县古墓群试掘简报》，载《南方民族考古》1991年第4辑，四川科学技术出版社1992年版，第105–124页。

右侧面：

赞普赤祖德赞功德已坚持之业，若遭人篡改善业……诸神……处理。……所包含的意义，总之，恶业……用智慧去适应。

左侧面：

……施政领域佛的功德……诸受害……做上师，民众……誓言进行祈am祷……三宝，佛经……法音……极引导……佛僧……上百个。①

二、拉孜扎西岗石狮

2015年8月，笔者在西藏日喀则博物馆考察时发现两尊新入藏的石狮尤为少见，限于时间紧迫未做细致观察。后查阅相关资料，认为这两尊石狮的年代可能早到吐蕃时期，较为重要。2016年5月，笔者再次赴日喀则博物馆了解这两尊石狮的情况，并现场进行了测绘。据馆内工作人员介绍，这两尊石狮由上海市第七批援藏干部、日喀则市文化局副局长胡巍从日喀则市拉孜县扎西岗乡征集。该对石狮原放置在拉孜县扎西岗乡恰雄村寺庙门口，后被当地村民移走。

拉孜扎西岗乡（恰雄村附近）有一处吐蕃时期的墓地，根据琼结藏王墓赤松德赞陵、拉孜查木钦M1前石狮的情况来看，拉孜扎西岗石狮原来也可能置于恰雄吐蕃墓前。

拉孜扎西岗乡新见石狮雕刻简单，造型独特，与藏王陵等地发现的吐蕃石狮迥异。两尊石狮均用花岗岩整石圆雕，每只重达200余斤。石狮五官轮廓不甚清晰，头部前凸超过胸部，都未雕刻腿部。整体来看，制作得十分粗劣，前后肢等关键部分仅以线条简单勾勒。两尊石狮大小不一，应有雌雄之分。根据体型、面部特征，尤其是腹部特征，将腹部圆鼓、体型较小者视为雌性，将腹部平直、体型较大者视为雄性。

从正面观察，母狮体型较公狮体型大，缘于母狮正面较公狮高，母狮

---

① 参见夏吾卡先《查木钦石碑与吐蕃墓群主人之新考》，载《藏学学刊》第10辑，中国藏学出版社2014年版，第56—69、238页。

腹部较公狮圆鼓。但从侧面来看，公狮体型较母狮体型大，缘于公狮较母狮长，公狮尾部较母狮尾部高。

两尊石狮相同之处较多：①雕刻技法较为粗劣，均为整石圆雕，面部为浅浮雕，肢体、腹部等部分多为线刻；②眼部特征相似；③颈部浅刻少量鬃毛；④均未雕刻尾巴。不同之处：①母狮腹部圆鼓，公狮腹部平直；②母狮雕刻有耳，公狮无耳；③母狮额头圆鼓，公狮额头塌陷；④母狮鼻子为蒜头鼻，公狮为"八"字形；⑤母狮吻部明显，公狮吻部仅为一条线。① 根据比较，年代为吐蕃晚期或稍晚时期。

三、吉隆王玄策《大唐天竺使出铭》

《大唐天竺使出铭》位于西藏自治区日喀则地区吉隆县北部崖壁上。崖壁面阔约1.5米，其上有崖棚遮盖，崖脚有水渠环绕而过，崖面距地表约5米。题铭系阴刻，字面宽81.5厘米。《大唐天竺使出铭》残高53厘米，下部已被破坏。字面用阴线细刻方框间隔，每一方框高约4厘米，宽3.5厘米。字体为楷书，字约2厘米见方，现存24列，约311字。题铭额题为隶篆，字约5厘米见方，上书"大唐天竺使出铭"7字。题铭文字因多年风化，侵蚀严重，有许多已模糊不清，但从题铭及文中"大唐显庆三年"的年号来看，系唐显庆三年（公元658年）一方题铭，文中记述了唐代使节王玄策出使天竺（今印度），途中经过吉隆的过程。这一珍贵题铭对进一步研究古代唐蕃、中外关系等问题具有极为重要的意义和价值。2001年6月25日，《大唐天竺使出铭》作为公元658年的古遗址，被国务院批准列为全国重点文物保护单位。

《大唐天竺使出铭》铭文：

记录人刘嘉宾撰□记录人（下残）□人□抶□粤书，贺守一书（下残）维显庆三年六月大唐驭天下之（下残）圣□（轨？）奕叶重光玄化法于无空（下残）□□方道格□穹□三五以（下残）□及踵蒉（匈？）之国觇风而来（下残）逾山海（输）（赍）*身毒近隔

---

① 参见余小洪、岳燕《论西藏考古新发现的吐蕃石狮及其造型艺术特征》，载《西藏大学学报》（社会科学版）2017年第1期，第85–92页。

（下残）□□序□皇上（纳？）（陛？）（辄？）念濡（下残）大□□左骁卫长史王玄策宣（下残）刘仁楷选关内良家子弟六（人？）（下残）乱之方□□□边之术于是出（下残）声超雪岭指鹫山以道鹜（下残）年夏五月屈于小杨童之西（下残）时水□方壮栈□斯乃权（下残）山隅□则雪□拥□□□白云（下残）迴拥墨雾而□□西瞰连峰（下残）箭水愡万壑之□流寔天（下残）险也但燕然既迩犹刊石以（下残）铜而□□况功百往□路□（下残）之□歔默皇华之□（下残）小人为其铭曰懿皇华兮奉□天则聘軿（下残）穷地域勒贞石兮灵山侧（下残）使人息王令敏□使侄（下缺）①

西藏吉隆新发现的显庆三年《大唐天竺使出铭》，是迄今为止在西藏发现的年代最早的一通汉文碑铭。首次创通了公元7世纪中叶中西交通上一条新的国际通道——吐蕃尼婆罗道。这条道路从西藏西南部越过喜马拉雅山，入加德满都谷地，经尼婆罗而入印度。这条新路线的开凿，对加强汉藏、藏尼之间的友好往来和经济文化交流，都曾起到过重要的作用。

首先，它对于解决中国内地—吐蕃—尼婆罗这条国际通道南段的具体走向、出山口位置等历史上长期以来悬而未决的问题，首次提供了可靠的考古实物依据；其次，它对补正文献记载中王玄策出使事件的若干史实具有宝贵的史料价值；最后，碑铭的发现，从考古资料上确认了后藏吉隆在吐蕃时代对外交通中所占据的重要位置，对于研究唐以后直至近现代以吉隆山口为主要孔道之一的喜玛拉雅山地区陆路交通、贸易与经济开发等问题，不仅提供了历史的证据，而且具有现实的意义。②

通过上述考察可知，陕西段由西安至陇县，是唐蕃古道的东端起点。甘肃段由天水至兰州再至临夏。此段走向大体同于丝绸之路在该区域内的线路。青海段由民和经西宁至玉树，一直是丝绸之路南线上的重要枢纽。四川段由石渠至德格，是近年通过考古发现逐步确认的唐蕃古道支线，填补了玉树至藏东之间吐蕃时期交通路线的空白。西藏段由昌都至拉萨，是

---

① 参见西藏自治区文管会文物普查队《西藏吉隆县发现唐显庆三年＜大唐天竺使出铭＞》，载《考古》1994年第7期，第619－623页。

② 参见霍巍《〈大唐天竺使出铭〉相关问题再探》，载《中国藏学》2001年第1期，第37－50页。

唐蕃古道的西端终点。这条古代文化通道上遗留了大量唐蕃考古遗存，东北段是丝绸之路干线的重要组成部分，西南段南接茶马古道、蕃尼古道，是丝绸之路南线上的重要链条。

下编

理论研究

该编主要根据上编的田野考古调查资料,重点讨论唐蕃古道的路网结构,以及唐蕃古道沿线的佛教造像、棺板画、石狮等文物遗存。

第七章 唐蕃古道路网结构的考古发现与重构

唐蕃古道是连接中原唐王朝和西藏高原吐蕃王朝的交通要道。搞清楚唐蕃古道的路网结构、线路变迁,对于深入探讨唐与吐蕃的政治、经济、文化交流,丰富丝绸之路的内涵等方面都具有较为重要的意义。本章主要根据考古调查发现,结合历史文献记载,重新勾勒了唐蕃古道的路网结构。[①]

第一节 唐蕃古道路网结构的重构

本书第一章已对唐蕃古道考古调查与研究工作进行了回顾、介绍,在此不再赘述。此外还需要提及的是,陕西省考古研究院张建林研究员、席琳博士及西北大学于春博士等,于2013年12月对青海都兰县境内的鲁丝沟吐蕃摩崖石刻进行了考察。[②] 20世纪八九十年代,北京大学、青海省文物考古研究所在都兰热水[③]开展的考古发掘工作基础上,2014年青海省文

[①] 参见余小洪、席琳《唐蕃古道路网结构的考古发现与重构》,载《西藏民族大学学报》(哲学社会科学版) 2017年第6期,第53—59、155页。

[②] 参见于春、席琳《守望千年青海都兰县鲁丝沟摩崖造像调查记》,载《大众考古》2016年第8期,第77—81页。

[③] 参见北京大学考古文博学院、青海省文物考古研究所编著《都兰吐蕃墓》,科学出版社2005年版,第1—200页。

物考古研究所与陕西省考古研究院又在都兰热水哇沿水库进行了考古发掘工作。①这些考古调查、发掘工作，初步勾勒出了唐蕃古道从西宁过赤岭、石堡城，到达都兰的路线。

历年来，数次大规模、系统深入的考古调查，初步厘清了唐蕃古道的路网结构与变迁。

一、文献记载的唐蕃古道主干道

根据《新唐书》②《旧唐书》③等关于文成公主、金城公主和亲吐蕃及唐蕃使臣往来的相关记载可知，唐蕃古道主干道可分为以唐鄯州鄯城（西宁市）为界的东段唐域内道程和西段蕃域内道程。

（一）唐蕃古道主干道东段路线的分布

《新唐书》等史籍记载了唐蕃古道东段长安至鄯州的唐域内道程，大体上与丝绸之路南线的走向相似。大致线路为长安（西安市）—凤翔（凤翔县）—陇州（陇县）—秦州（天水市）—渭州（陇西县）—临州（临洮县）—兰州（兰州市）/河州（临夏市）—鄯州（乐都）。④ 汉张骞出使西域⑤，北魏僧人宋云、惠生⑥等赴天竺也多走此道。

陈小平根据文献考证，踏访了唐蕃古道东段的线路，2014 年对"唐蕃古道考古探险"进行了确认。具体线路为：

其一，出长安开远门，历经皋驿、咸阳县陶化驿、始平县槐里驿（兴平市）、马嵬驿、扶风县驿、岐山县石猪驿，至凤翔府；过汧阳县驿（千阳县），至陇州治所汧源县（陇县）。

其二，出汧源县，历经陇山大震关、小陇山分水岭驿，至秦州治所上

---

① 参见青海省文物考古研究所李冀源、胡晓军、陈海清、梁官锦《青海都兰热水哇沿水库发掘古代遗址和墓葬——出土墨书古藏文卜骨与木简》，载《中国文物报》2015 年 7 月 3 日第 8 版。
② 〔北宋〕欧阳修、宋祁等撰：《新唐书》，中华书局 1975 年版，第 4599 页。
③ 〔后晋〕刘昫：《旧唐书》，中华书局 1975 年版，第 5258 页。
④ 参见陈小平《唐蕃古道》，三秦出版社 1989 年版，第 1－196 页。
⑤ 参见〔东汉〕班固《汉书》，中华书局 1975 年版，第 2687－2707 页。
⑥ 参见〔魏〕杨衒之撰，周祖谟校《洛阳伽蓝记》，中华书局 1963 年版，第 410－537 页。

邽县（天水市）；过伏羌县（甘谷县），至渭州治所襄武县（陇西县）。

其三，出陇西县，历渭源县、武阶驿（临洮县），至临州治所狄道县（临洮县）。

其四，临州历兰州至鄯州的道路不见记载，难以详考，但临州经漫天岭至鄯城的线路可考。即出狄道县，历大夏川驿（广河县），至河州治所枹罕县（临夏市），过凤林县凤林关（临夏市）、漫天岭（小积石山）、鄯州治所湟水县（乐都县），至鄯城（西宁市）。①

（二）唐蕃古道主干道西段路线的分布

《新唐书·地理志·鄯州》记载了从鄯州到吐蕃牙帐（拉萨）的官方驿道，即唐蕃古道西段路线。从鄯城（西宁市）开始，经大非川驿（共和县）—众龙驿（称多县）—截支桥（玉树市）—野马驿（聂荣县）—阁川驿（那曲县）—农歌驿（拉萨羊八井）到达逻些（拉萨市）。② 具体线路依次为：

其一，出鄯城（西宁市），历石堡城（吐蕃铁仞城）、赤岭（日月山）至大非川驿（共和县），过那录驿（兴海县大河坝乡）、暖泉驿（兴海县大河坝乡）、烈谟海（苦海）、渡黄河至众龙驿（称多县）。

其二，出众龙驿，渡西月河（扎曲大河）入多弥国（玉树巴塘草原）西界，历牦牛河（通天河）、列驿（玉树县结隆乡）、截支桥（玉树市子曲河谷），过大月河桥（扎曲）、悉诺罗驿（杂多县西）、鹘莽驿（索曲北源），至野马驿（聂荣县）。

其三，出野马驿，历吐蕃垦田（聂荣县白雄乡）至阁川驿（那曲县），过蛤不烂驿（那曲县桑雄镇）、突录济驿（桑曲桥以北）、汤罗叶遗山（念青唐古拉山峰）、赞普祭神所（念青唐古拉山脉南麓）、农歌驿（拉萨市羊八井镇），至逻些（拉萨市）。③

史籍记载的唐蕃古道主干道，沿途设有驿站，属官道。其东段线路与丝绸之路多有重合，故唐蕃古道实际亦可视为丝绸之路的组成部分。

---

① 参见陕西省考古研究院、甘肃省文物考古研究所、青海省文物考古研究所、四川省文物考古研究院、西藏自治区文物保护研究所《从长安到拉萨——2014 唐蕃古道考察纪行》，上海古籍出版社 2017 年版，第 4－5 页。
② 参见〔北宋〕欧阳修、宋祁等撰《新唐书》，中华书局 1975 年版，第 4599 页。
③ 参见陈小平《唐蕃古道》，三秦出版社 1989 年版，第 1－196 页。

二、考古发现的唐蕃古道南、北干线

除了文献记载并经考古证实的唐蕃古道主干道之外,根据考古新发现和有关文献记载,还可勾勒出南、北两条干线(次干道)。

(一) 唐蕃古道北干线

唐蕃古道北线基本上沿用丝绸之路青海道从西宁至敦煌的线路。具体线路为:从西宁出发,渡大通河,通过狭长的大斗拔谷(民乐县扁都口),越祁连山,进入甘肃境内,与丝绸之路主干道会合,至甘州(今张掖),历肃州(酒泉市)、瓜州(酒泉市),到沙州(敦煌)。

2017年3月,笔者一行重点考察了甘肃民乐县扁都口石佛寺吐蕃摩崖造像和肃南大长岭吐蕃墓两处吐蕃遗存。

据悉,甘肃、青海文物部门,浙江大学、兰州大学等专家学者也曾到扁都口石佛寺考察,惜迄今尚无公开出版物详细介绍此处吐蕃摩崖造像。扁都口石佛寺位于临近扁都口的小羊圈,地处甘肃民乐县南丰乡炒面庄村南国道227线226千米处东侧崖壁上,南距青海省祁连县峨堡镇约22千米。扁都口南接丝绸之路青海道,北连丝绸之路主干道河西走廊的唯一便捷通道,是丝绸南路的主要交通要塞。[①]据现场观察,在石佛寺内距地面约3米处,阴线浅刻一佛二菩萨组合的佛像,坐东向西。佛像主尊结禅定印,头戴三叶宝冠,结跏趺坐于莲座上,有头光、背光,高约1.15米。两侧两胁侍菩萨呈立姿,通高约1.2米。三尊佛像头顶各有一伞盖。崖面上有一线刻方形框,将佛像刻于内。在三尊像的左下方距地面1米处,另有藏文阴线刻榜题,汉文译为:"比丘巴郭·益西央为赞普贵体安康功德圆满,众生利益而造。"[②]造像特征与都兰鲁丝沟造像特征相似。此外,一佛二菩萨组合右下角还浅刻一小佛像,但其亦头戴三叶冠,禅定印,结跏趺坐于莲坐上。风格与一铺三尊像十分接近。此处新发现,不仅佐证了历史文献关于扁都口作为沟通丝绸之路南北重要通道的记载,更为勾勒唐蕃

---

① 参见民乐县文物局、民乐县博物馆《民乐文物》,敦煌文艺出版社2016年版,第223页。
② 此文的译文还见于浙江大学汉藏佛教艺术中心微信公众号《西北甘青地带吐蕃、西夏时期佛教遗物考察行记》一文。

古道北线路网提供了有力证据。

肃南大长岭吐蕃墓，位于肃南裕固族自治县马蹄区西水乡二夹皮村大长岭山坡①。该墓是由墓道、甬道、前室、后室4部分组成的土洞墓，墓葬形制属唐制。在甬道内随葬马匹两具，与吐蕃墓随葬马匹的习俗相似。该墓出土单耳带盖金壶、如意形金饰、三高足折叠鎏金盘、鎏金龙首饰件、鎏金六龙铜杯、龙纹银盘、铁刀、铁剑、彩绘棺板画等各类文物达143件之多。课题组分别踏访了肃南大长岭吐蕃墓的发掘现场和文物展览所在的肃南裕固族博物馆，进行了核实。

此外，唐蕃古道北干线还有一条支线：自鄯城过赤岭（今日月山），沿青海湖南岸至吐谷浑故城伏俟城②，沿柴达木盆地南缘，经都兰，到敦煌。

2014年，陕、甘、青、川、藏五省区唐蕃古道考察队实地考察了青海湟源赤岭（今日月山）划界点唐蕃分界碑，该碑为唐蕃双方所立盟约的划界碑，反映了赤岭作为唐蕃之间的地理分水岭与政治分界点的重要地位。碑的形制属典型的唐代风格，碑首正面刻双螭垂首、圭形碑额，碑身文字模糊已难辨，碑座为龟趺。③唐蕃界碑残碑首目前放置于青海省湟源县博物馆，据称该碑是20世纪80年代在青海省湟源县日月山山口出土的。《册府元龟》卷九一《外臣部·盟誓》④、《旧唐书》卷八《玄宗本纪》⑤、《旧唐书》卷一一二《李暠传》⑥载有唐蕃间竖立分界碑的相关记载。

笔者一行于2016年10月实地考察了青海湟源石堡城。石堡城位于西宁市西南湟源县赤岭（今日月山），吐蕃称为"铁刃城"，是公元663—756年间唐蕃间反复争夺的军事战略要地。据现场观察，石堡城与赤岭（日月山）划界点唐蕃分界碑遥遥相望。石堡城山势极为陡峭险峻，西北

---

① 参见施爱民《肃南西水大长岭唐墓清理简报》，载《陇右文博》2004年第1期，第14-19页。

② 伏俟城是否属吐谷浑古都，尚有不同意见，但认为其为吐谷浑城址，恐无不妥。

③ 参见陕西省考古研究院、甘肃省文物考古研究所、青海省文物考古研究所、四川省文物考古研究院、西藏自治区文物保护研究所《从长安到拉萨——2014唐蕃古道考察纪行》，上海古籍出版社2017.86页。

④ 参见〔宋〕王钦若等编《册府元龟》，中华书局1960年版，第2321-2410页。

⑤ 参见〔后晋〕刘昫《旧唐书》，中华书局1975年版，第165-238页。

⑥ 参见〔后晋〕刘昫《旧唐书》，中华书局1975年版，第3335-3338页。

面为高百余米的悬崖峭壁，不可攀登，真可谓"铁刃城"；南面山势稍缓，上山路线为险峻的"之"字形，与清代文献《西宁府新志》关于石堡城地形地貌的记载相符①。其山顶高处现存2座近方形小戍堡，长、宽约3米，平面近10平方米，山顶平地处有房屋建筑遗迹，可能为兵士日常居住、储藏物资的仓库之类。现场采集有唐及晚期砖瓦、陶片，以往还采集有"开元通宝"等唐代遗物②。

都兰是青海境内吐蕃遗存最为丰富的地方。鲁丝沟吐蕃摩崖石刻位于都兰县城以南25千米，与都兰热水吐蕃大墓遥遥相望。据介绍，青海省文物考古研究所曾在鲁丝沟发现了近10件吐蕃时期的藏文题记石条。鲁丝沟第一组石刻为不晚于吐蕃时期的两匹石刻立马，另外两处为吐蕃时期佛教造像，分别为一组浅浮雕三尊坐像和一组三尊阴线刻的如来立像。③两组佛教造像特征与玉树境内的造像相似。

2014年，都兰热水哇沿水库建设区考古发掘中，发现了吐蕃时期的官却和遗址与古代墓葬，共清理房址10座、灶坑31个、墓葬25座、祭祀坑6座，揭露面积达7695平方米。遗址东部发现有排列整齐紧密的灶坑，为集体烹食之所。遗址中西部为生活居住区，密集分布有7座房址。墓葬形制包括石室、砖室、木椁、土坑4类，墓葬出土有"开元通宝"钱币、墨书古藏文卜骨或有墨绘人像卜骨、墨书古藏文的木简等大量重要文物。④此次发掘是吐蕃考古中少有的大规模发掘，对于探讨吐蕃在青海的活动，以及唐蕃古道的分布都有着重要的意义。

公元8世纪中叶至9世纪中期，瓜（酒泉）、沙（敦煌）二州被吐蕃占据近百年，文献记载较为丰富，各类考古遗存也十分丰富，前人多有研究，本文不再赘述。

值得注意的是，从西宁至敦煌可能还有其他道路，有学者根据历史文

---

① 参见〔清〕杨应琚撰《西宁府新志》，青海人民出版社1988年版，第391-423页。
② 参见青海文物志编辑委员会《青海省文物志》，青海人民出版社2001年版，第50页。
③ 参见于春、席琳《守望千年青海都兰县鲁丝沟摩崖造像调查记》，载《大众考古》2016年第8期，第77-81页。
④ 参见李冀源、胡晓军、陈海清、梁官锦《青海都兰热水哇沿水库发掘古代遗址和墓葬——出土墨书古藏文卜骨与木简》，载《中国文物报》2015年7月3日第8版。

献，曾有专文讨论①，但目前多数未经考古发现证实，本文暂不讨论。

(二) 唐蕃古道南干线

唐蕃古道南线指从拉萨出发，过藏东地区，到达川、青、藏交界地区的线路。大致线路为从拉萨出发，历工布江达、昌都，过四川石渠、炉霍、道孚，达青海玉树。

唐蕃古道主干道西段发现的吐蕃遗迹很少，但玉树以南的川西、藏东地区则陆续发现了较多吐蕃时代的摩崖造像、墓葬、遗址等。结合考古发现和文献记载，唐蕃古道南线包括两条支线，即吐蕃东向发展的军事线路和吐蕃佛教文化传播线路。

第一条，吐蕃东向发展的军事线路。又包括两条支线：其一，从逻些（拉萨）出发，过吐谷浑或党项（甘、青、川交界地区），进入白兰（青海玉树、果洛，四川阿坝），到达松州（今四川松潘）。汉文史籍记载吐蕃与唐在松州（松潘）首次正面军事交锋，贞观十二年（公元638年）"吐蕃进破党项、白兰诸羌，率众二十余万屯松州西境，云来迎公主。寻进攻松州，败都督韩威"②。《资治通鉴》载：同年，"吐蕃攻城十余日，进达为先锋，九月，辛亥，掩其不备，败吐蕃与松州城下，斩首千余级"③。其二，从逻些（拉萨）出发，到达"多康六岗"（西藏昌都）或截支桥（青海玉树），进占川西高原的"邓"（四川石渠）、炉霍（四川炉霍）、道孚城堡（四川道孚）地区。藏文史籍记载了吐蕃在川西高原的活动，《贤者喜宴》记录了松赞干布时期"下部多康三岗"（亦称"多康六岗"）的地理范围,④《敦煌本吐蕃历史文书》的P.T.1228《大事记年》中有两条吐蕃在川西高原集会议盟的记载，分别为：藏历虎年（公元678年）隆冬于"邓"集会议盟（邓，甘孜州原邓柯县境内），以及藏历马年（公元682年）冬，（王）芒辗细赞与芒相达乍布二人于道孚城堡集会议

---

① 参见李宗俊《唐代河西走廊南通吐蕃道考》，载《敦煌研究》2007年第3期，第50-55页。
② 参见〔北宋〕欧阳修、宋祁等撰《新唐书》，中华书局1975年版，第4599页。
③ 〔北宋〕司马光：《资治通鉴卷195 唐纪》，中华书局1975年版，第6139。
④ 参见巴卧·祖拉陈哇著《贤者喜宴》，黄颢、周润年译，中央民族大学出版社2010年版，第1-200页。

盟（道孚，今甘孜州道孚县境内）。①说明唐代早期吐蕃已军事占领了这些地区，在炉霍呷拉宗遗址发现一座受吐蕃文化影响的土著居民墓葬可印证。②至唐代中晚期，吐蕃已牢牢控制川西高原地区，并直接威胁到了成都。《旧唐书》载："贞元十三年五月十七日，吐蕃于剑南山、马岭三处开路，分军下营，仅经一月，进逼台登城。"③

第二条，吐蕃佛教文化传播线路。此为近年考古发现的新线路，以青海玉树为节点，南连南诏，西通吐蕃腹地，北接丝绸之路，形成了一条吐蕃中晚期的佛教文化传播路线。大体线路为：青海玉树—四川石渠—西藏江达—察雅、芒康—工布江达—拉萨。

在川、青、藏交界地带的青海玉树贝纳沟、勒巴沟④，四川石渠洛须"照阿拉姆"⑤和洛须白马神山、洛须烟角村、长沙干马须巴神山⑥，西藏昌都察雅仁达丹玛⑦、察雅向康⑧，芒康查果西沟⑨和朗巴朗增拉康⑩、

---

① 参见王尧、陈践译注《敦煌本吐蕃历史文书》，民族出版社1992年版，第147页。
② 参见席琳、王蔚、余小洪《四川炉霍呷拉宗吐蕃墓研究》，载《文博》2017年第1期，第36-42页。
③〔后晋〕刘昫：《旧唐书》，中华书局1975年版，第5258页。
④ 参见汤惠生《青海玉树地区唐代佛教摩崖考述》，载《中国藏学》1998年第1期，第114-124页。
⑤ 参见故宫博物院、四川省文物考古研究院《四川石渠县洛须"照阿拉姆"摩崖石刻》，载《四川文物》2006年第3期，第26-30、70页。
⑥ 参见四川省文物考古研究院、石渠县文化局《四川石渠县新发现吐蕃石刻群调查简报》，载《四川文物》2013年第6期，第3-15页。
⑦ 参见陕西省考古研究院、西藏自治区文物保护研究所《西藏察雅县丹玛札摩崖造像考古调查简报》，载《考古与文物》2014年第6期，第7-14、52页。
⑧ 参见西藏自治区文物保护研究所、陕西省考古研究院《西藏昌都察雅县向康吐蕃造像考古调查简报》；参见西藏自治区文物保护研究所《西藏文物考古研究》第2辑，科学出版社2016年版，第27-42页。
⑨ 参见西藏自治区文物保护研究所、陕西省考古研究院《查果西沟摩崖造像2009年考古调查简报》，载《考古与文物》2012年第3期，第16-21页。
⑩ 参见霍巍《试析西藏东部新发现的两处早期石刻造像》，载《敦煌研究》2003年第5期，第9-15页。

芒康嘎托①、芒康然堆扎金山和达琼②、工布江达洛哇傍卡③等地发现一批吐蕃中晚期的摩崖石刻,霍巍④、席琳⑤等对此有综合研究。其中青海玉树地区的佛教造像包括以释迦牟尼为主尊的礼佛、说法、佛传和以毗卢遮那主尊、配置以二菩萨或八大菩萨的两大类五种类型的吐蕃佛教造像。在四川石渠、西藏东部地区则多见毗卢遮那与二菩萨或八大菩萨的造像组合,与文献记载的吐蕃腹地卫藏地区流行的造像题材组合相近。

青海玉树至四川石渠线路的确认,填补了玉树至藏东之间吐蕃时期交通路线的空白。再至西藏江达、察雅、芒康,南北贯通,更有林芝第穆萨摩崖碑铭、工布江达洛哇傍卡摩崖造像,直通吐蕃腹地。该段线路在空间上可以与西藏东部雅鲁藏布江流域吐蕃时代的遗存相接,大大扩展了唐蕃古道所涉及的地域范围和文化内涵,是唐蕃古道研究的重大进展。

三、唐蕃古道的路网结构

唐蕃古道是随着唐蕃政治、经济、军事、文化的交往以及吐蕃的军事扩张而逐步形成、发展和完善的,时期不同,路线也有所变迁。经过200余年,最终形成了一个由主干道、次干道和若干支线共同构成的唐蕃古代交通路网。

唐蕃古道的路网结构是以主干道、南北干线为主体框架,再辅以若干条支线,构成一个网状结构。

主干道,即文献记载的官道,沿途建有驿站等设施。其大致线路为:长安(西安市)—凤翔(凤翔县)—陇州(陇县)—秦州(天水市)—

---

① 参见巴桑旺堆、次仁加布《芒康县嘎托镇境内首次发现大型吐蕃摩崖浮雕大日如来像》,载《西藏研究》2014年第4期,第120页。

② 参见西藏自治区文物保护研究所、陕西省考古研究院《昌都地区芒康县两处新发现吐蕃佛教石刻造像考古调查简报》;参见西藏自治区文物保护研究所《西藏文物考古研究第1辑》,科学出版社2014年版,第70–87页。

③ 参见西藏自治区文物保护研究所《西藏工布江达县洛哇傍卡摩崖造像考古调查简报》,载《考古与文物》,2014年第6期,第26–31页。

④ 参见霍巍《青藏高原东麓吐蕃时期佛教摩崖造像的发现与研究》,载《考古学报》,2011年第3期,第353–383页。

⑤ 参见席琳《芒康、察雅吐蕃佛教造像分期研究》;参见西藏自治区文物保护研究所《西藏文物考古研究》(第2辑),科学出版社2016年版,第98–113页。

渭州（陇西县）—临州（临洮县）—兰州（兰州市）/河州（临夏市）—鄯州（西宁）—赤岭（湟源日月山）—大非川（共和县）—众龙驿（称多县）—截支桥（玉树市）—野马驿（聂荣县）—阁川驿（那曲县）—农歌驿（拉萨羊八井）到达逻些（拉萨市）。沿线有唐陵昭陵博物馆展出的吐蕃赞府立像，庄陵吐蕃贺正使臣立像①，永靖炳灵寺崔琳入蕃使团留下的《灵岩寺记》等题记，临洮哥舒翰纪功碑，湟源石堡城、唐蕃划界点界碑，共和大非川战场，玉树贝纳勾、勒巴沟吐蕃摩崖造像，拉萨唐蕃会盟碑、达札路恭纪功碑、布达拉宫法王洞造像等重要的文物考古遗存佐证。

次干道，非官道、无驿站，与吐蕃向东扩张密切相关。包括南、北两条干线：北干线，指鄯州（乐都）到沙州（敦煌）的道路。包括两条支线，其一，鄯州（乐都）—甘州扁都口（张掖民乐）、肃南—肃州（酒泉市）—瓜州（酒泉市）—到沙州（敦煌）。沿线包括民乐扁都口石佛寺吐蕃摩崖造像，肃南大长岭吐蕃墓，酒泉榆林窟第25号窟，敦煌莫高窟第231、144、159、236、237、359、360号窟②等重要文物考古遗存为证。此线向东延伸至武威，与丝绸之路北线会合，有武威天梯山石窟17号窟吐蕃供养人图像③、青嘴喇嘛湾吐谷浑墓④佐证。

其二，鄯州（西宁）—赤岭（湟源日月山）—吐谷浑伏俟城—都兰—沙州（敦煌）。沿线有湟源石堡城、唐蕃划界碑、共和大非川古战场、吐谷浑古城伏俟城、都兰鲁丝沟吐蕃摩崖石刻、吐蕃热水大墓、官却和遗址与古代墓葬等重要文物考古遗存。

南干线，指玉树经藏东到拉萨的线路。大致线路为：玉树—四川石渠、炉霍、道孚—昌都察雅、芒康—工布江达—林芝—拉萨。包括3条支线：

其一，逻些（拉萨）—吐谷浑或党项（甘、青、川交界地区）—白

---

① 参见胡春勃《关于唐陵蕃酋像的几个相关问题》，载《艺术科技》2016年第5期，第130、137页。

② 参见沙武田《吐蕃统治时期敦煌石窟研究》，中国社会科学出版社2013年版，第1—36页。

③ 参见敦煌研究院、甘肃省博物馆《天梯山石窟》，文物出版社2000年版，第121页。

④ 参见黎大祥《武威青嘴喇嘛湾唐代吐谷浑王族墓葬》，载《陇右文博》1996年第1期，第34页。

兰（青海玉树/果洛、四川阿坝）—松州（四川松潘）。

其二，逻些（拉萨）—"多康六岗"（西藏昌都）—截支桥（青海玉树）—"邓"（四川石渠）—炉霍（四川炉霍）—道孚城堡（四川道孚）地区。

其三，逻些（拉萨）—林芝—工布江达—西藏察雅、芒康—江达—四川石渠—青海玉树。

前两条支线主要是藏汉文献记载的吐蕃东向军事扩张线路。目前，仅在炉霍呷拉宗发现一座墓葬可证。据悉，四川石渠阿日扎、旺布洞发现的封土墓可能也为吐蕃墓。① 第三条支线沿途除了吐蕃佛教遗存外，还包括林芝第穆萨古藏文摩崖石刻、玉树聂龙加霍列墓群和章齐达墓群②等考古遗存，这条线路文献毫无记载，属考古新确认的一条支线。

第二节 唐蕃古道线路的变迁

按吐蕃通行的时间和经行的路线，唐蕃古道线路的变迁可划分为早、中、晚3个阶段。

一、早期

早期是唐蕃古道形成的雏形期，主要为唐蕃和亲、吐蕃东向发展的军事扩张线路。以公元641年文成公主进藏和亲吐蕃为标志，开始建设驿站，形成固定线路。和亲队伍开辟了唐蕃古道主干道，其东段与丝绸之路南线重叠。

吐蕃在向东军事扩张过程中，开辟了唐吐蕃古道南线，分为川西北和川西两条支线。《新唐书》《资治通鉴》，敦煌古藏文P.T.1228、《贤者喜

---

① 参见陕西省考古研究院、甘肃省文物考古研究所、青海省文物考古研究所、四川省文物考古研究院、西藏自治区文物保护研究所《从长安到拉萨——2014唐蕃古道考察纪行》，上海古籍出版社2017年版，第141–147页。

② 参见乔红、张长虹、蔡林海、马春燕《青海玉树三江源地区史前文化与吐蕃文化考古的新篇章（二）——吐蕃时期的文化遗存》，载《青海日报》2015年4月24日第11版。

宴》《旧唐书》分别记录了相关事件，前文已讨论，不再赘述。

上述路线，直到吐蕃灭亡后，仍为历代沿用。

二、中期

中期是唐蕃古道的形成期，建成系列驿站。以公元710年金城公主进藏和亲吐蕃及使臣往来、公元733年赤岭划界点界碑为标志。

金城公主进藏线路文献无记载，一般认为仍沿文成公主进藏的唐蕃古道主干道。金城公主进藏前，吐蕃军队不断侵扰唐朝边界地区，北攻河陇（甘青）地区，南扰茂州（四川阿坝地区），大体上仍沿袭前期的唐蕃古道南线军事扩张线路，局部地区略有扩展。

其间，墀松德赞追击追讨噶氏余众曾短期进军凉州（武威）[①]，但迅速撤退，这可能为吐蕃后期进占祁连山北麓地带做了铺垫。

三、晚期

晚期是唐蕃古道的深入发展期，以公元781年吐蕃占据瓜沙二州、公元821年唐蕃"长庆会盟"为标志。

唐蕃古道主干道作为官道仍在沿用。

公元781年，吐蕃占据瓜沙二州，吐蕃的统治延伸至敦煌，唐蕃古道北线建构完成。其中，祁连山北麓地带的路线与丝绸之路北线重合。

唐蕃古道南线是一条佛教文化传播线路，在墀松德赞（公元755—797年在位）在位晚期可能已开通。约公元798年，墀松德赞继兄牟尼赞普（仅在位约1年）嗣位，曾进军唐盐州（陕西定边）、灵州（宁夏吴忠），在位期间大力发展佛教，玉树大日如来佛堂发现的"狗年题记"[②]即是直接证据。公元815年，墀祖德赞继位，在位期间也大兴佛教，并与唐再次会盟。甘、青、川、藏地区发现的吐蕃摩崖造像，应是墀松德赞（赤松德赞）至墀祖德赞执政期间雕刻的，也不排除个别属更晚时期。

---

① 参见藏族简史编写组《藏族简史》，西藏人民出版社1985年版，第35-36页。

② 参见席琳《吐蕃佛教石刻造像综述》，载《西北大学学报》（哲学社会科学版）2011年第1期，第52-56页。

唐蕃古道线路变迁的三阶段与吐蕃史早、中、晚3个时期的划分略有差异，不同之处主要在中、晚两阶段划分上的差异。主要缘于划分标准的不同，唐蕃古道的划分主要以唐、蕃间各种形式的交往为依据；吐蕃史的划分，主要以吐蕃社会变迁为依据。

唐蕃古道是中古时期中原唐王朝与西藏高原吐蕃王朝的交通路线，其线路的组成与变迁，深刻反映了唐与吐蕃之间的政治、军事、文化交流，依据传统文献勾勒出了经长安过鄯城，途经截支桥、那曲，到达拉萨的唐蕃古道主干道。根据考古发现，再结合文献，还可勾勒出南北两条次干道，再辅以各条支线，重构了唐蕃古道，起到了证史、补史的作用。

唐蕃古道与丝绸之路多有重合，唐蕃古道主干道东段与丝绸之路中国段南线基本重合，唐蕃古道主干道西段向西南延伸，与丝绸之路南亚段相接。唐蕃古道北干线，主要沿祁连山北麓地带铺开，与丝绸之路中国段北线重叠。张掖以东的武威天梯山17窟发现的吐蕃供养人像，再次证明了唐蕃古道北干线与丝绸之路中国段北线重叠、交叉的关系。唐蕃古道南干线与西南丝绸之路、茶马古道也多有重叠。这些认识，对于深入探讨唐蕃古道的价值、丰富丝绸之路的内涵具有一定的意义。

第八章 唐蕃古道沿线吐蕃佛教遗存的文化特征

第一节 发现与概述

目前所知的发现于唐蕃古道沿线的吐蕃佛教遗存共计25处地点，分别位于西藏自治区、四川省、青海省3个地区。

一、西藏地区

西藏地区有12处，分别为：

（1）昌都地区芒康县查果西沟摩崖造像，浮雕，毗卢遮那与二菩萨组合，未见造像题记，时代为公元8世纪末至9世纪初[①]。

（2）昌都地区芒康县朗巴朗增拉康圆雕造像[②]，圆雕，毗卢遮那与八大菩萨组合，未见题记，时代为公元9世纪前期。

（3）昌都地区芒康县扎金玛尼石刻造像[③]，凿点线刻，毗卢遮那、菩萨、佛组合，未见题记，时代为公元8世纪后期。

[①] 参见西藏自治区文物保护研究所、陕西省考古研究院《查果西沟摩崖造像2009年考古调查简报》，载《考古与文物》2012年第3期，第16—21页。

[②] 参见张建林、席琳《芒康、察雅吐蕃佛教石刻造像》；参见樊锦诗主编、敦煌研究院编《敦煌吐蕃统治时期石窟与藏传佛教艺术研究》，读者出版集团、甘肃教育出版社2012年版，第1—300页。

[③] 参见陕西省考古研究院、西藏自治区文物保护研究所《西藏芒康县扎金玛尼石刻造像与达琼摩崖造像调查报告》，载《西藏研究》2017年第1期，第43—59页。

(4) 昌都地区芒康县达琼摩崖造像①,线刻,毗卢遮那与二菩萨组合,未见造像题记,时代为公元 8 世纪末。

(5) 昌都地区察雅县仁达摩崖造像②,浮雕,毗卢遮那与八大菩萨组合,带造像题记,时代为公元 804 年。

(6) 昌都地区察雅县向康圆雕造像③,圆雕,毗卢遮那与八大菩萨组合,无造像题记,时代为公元 9 世纪前期。

(7) 昌都地区芒康县嘎托镇摩崖造像④,浮雕,毗卢遮那与八大菩萨组合,带藏文题名,未见造像题记,时代为公元 9 世纪初。

(8) 昌都地区江达县邓柯乡西邓科村造像,线刻,单尊造像,两处地点,五组图像,题记中未见年代,时代为公元 9—10 世纪。

(9) 林芝地区工布江达县洛哇傍卡摩崖造像⑤,线刻,内容有佛、菩萨、供养人、佛塔、古藏文等,时代为公元 9—11 世纪。

(10) 山南地区乃东县昌珠寺圆雕造像⑥,藏文文献《贤者喜宴》⑦和《昌珠寺圣地指南》⑧中都有记载,现仅存少量残块,造像组合为五方佛、八大菩萨,无造像题记,根据造像题材、雕凿技法、莲座特征等判

---

① 参见陕西省考古研究院、西藏自治区文物保护研究所《西藏芒康县扎金玛尼石刻造像与达琼摩崖造像调查报告》,载《西藏研究》2017 年第 1 期,第 43 – 59 页。

② 参见陕西省考古研究院、西藏自治区文物保护研究所《西藏察雅县丹玛札摩崖造像考古调查简报》,载《考古与文物》2014 年第 6 期,第 7 – 14、52 页。

③ 参见西藏自治区文物保护研究所、陕西省考古研究院《西藏昌都察雅县向康吐蕃造像考古调查简报》;参见西藏自治区文物保护研究所《西藏文物考古研究》第 2 辑,科学出版社 2016 年版,第 27 – 42 页。

④ 参见巴桑旺堆、次仁加布《芒康县嘎托镇境内首次发现大型吐蕃摩崖浮雕毗卢遮那像》,载《西藏研究》2014 年第 4 期,第 120 页。

⑤ 参见西藏自治区文物保护研究所《西藏工布江达县洛哇傍卡摩崖造像考古调查简报》,载《考古与文物》2014 年第 6 期,第 26 – 31 页。

⑥ 参见李翎、廖旸主编《中国美术分类全集·中国藏传佛教雕塑全集·石雕》,北京美术摄影出版社 2006 年版,第 1 – 300 页;参见杨清凡《藏传佛教阿閦佛图像及其相关问题研究(7—15 世纪)》,四川大学博士学位论文,2007 年。

⑦ 参见黄颢《〈贤者喜宴〉摘译(三)》,载《西藏民族学院学报》1981 年第 2 期,第 15 – 50 页。

⑧ Per K. Sørensen and Guntram Hazod, with Tsering Gyalbo, *Thundering Falcon*: *An Inquiry into the History and Culture of Khra'brug, Tibet's First Buddhist Temple*. Denkschriften der philosophisch-historische Klasse. P333 Beiträge zur Kultur-und Geistesgeschichte Asiens 46. Wien: Verlag der Österreichischen Akademie der Wissenschaften, 2005, pp. 55 – 56.

断，造像时代应为赤祖德赞统治后期，即公元9世纪20年代末至30年代前期。

（11）山南地区扎囊县藏仲村石碑造像①，为单尊毗卢遮那，阴线刻，带古藏文题刻，古藏文文体特征表明其时代应不早于公元826年赤祖德赞第二次厘定藏文，结合造像题材和风格，可以将造像的时代定在赤祖德赞后期，即公元9世纪20年代末至30年代前期。

（12）拉萨市查拉鲁普石窟第一期造像②，47尊，高浮雕石胎泥塑造像，分布在中心柱四面和转经廊的南、西、北壁，造像题材有三世佛、一佛二菩萨二弟子、一佛二弟子、一佛二菩萨等，无造像题记，根据造像的装束、背光、莲座的特点及造像风格等判断，造像时代应为公元8世纪到9世纪30年代前期。

二、四川地区

四川地区5处，分别为：

（1）甘孜州石渠县洛须镇"照阿拉姆"吐蕃摩崖佛教造像③，造像为毗卢遮那与二菩萨，阴线刻，造像下方有藏文和汉文题记。根据造像题记内容及文体特征、雕凿技法、装束特征等判断，其时代约为公元8世纪末前后。

（2）甘孜州石渠县洛须镇白玛神山吐蕃摩崖造像④，3组图像，2组线刻、1组浅浮雕与线刻相结合，题材为菩萨、双身像等，部分造像带有藏文题记，时代可能为公元9—11世纪。

---

① H. E. Richardson, *A Corpus of Early Tibetan Inscriptions*, James G. Forlong Series, No. XXIX, Royal Asiatic Society, 1985, p. 155.

② 参见西藏文管会文物普查队《拉萨查拉鲁普石窟调查简报》，载《文物》1985年第9期，第51-64页；参见霍巍《吐蕃第一窟——拉萨市药王山札那路浦石窟的几个问题》，载《考古与文物》2003年第1期，第51-55页。

③ 参见故宫博物院、四川省文物考古研究所《四川石渠县洛须镇"照阿拉姆"摩崖石刻》，载《四川文物》2006年第3期，第26-30、70页；参见［瑞士］艾米·海勒著《公元8—10世纪东藏的佛教造像及摩崖石刻（节录）》，杨莉译；参见王尧、王启龙主编《国外藏学研究译文集》（第15辑），西藏人民出版社2001年版。

④ 参见四川省文物考古研究院、石渠县文化局《四川石渠县新发现吐蕃石刻群调查简报》，载《四川文物》2013年第6期，第3-15页。

（3）甘孜州石渠县麻呷乡吐蕃佛教造像①，一处一组图像，单尊线刻毗卢遮那，带题记，时代为公元8世纪后期至9世纪前期。

（4）甘孜州石渠县长沙干马乡须巴神山吐蕃佛教造像②，共计13组题记及图像，造像题材有毗卢遮那、佛、菩萨、飞天、供养人等。根据造像特征和题记可知，造像应雕凿于赤松德赞赞普时期，即公元8世纪中叶。

（5）黑水县徐古摩崖龛式造像③，位于木苏乡黑水河东岸距地面1米多高的崖面上。这批造像共计35尊，分布于19个龛内，上下排列4层，造像内容为一佛二弟子、西方三圣、观音菩萨等，高浮雕，无造像题记。时代为吐蕃时期。

三、青海地区

青海地区5处，分别为：

（1）玉树州结古镇贝纳沟摩崖造像④，为毗卢遮那与八大菩萨，高浮雕，有藏、汉文题记。根据造像藏文题记判断，造像时代为公元806年。

玉树州结古镇勒巴沟摩崖造像，3处9组，分别为：第一处的礼佛图和说法图，2组；第二处的佛传图像与题记，6组；第三处的毗卢遮那与二菩萨，1组⑤。第一处的礼佛图和说法图、第二处的佛传图像与题记均为线刻，具有吐蕃时期佛教造像和古藏文的典型特征。时代应在公元8世

---

① 参见四川省文物考古研究院、石渠县文化局《四川石渠县新发现吐蕃石刻群调查简报》，载《四川文物》2013年第6期，第3－15页。

② 参见四川省文物考古研究院、石渠县文化局《四川石渠县新发现吐蕃石刻群调查简报》，载《四川文物》2013年第6期，第3－15页。

③ 参见徐学书《黑水徐古吐蕃摩崖造像》，载《中国文物报》1988年12月23日第3版。

④ 参见赵生琛《文物工作报导——玉树百南巴有文成公主造像》，载《文物参考资料》1957年第5期，第15页；参见谢佐等《青海金石录·百南沟佛雕及其石刻〔唐〕》，青海人民出版社1993年版，第1－100页；参见张宝玺《青海境内丝绸之路及唐蕃故道上的石窟》，载敦煌研究院编《段文杰敦煌研究五十年纪念文集》，世界图书出版公司1996年版，第1－300页；参见聂贡·官却才旦、白玛布《玉树吐蕃时期石刻初探》，载《中国藏学》（藏文版）1988年第4期，第1－50页；参见汤惠生《青海玉树地区唐代佛教摩崖考述》，载《中国藏学》1998年第1期，第114－124页。

⑤ 参见汤惠生《青海玉树地区唐代佛教摩崖考述》，载《中国藏学》1998年第1期，第114－124页。

纪后半期至 9 世纪前期之间。第三处的毗卢遮那与二菩萨造像为立面浅浮雕，造像下方有藏文题记。根据造像立面浅浮雕的雕凿技法、特征并结合题记判断，造像时代应为赤祖德赞统治时期的马年，即公元 826 年。

（5）海西州都兰县热水乡露斯沟摩崖造像①，1 处 3 组，分别为浅浮雕与线刻相结合的三坐像，线刻三立像，浅浮雕二立马。造像均无题记，根据造像特征、雕凿技法等判断，造像雕凿年代应为公元 9 世纪前期。

四、甘肃地区

甘肃地区 3 处，分别为：

（1）张掖民乐县扁都口石佛寺吐蕃佛教造像，摩崖线刻，毗卢遮那与二菩萨组合。有造像题记，内容为"比丘郭·益西央为赞普贵体安康、功德圆满、众生利益而建"。造像的题材、特征、题记等均表明这是一处典型的吐蕃石刻造像，时代约为公元 8 世纪末期至 9 世纪初期。

（2）敦煌莫高窟藏经洞绢画 ch. 0074（Stein Painting 50）造像组合为禅定印毗卢遮那与八大菩萨。每尊造像都带有藏文题名，时代为公元 9 世纪上半叶。

（3）安西榆林窟 25 窟东壁壁画图像，组合为毗卢遮那与八大菩萨。每尊图像均带有汉文和藏文题名，时代为公元 9 世纪上半叶。

从分布地域来看，吐蕃时期的佛教遗存主要分布于唐蕃古道的主干线或主要支线所在青海南部、四川西北部、西藏东部的青藏高原东部地区以及吐蕃统治的河西地区，共计 25 处，时代从公元 8 世纪中叶到 10 世纪。

---

① 参见许新国《露斯沟摩崖石刻图像考》，载《青海社会科学》1994 年第 2 期，第 78 - 83 页；参见许新国《露斯沟摩崖石刻图像考》，载《西陲之地与东西方文明》，北京燕山出版社 2006 年版，第 124 - 131 页；参见［日］前园实知雄《中国青海乌兰的佛塔——いわゆる希里沟瞭望台について》，载《考古学に学ぶⅢ》，同志社大学考古学シリーズ 2007 年 7 月 10 日。

第二节 文化因素分析

一、普遍造像特征的文化因素

（一）背光

吐蕃时期佛教造像的背光体现出瘦长和朴素的特点，风格较一致。形制方面，早期以瘦长的桃形或椭圆形头光、纵椭圆形身光为主，中后期头光和身光在保持总体风格不变的情况下出现略宽的变化，并且出现了桃形身光。装饰方面，可以确定无装饰的或无法查明有无装饰的背光占多半，其余有装饰的，装饰纹样也较简单，大多仅有外缘的单层火焰纹。丹玛札和贝纳沟的毗卢遮那背光装饰相对复杂，但也只是多了中层和内层的宝相花等装饰，总体风格亦较简单和朴素。与周边地区同时期的背光形制和装饰相比，这种特点更接近于稍早或同期吐蕃地区背光样式以及以早期敦煌石窟背光样式等为代表的汉地北魏到隋唐时期的佛教造像背光样式。

查拉鲁普石窟第一期造像（如图8-1所示）的时代一般认为是公元7—9世纪的吐蕃时期[1]。不过，霍巍根据该期造像所具有的印度后期波罗王朝密教宝冠佛和菩萨造像的特征指出，其时代上限应当不早于公元8世纪[2]。该期造像有经过仔细加工的头光。根据简报后所附的造像统计表，除一件造像的头光为椭圆形外，其余均为桃形头光，未见身光，头光均未见装饰。阿里普兰观音碑造像[3]（如图8-2所示）头光顶部残，但从残存的大部来看，应为桃形或椭圆形。玉树勒巴沟《三转法轮图》（如图8-3所示）中佛像的背光亦为朴素的瘦长形，外缘饰火焰纹。

---

[1] 参见西藏文管会文物普查队《拉萨查拉鲁普石窟调查简报》，载《文物》1985年第9期，第51-64页。

[2] 参见霍巍《吐蕃第一窟——拉萨市药王山札那路浦石窟的几个问题》，载《考古与文物》2003年第1期，第51-55页。

[3] 参见闫振中《普兰观音碑考察记》，载《西藏民俗》1997年第4期，第12-16页。

图8-1　查拉鲁普石窟吐蕃时期造像头光　　图8-2　阿里普兰观音碑造像头光
（采自《拉萨查拉鲁普石窟调查简报》图一〇）（采自《中国美术分类全集·中国藏传
　　　　　　　　　　　　　　　　　　　　　　　佛教雕塑全集·石雕》图版二〇）

　　同样风格的背光样式主要见于北魏到隋唐时期的汉地佛教造像之中。龙门石窟自北魏到中晚唐时期的背光形制多为较瘦长的桃形或椭圆形，少量为纵高略大于横宽或宽扁的椭圆形，典型的圆形背光样式并不多见[1]。麟游慈善寺和麟溪桥数量最多的第八期安史之乱以后的中唐时期造像[2]背光多为较瘦长的桃形或椭圆形为主（如图8-4所示）。麦积山北魏时期

---

[1]　参见龙门石窟文物保管所《龙门石窟》，文物出版社1980年版，第1—200页。
[2]　参见西北大学考古专业、日本赴陕西佛教遗迹考察团、麟游县博物馆编著《慈善寺与麟溪桥——佛教造像窟龛调查研究报告》，科学出版社2002年版，第101页。

图8-3 玉树勒巴沟摩崖线刻《三转法轮图》佛头光
（采自《青海玉树地区唐代佛教摩崖考述》图三）

石窟造像的桃形头光多于圆形头光①。敦煌石窟北魏到隋唐之际的背光亦多见较瘦长的椭圆形或桃形，入唐以后圆形背光逐渐增多②。吐蕃统治时期，敦煌地区除了圆形背光以外，以安西榆林窟25窟毗卢遮那造像头光和现藏于大英博物馆的 ch.0036 号绢画文殊菩萨像（如图8-5所示）为代表的窄长"马蹄形"头光也开始流行，多与圆形身光组合。"马蹄形"头光主要见于吐蕃统治时期的敦煌地区，而不见于吐蕃本土。与吐蕃本土及周边地区佛教造像背光中的椭圆形或桃形头光相比，其造型更加瘦长，并且边缘轮廓较直，缺少了一些圆润。与此形成对比的是，位于吐蕃北部的丝绸之路新疆地区的造像背光中，圆形或近圆形头光一直是主要传统，

---

① 参见天水麦积山石窟艺术研究所编《中国石窟·天水麦积山》，文物出版社1998年版，第1-200页。
② 参见敦煌文物研究所编著《中国石窟·敦煌莫高窟》（中文）（第一卷），文物出版社1982年版，第1-200页。

少量出尖的桃形头光整体形状亦接近圆形①。而印度、巴基斯坦、尼泊尔等地区现存的佛教造像背光亦是以圆形为主的②。

图8-4　麟游麟溪桥3、4号龛造像佛头光
（采自《慈善寺与麟溪桥——佛教造像窟龛调查研究报告》图41）

综上所述，我们初步可以肯定吐蕃时期佛教造像中流行的较瘦长的椭圆形或桃形背光样式，最早应当是受到了中原汉地北魏到隋唐之际背光的影响。这一点也可以从查拉鲁普石窟的形制所反映出的中原汉地以及河西地区因素中得到佐证。查拉鲁普石窟中心柱四面各开一龛的塔庙窟形不见于印度、新疆和中亚地区，而却多见于我国的中原以及河西一带，加上该窟主持开凿者茹雍妃系当时活动于甘肃、青海、四川一带地区，宿白先生据此推测可能是受到了中原至河西地区该类石窟形制的影响③。

吐蕃时期佛教造像背光的另一个特点是，减地浮雕式背光皆体现出了背光与龛功能的合一性，线刻和圆雕造像的背光虽未直接体现出这一特点，但不排除有这种意义。张亚莎认为，这种瘦长形背光的出现与密教窟

---

① 参见霍旭初、祁小山编著《丝绸之路·新疆佛教艺术》，新疆大学出版社2006年版，第1-200页。

② S. J. Marshall, *The Buddhist Art of Ganahāra*, New Delhi: Oriental Books Reprint Corporation, 1980; R. C. Sharma, *Buddhist Art of Mathurā*, Delhi: Agam Kala Prakashan, 1984.

③ 参见宿白《藏传佛教寺院考古》，文物出版社1996年版，第1-200页。

图 8-5　ch. 0036 号敦煌绢画文殊菩萨头光
（采自《榆林 25 窟—佛八菩萨图像研究》图 18）

龛的修行方式的影响有关，最早出现在印度，公元 8 世纪后随着印度波罗美术风格传入卫藏和敦煌地区①。不过，现在看来，这种瘦长的桃形或椭圆形背光在汉地的传统更早，而且多见与非密教图像相伴的情况，且公元 8 世纪之前的犍陀罗佛像背光多为圆形。

（二）三叶冠

造像三叶冠的冠叶均为较规整的三角形，有冠檐，冠檐两端带圆形花饰。除了"照阿拉姆"摩崖造像为卷云纹塔婆宝冠、仁达摩崖造像

---

① 参见张亚莎《11 世纪西藏的佛教艺术——从扎塘寺壁画研究出发》，中国藏学出版社 2008 年版，第 1-200 页。

出现一例与三叶冠共存且风格相同的五叶冠以外，其余造像全部或大部戴三叶冠。早期，三叶冠造型简单朴素，无装饰，冠叶下部相连较多，多为弧尖，两侧缘微弧。中期冠叶出现卷草宝珠纹装饰，整体造型更加规范和精致。后期冠叶下部出现微分开的情况，冠叶变短小或变为两侧缘僵直的利尖窄长三角形，装饰纹样在保持基本风格相同的情况下略有变化。

与此特征相同的三叶冠目前仅见于昌都八宿县同卡寺藏吐蕃时期单体毗卢遮那金铜造像和个别敦煌绘画作品中。同卡寺吐蕃时期单体毗卢遮那金铜造像的身体造型、服饰特点均与后期的菩萨装毗卢遮那接近。其三叶冠冠叶为弧尖三角形，上饰蔓草宝珠纹样，整体较高较窄。双环臂钏位置靠近肩部，之间有一孔，上带一片三角形叶饰，较短，两缘外弧较多，近桃形，装饰风格与头部三叶冠冠叶相似（如图8-6所示）。敦煌发现的、现藏于法国集美美术博物馆的金刚幢和金刚光菩萨的三叶冠冠叶较短小，边缘僵直，尖部锐利，与后期的同类风格接近（如图8-7所示）。

而卫藏、敦煌、汉地、西域以及印度、尼泊尔地区稍早或同期的头冠中均不见此种样式的三叶冠，而仅有与其特征相似的三花冠，边缘卷曲不齐，近似花朵或花瓣，三花均较小。印度、尼泊尔地区公元7世纪之前的佛教造像中不见上述吐蕃样式的三叶冠或三花冠，而其后所见的三叶冠均出现于毗邻吐蕃西部的克什米尔地区，且均与具有明显吐蕃风格的造像共存。综合来看，最初并且集中见于吐蕃佛教造像上的三叶冠是公元8世纪晚期出现于吐蕃东部地区的一种吐蕃风格头冠样式。

（三）座

1. 莲瓣及莲座

吐蕃时期毗卢遮那（朗巴朗增）题材石刻造像的莲瓣样式可以分为3种：第一种是圆润饱满，出尖的样式。此种数量最多，所有仰莲瓣和部分覆莲瓣为此种样式，见于仰莲座莲瓣、覆莲座莲瓣、高台式仰覆莲座莲瓣、扁平仰覆莲座仰莲瓣和部分覆莲瓣中。部分莲瓣出尖不明显，部分该样式莲瓣中间或边缘起一道凸棱。第二种是侧视平铺、前端外翻微翘的样式。此种数量较多，与扁平的仰覆莲座共存，作为覆莲瓣出现，数量多，样式典型。第三种是双子莲瓣。此种数量较少，仅后期的朗巴朗增左一和右一菩萨高台式仰覆莲座的外层覆莲瓣为此种样式。

图8-6　昌都八宿县同卡寺藏吐蕃时期毗卢遮那（朗巴朗增）金铜造像三叶冠
（采自西藏自治区文物局文物鉴定科提供的文物定级照片）

图8-7　法国集美美术博物馆藏敦煌绢画金刚幢和金刚光菩萨三叶冠
（采自《榆林25窟一佛八菩萨图像研究》图18）

圆润饱满、出尖的莲瓣样式与现存吐蕃石刻的莲瓣样式相同。例如，发现于拉萨市南偏西约30余千米拉萨河东岸吾香多遗址的碑座龟背榫槽周缘浅浮雕的一周覆莲瓣（如图8-8所示）即为圆润饱满、出尖的样式。该遗址是赤祖德赞（赤热巴巾）时期（公元815—836年）建造的下三层为石头、中三层为砖木、上三层为木头，共9层的"吾香拉康"宫遗址①。而侧视平铺效果的覆莲瓣与圆润饱满、出尖样式的仰莲瓣组合构成的扁平仰覆莲座样式是吐蕃佛教造像莲座的最显著特征。

图8-8 拉萨吾香多遗址石碑基座莲瓣
（采自西藏自治区文物保护研究所夏格旺堆提供的照片）

在《大正藏·图像部》的日本新传曼荼罗参考图像（如图8-9所示）和唐代（包括吐蕃统治时期）的敦煌石窟佛教绘画中，近似风格的莲座较为常见，整体造型亦为扁平的仰覆莲座，覆莲瓣为侧视平铺效果，前端微外翘。不过，略有不同的是莲瓣，尤其是仰莲瓣多略欠圆润饱满之感，有很多则已接近卵圆形（如图8-10所示）。而这种莲座形制在中原地区现存的北魏到隋唐时期的佛教造像莲座和公元7—9世纪印度、尼泊尔以及西域佛教造像中则很难见到。

因此，从时间、地域和特征来看，吐蕃扁平仰覆莲座样式主要是受敦煌地区吐蕃统治前就已经出现的同类莲座形制的影响而出现的。同时，其

---

① 参见［英］F. W. 托玛斯编著《敦煌西域古藏文社会历史文献》，刘忠、杨铭译注，民族出版社2003年版，第36-38页

a. 金刚界五佛　　　　　　　b. 尊胜曼荼罗（其五）

图 8-9　《大正藏·图像部》日本新传曼荼罗参考图像

[a 采自《大正藏·图像部》（四）"唐本曼荼罗（金刚界五佛等）"图像 No. 3，
b 采自《大正藏·图像部》（四）"曼荼罗集卷上"No. 13 参考图像]

a. 莫高窟初唐321窟菩萨　　b. 安西榆林窟25窟吐蕃时期菩萨

图 8-10　敦煌石窟唐代造像莲座

（a 采自《敦煌石窟线描集》图 19，b 采自《敦煌石窟线描集》图 59）

圆润饱满、出尖的莲瓣又反映了受吐蕃莲瓣样式的影响。

朗巴朗增造像左一和右一菩萨高台式仰覆莲座外层覆莲瓣中出现外缘圆润、总体呈弧边"W"状的双子莲瓣样式，与唐代汉地流行的莲瓣样式非常接近。龙门石窟唐代造像的莲座以双子莲瓣为主，圆润饱满、出尖式仰莲瓣为辅，亦多见高台式仰覆莲座样式，束腰或高或低（如图8-11所示）。同样的莲瓣样式还见于唐代帝陵华表基座和顶部。敦煌石窟唐代造像莲座中，双子莲瓣亦较常见。

a. 龙门石窟药师洞主佛（公元650—683年）　b. 五佛洞主佛（公元705—741年）

图8-11　龙门石窟唐代造像莲座

（a采自《龙门石窟雕刻萃编——佛》图一一九，
b采自《龙门石窟雕刻萃编——佛》图一七六）

2. 须弥座

造像的须弥座早期无上层座面，中间部分直接以双兽承托或在双兽之间加以幕帘或带叶莲茎，下层借用龛框下缘或平台覆莲座的平台。形制明确、完整的须弥座的基本造型可以分为两类：第一类为平面呈方形，上下无叠涩的"工"字形；第二类为平面呈方形，上下各3层叠涩，中间为较粗的方形束腰，叠涩边缘或束腰各面有装饰图案或形象的样式。

其中，"工"字形须弥座与麦积山石窟北魏造像中的"T"字形和"工"字形须弥座极为相似，莫高窟172窟盛唐壁画中临水台上的须弥座也只有上下枋和束腰①。而在查拉鲁普石窟吐蕃时期造像等吐蕃本土及周边地区的早期或同期造像中几乎不见此种形制的须弥座。因此,吐蕃时期佛教造像中出现的"工"字形须弥座应当是受到了来自河西地区的影响。第二类须弥座样式则见于敦煌石窟吐蕃统治时期的图像中。例如,安西榆林25窟毗卢遮那须弥座平面呈方形,上面两层叠涩,下面仅一层,叠涩边缘装饰缠枝卷草纹、成组宝相花纹,束腰部分雕凿浮雕力士像、壸门、火焰摩尼宝珠等。该类须弥座的形制和装饰纹样在汉地南北朝到隋唐时期较常见。唐代龙门石窟佛造像须弥座后束腰仰覆莲座的束腰部分多见壸门形象,壸门内多浮雕神王或力士像、伎乐等②(如图8-12所示)。因此,吐蕃束腰须弥座及纹样主要受到了唐代中原地区的影响。

3. 狮子

吐蕃时期佛教遗存的狮子形象早期为以"照阿拉姆"摩崖造像石狮造型为代表的非写实样式。中期开始,石狮造型基本定型,主体造型特征为额头较扁平,鬃毛成卷,梳披颈肩部,桃形小耳翘起,颔下表现鬃毛,胸部前凸明显,有的甚至超过吻部,腿部表现筋肌,腿侧阴线刻鬃毛,尾巴从外侧后腿根内绕出,贴体上翘的样式。早期的"照阿拉姆"摩崖造像毗卢遮那(朗巴朗增)座狮虽然头部似狗似羊,并非写实的狮子形象,但其总体造型风格仍与中期石狮具有较多相似性,应具有传承关系。向康造像毗卢遮那座狮虽然整体造型较为特殊,但披覆颈肩部的卷曲鬃毛、胸部前凸明显等特征仍与主体特征相似。类似风格的狮子还有西藏琼结藏王墓石狮(如图8-13所示)、拉孜查莫钦墓地石狮③、扎囊桑耶寺大殿回廊正门外石狮④、青海都兰吐蕃墓石狮⑤(如图8-14所示)、兴海吐蕃画

---

① 参见何强《西藏岗巴县乃甲切木石窟》,载《南方民族考古·西藏文物考古专辑》(第4辑),四川科学技术出版社1992年版,第1-200页。

② 参见龙门石窟研究所编,刘景龙、常青、王振国著《龙门石窟雕刻萃编——佛》,文物出版社1995年版,第1-200页。

③ 参见西藏自治区文管会文物普查队《西藏拉孜、定日二县古墓群调查清理简报》,载《南方民族考古·西藏文物考古专辑》(第4辑),四川科学技术出版社1991年版,第105-124页。

④ 参见何周德、索朗旺堆《桑耶寺简志》,西藏人民出版社1987年版,第52页。

⑤ 参见汤惠生《略说青海都兰出土的吐蕃石狮》,载《考古》2003年12期,第82-88页。

图8-12 龙门石窟擂鼓台院藏持明密教佛像（公元684—756年）
（采自《龙门石窟雕刻萃编——佛》图一五五）

像砖狮子①、玉树勒巴沟《三转法轮图》石狮、甘肃安西榆林窟25窟毗卢遮那壁画狮子、法国集美美术博物馆藏敦煌麻布画狮子（如图8-15所示）等。其中，藏王墓石狮位于赤德祖赞墓前，均面陵而立，面向东偏南方向，造型风格基本相同。北狮位于墓前北侧，蹲踞式，头微抬，鬃毛成缕披于颈肩部，每缕上刻画有细致鬃毛状细纹。额头较平，胸部前凸超过吻部，嘴微张，露齿。双耳后贴与鬃毛相接。前腿微前伸立于座上，上部用两条横线表示关节或褶皱，下部则刻以二三条竖线表示筋肌，足部刻画细致，可见趾尖，前腿外后侧阴刻有鬃毛状细纹。后腿曲蹲。尾巴由

---

① 参见许新国《兴海县出土唐狮纹画像砖图像考》，载《青海文物》1996年10期，第1-80页。

左侧通过腹部,从腰际处反卷上来,梢部粗大,阴线刻画有细致的鬣毛。青海都兰吐蕃墓石狮出土于都兰科孝图吐蕃墓地。均以花岗岩雕刻,造型及风格基本相同,为典型的吐蕃风格。卷状的鬃毛从头顶披至肩部,额头塌陷,下颌带须,胸部前凸超过吻部,蹲踞式,尾巴从一侧腰际处反卷上来,直立的前腿上部用两条横线表示关节,下部则刻以二三条竖线表示筋肌,腿侧刻画三角形鬃毛。

图 8-13　琼结藏王赤德祖赞陵前石狮　　　　图 8-14　青海都兰吐蕃墓石狮
（采自《略说青海都兰出土的吐蕃石狮》图一）

图 8-15　法国集美美术博物馆藏敦煌麻布画狮子
（采自《略说青海都兰出土的吐蕃石狮》图五）

汤惠生称，这类造型的石狮为吐蕃风格石狮[1]。霍巍认为，结合石碑等文化因素考虑，吐蕃风格石狮应当主要是受到中原唐文化影响[2]。的确，吐蕃时期碑石的出现和盝顶、庑殿顶等形制以及盘龙纹等纹样都直接受到了唐代汉地石碑的影响[3]。而且，石碑与石刻动物共同立于陵前的这一中原地区墓葬文化特征，也见于琼结藏王墓地和拉孜查莫钦墓地。此外，都兰科孝图墓地据说20世纪50年代时墓前还残存一些石柱，方形，素面，可能是墓前建筑如门阙之类的遗物。这些石柱残块从一个侧面证明科孝图墓地的墓葬制度也受到了中原墓葬制度的影响。不过，霍巍认为，石狮的艺术风格不一定直接来源于中原，持相同观点的还有童恩正，他认为石狮的"艺术风格与中国、印度均不相同，似乎受到了古波斯艺术的影响"[4]。然而，他们均无详细论述，只是一种理论上的推测。汤惠生则对此有详尽的对比分析和论述。他首先对吐蕃石狮的特征做了综合概括，在此基础上与中原石狮特征做了比较，指出南朝齐宣帝萧承之的永安陵、宋武帝刘裕的初宁陵、齐武帝萧赜的景安陵及齐景帝萧道生的修安陵等均设有石麒麟，从其造型风格以及主要特征中可以看到吐蕃石狮许多特征的原型。例如，胸部前凸超过吻部、勒有一条纵向胸线（典型者为南梁临川王靖惠王萧宏墓前的石狮）、颌下带须、腿侧刻画翼翅等。而唐代中原石狮的艺术风格则更接近于吐蕃石狮。乾陵石狮、永泰公主墓前石狮、唐睿宗桥陵南门外石狮均为蹲踞式，下颌带须，鬃毛为成缕的波浪状或涡状，胸部前凸超过吻部，尾巴从一侧后腿内侧伸出后贴身上翘，腿上刻画象征翼翅的鬃毛。此外，辽宁昭乌达盟哈达沟出土唐代六曲银盘，据考证为中国南方制造，盘内的刻花狮子造型也是从尾巴一侧反卷上来，额头塌陷，腿上刻画象征翼翅的鬃毛[5]（如图8-16所示）。

通过比较可以看出，吐蕃石狮的风格的确应该直接来自中原。而且，

---

[1] 参见汤惠生《略说青海都兰出土的吐蕃石狮》，载《考古》2003年第12期，第82-88页。

[2] 参见霍巍《试论吐蕃王陵——琼结藏王墓地研究中的几个问题》，载《西藏考古》（第1辑），四川大学出版社1994年版，第1-200页。

[3] 参见张仲立《西藏地区的碑石及其渊源浅探》，载《文博》1987年第5期，第64-67页。

[4] 童恩正：《西藏考古综述》，载《文物》1985年第9期，第16页。

[5] 参见陆九皋、韩伟编《唐代金银器》，文物出版社1985年版，第1-19页。

图 8-16　辽宁昭乌达盟唐代六曲银盘内刻花狮子
（采自《略说青海都兰出土的吐蕃石狮》图四）

汤惠生还进一步指出，中原石狮和吐蕃石狮的风格与西亚石狮或写实或与神话相结合的风格相去甚远，其造型风格既非写实，也不是所谓的"希美辣"艺术风格，而是一种地方性和模式化的造型风格，或曰中国式的艺术风格。

不过，在上述主体造型风格之外，我们还可以看到出现在向康造像毗卢遮那座狮造型上的印度风格痕迹。其头部正平视，双身，除尾为两条以外，其余部分皆以须弥座四边为轴线，每侧刻画出一尾、前后两腿、半头，作趴伏状，狮尾在臀后先垂直上翘然后呈"n"字形垂下，体态肥硕圆润、肌肉感不明显等造型特征都与吐蕃时期大昭寺的檐下柱头木狮（如图8-17所示）和桑耶寺乌孜大殿底层经堂门楣上的木狮具有某些相似性，可能受其影响。而这两组木雕狮子的造型均具有明显的印度风格。石泰安认为，这种"长有人类或动物的头"的"卧狮""受到了古代伊朗的影响"，"在尼泊尔、加德满都河流域的古老城市中和在不丹也发现过类似的艺术"[①]。宿白也指出，大昭寺檐下柱头的雕饰风格"为西藏所罕见，而流行于印度6世纪开凿的石窟"[②]。

（四）菩萨装

菩萨装的总体特征为上身披帛，腰系带，下身着裙，跣足，戴耳饰、

[①] ［法］石泰安：《西藏的文明》，耿升译，中国藏学出版社2005年版，第308页。
[②] 宿白：《藏传佛教寺院考古》，文物出版社1996年版，第7页。

图 8-17 大昭寺檐下柱头木雕狮子
（采自《西藏美术史》图 38）

项饰、臂钏、手镯等。这种菩萨装束总体上反映的是源自印度、尼泊尔地区的传统菩萨造像服饰特征。不过，总体看来，风格质朴、装饰朴素，应该是一种吐蕃化了的菩萨装。

查拉鲁普石窟吐蕃时期，菩萨造像面部宽短圆润，身体多作扭曲状，上身多袒露，下身着裙（如图 8-18 所示），体现了受印度、尼泊尔造像影响较多的早期吐蕃菩萨造像风格。菩萨装的下身服饰的特征基本延续了这种风格。不过，查拉鲁普石窟的造像尚未出现左肩至右胁斜披帛带的样式。昌都八宿县同卡寺的毗卢遮那金铜造像左肩至右胁披帛带，与毗卢遮那题材石刻造像披帛形式相同。吐蕃统治时期的敦煌壁画和绢画中也多见此种样式。例如，安西榆林窟 25 窟毗卢遮那与八大菩萨壁画、敦煌绢画 ch.0074 毗卢遮那与菩萨等。

在吐蕃周边地区的菩萨装样式中，左肩至右胁斜披帛带的样式或者类似的右肩至左胁披帛样式在隋唐时期的长安、河西等地区的菩萨像服饰中较常见。例如，陕西药王山唐代摩崖造像立姿菩萨像（如图 8-19 所示）、西安碑林博物馆藏唐显庆三年（公元 658 年）长安道德寺碑阿弥陀

图8-18 查拉鲁普石窟吐蕃时期菩萨像服饰
（采自《拉萨查拉鲁普石窟调查简报》
图一一：1）

图8-19 陕西药王山唐代摩崖造像
立姿菩萨披帛
（采自《陕西古代佛教美术》图102）

佛龛的二立姿菩萨均为左肩至右胁斜披帛带的样式①（如图8-20所示）。陕西麟游县唐高宗至武周时期的狮子口石窟②一佛二弟子二菩萨造像的二菩萨亦为左肩至右胁斜披帛带的样式（如图8-21所示）。而敦煌莫高窟盛唐时期的菩萨上身左肩至右胁披帛的情况也较常见。例如，盛唐194窟西壁北龛菩萨和北壁龛顶北坡菩萨均为左肩至右胁披帛，后者脚下的扁平仰覆莲座样式与吐蕃造像的相同③。同时，不空《佛顶尊胜陀罗尼念诵仪轨》日本新传参考图像亦为左肩至右胁披帛的样式，只不过帛带两端表现出飘逸的样式，带上的褶纹也较密，明显受到了唐代绘画风格的影响。因此，吐蕃时期菩萨装造像中出现的上身左肩至右胁斜披帛带的样式，很可能是受到了来自唐代汉地的影响。

---

① 参见李淞《陕西古代佛教美术》，陕西人民教育出版社2000年版，第1-248页。
② 参见西北大学考古专业、日本赴陕西佛教遗迹考察团、麟游县博物馆编著《慈善寺与麟溪桥——佛教造像窟龛调查研究报告》，科学出版社2002年版，第208页。
③ 参见敦煌文物研究所编著《中国石窟·敦煌莫高窟》（中文）（第三卷），文物出版社1987年版，第1-200页。

图 8-20 碑林博物馆藏长安道德寺碑阿弥陀佛龛造像菩萨披帛
（采自《陕西古代佛教美术》图 107）

图 8-21 陕西麟游狮子口石窟一佛二弟子二菩萨造像菩萨披帛
（采自《慈善寺与麟溪桥——佛教造像窟龛调查研究报告》图一一三）

（五）俗装

俗装造像面部均较窄长，身体直立或正坐。束高髻，髻外有的包裹缠头，戴项饰和耳饰，身着三角翻领阔袖袍服，腰系带，袍服下部左右两侧开衩，袍裾边缘外翻，前后袍裾之间呈细长三角形，穿圆头筒靴或六合靴。该类造像是吐蕃时期佛教造像本土化最集中的体现和最典型的代表。

佛教造像的本土化是伴随着佛教的传播而在各地出现的，其主要内容是造像身体特征和服饰的世俗化。印度佛像服饰迁移自古印度王室家族服饰，佛教传入汉地后，也一直没有停止过本土化的脚步。同样，吐蕃引入佛教后，采取了同样的佛教造像本土化方式。藏文史籍《拔协》记载赤松德赞赞普为了打消人们对新造像的陌生感，要求按照吐蕃人的形象来塑像[①]。同时，当时流行的吐蕃王室与贵族服饰、装束也被移到了佛像上。

三角翻领左衽阔袖袍服在吐蕃时期佛教造像上的表现目前还只能在吐蕃时期的俗装毗卢遮那（朗巴朗增）题材石刻佛或菩萨造像上看到，且多见于吐蕃时期的世俗人物绘画图像中[②]。青海吐蕃大墓棺板画中的吐蕃人[③]、莫高窟159窟《吐蕃赞普礼佛图》中的赞普及吐蕃人均着三角翻领左衽阔袖袍服，腰系带，包裹筒状缠头，足穿靴（如图8-22所示）。与毗卢遮那造像共存的供养人像以及相关吐蕃世俗人物图像中亦多着此类服饰。查果西沟摩崖造像供养人、玉树勒巴沟《文成公主礼佛图》中的松赞干布的服饰便均为三角翻领左衽阔袖袍服（如图8-23所示）。可见，三角翻领左衽阔袖袍服是吐蕃时期最流行的王室和贵族服装。

查拉鲁普石窟吐蕃时期松赞干布、文成公主等历史人物造像的装饰（如图8-24所示）特点虽然与上述俗装装饰相近，但又有明显的区别：缠头细高，接近于尖顶，身着左衽袍服，但无明显的三角形翻领，窄袖，外斜披较宽大的遮腰络腋，表现不是十分准确、细致。而这种窄袖袍服与

[①] 参见拔塞囊《〈拔协〉（增补本）译注》，佟锦华、黄布凡译注，四川民族出版社1990年版，第30-31页。

[②] 参见希恩·卡曼《7-11世纪吐蕃人的服饰》，台建群译，载《敦煌研究》1994年第4期，第6页。

[③] 参见杨清凡《藏族服饰史》，青海人民出版社2003年版，第1-249页。

图8-22　敦煌莫高窟159窟《吐蕃赞普礼佛图》吐蕃人服饰
（采自《吐蕃大翻领长袍探源》图1）

图8-23　青海玉树勒巴沟《文成公主礼佛图》松赞干布服饰
（采自《青海玉树地区唐代佛教摩崖考述》图二）

图 8-24 查拉鲁普石窟吐蕃时期历史人物造像服饰
（采自《拉萨查拉鲁普石窟调查简报》图一）

中亚波斯地区①、粟特地区②、西域地区以及中原汉地所见的胡服相同。南朝梁元帝萧绎（公元508—554年）所作《职贡图》中有一幅题为《波斯国使》，是现存最早的、有明确题记的波斯人物画像，穿着三角形翻领对襟窄袖长袍，头戴圆形虚顶锦面高帽，锦面上有联珠纹图案，身穿翻领对襟长袍，长袍的领、袖、襟、裾用红色面料镶以较宽的边饰。腰系革带，革带上挂蹀躞小带，足穿长筒黑靴（如图8-25所示）。另外，龟兹国等五国使者的服饰与波斯国使服饰完全相同，只是发式、面相不同。龟兹石窟供养人画中也有大量身穿圆领直襟或三角形翻领对襟窄袖长袍的中亚、西域、龟兹人物形象。克孜尔第199窟主室西甬道龟兹国王身穿翻领窄袖对襟锦袍，袍上花纹非常丰富，多为联珠纹、菱形纹等图案，领、袖、襟、裾也多用联珠纹和菱形纹镶边饰，具有浓厚的波斯风格，腰系联珠带，上挂短刀和短剑，身后佩长剑。除上述绘画作品外，陕西、河南、山西、宁夏、甘肃等地考古发现的粟特人墓葬石棺床和围屏石榻的浮雕图

---

① 参见谢静《吐蕃大翻领长袍探源》，载《装饰》2008年第3期，第106-108页。
② 参见杨清凡《由服饰图例试析吐蕃与粟特关系（上）》，载《西藏研究》2001年第3期，第54-65页；参见杨清凡《由服饰图例试析吐蕃与粟特关系（下）》，载《西藏研究》2001年第4期，第54-65页。

像中，墓主人、亲眷、侍从等人物都穿着圆领直襟或三角形翻领对襟长袍。河南安阳粟特贵族墓中出土石棺床门柱上浮雕的祭祀像均穿大翻领窄袖对襟长袍，腰系革带，上挂短剑，足穿长筒靴。长袍的袖、襟、裾上用联珠纹镶边（如图8-26所示）。除了胡人外，中原唐代墓葬石刻图像中具有明显汉人特征的侍女也有穿着此类服饰的。例如，唐乾陵永泰公主墓前室线刻图像中的侍女便身着三角翻领右衽窄袖袍服或圆领直襟窄袖袍服，要束蹀躞带，挂佩囊（如图8-27所示）。通过这些图像资料可知，圆领直襟或翻领对襟的窄袖袍服最初应当源于中亚波斯（伊朗）地区，由粟特人传入西域和中国，也影响到了吐蕃。

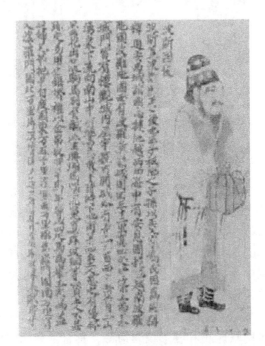

图8-25 《职供图·波斯国使图》波斯使者服饰
（采自《吐蕃大翻领长袍探源》图2）

不过，值得注意的是，在中亚波斯地区、粟特地区、西域地区和中原汉地均未流行吐蕃时期最常见的三角翻领左衽阔袖袍服。这表明，吐蕃王室和贵族中流行的三角翻领左衽阔袖束腰袍服，实际上是对波斯和粟特地区流行的三角翻领对襟窄袖束腰袍服和圆领直襟窄袖束腰袍服的吸收和改

图 8-26　安阳粟特贵族墓石棺床浮雕祭祀像服饰
（采自《吐蕃大翻领长袍探源》图6）

图 8-27　唐乾陵永泰公主墓前室线刻图侍女服饰
（采自《由服饰图例试析吐蕃与粟特关系（上）》图五）

进，延续了后两种袍服镶边、束腰带、穿圆头靴等特点；同时，又受中原汉地魏晋以来流行的"褒衣博带"风格服饰影响，将窄袖变为阔袖，将圆领直襟和翻领对襟变为斜襟左衽式，使这种服饰更加符合吐蕃王室与贵族的身份和地位，并在佛教造像吐蕃化的过程中扮演了重要角色。敦煌地区和西域地区的吐蕃世俗人物所着的三角翻领左衽阔袖束腰袍服无疑源自吐蕃王室和贵族的服饰。

此外，高筒状缠头也是吐蕃俗装造像的一个重要特征。扎金玛尼石刻造像中的俗装毗卢遮那以及6件俗装菩萨中的3件都可以看到缠头顶部的样式，只是无缠头纹的表现；查果西沟摩崖造像的发髻虽有残损，但整体上仍可看出高筒状缠头的样式；朗巴朗增拉康造像现存的毗卢遮那和右侧第三菩萨头部以及和6件头部残块中的4件均可见阴线刻的缠头纹。这显然是受吐蕃赞普缠头的影响。朗巴朗增拉康菩萨像均系宽腰带，带端带铊尾，腹前带上有瓣状扣眼，背后带上可见方形或椭圆形带銙。左四菩萨背后带上还系有蹀躞带，一短直带鞘小刀从右上向左下斜插入带内，刀柄有一细带与腰带相连。这种蹀躞带以及同样出现在朗巴朗增拉康造像菩萨头部残块冠檐上的联珠纹（如图8-28所示）共同反映了源自中原汉地或西域地区的中亚波斯、粟特地区流行的蹀躞腰带以及联珠纹装饰的影响。

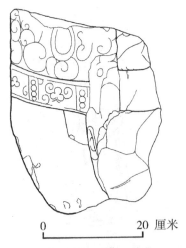

图8-28　朗巴朗增拉康造像4号残块冠檐装饰

二、其他造像特征的文化因素分析

(一) 通肩大衣

然堆玛尼石刻造像和达琼摩崖造像中,与毗卢遮那和菩萨共存的均有着汉式通肩大衣的坐佛。其造型与唐代龙门石窟公元7世纪晚期到8世纪中期着通肩大衣的千佛像(如图8-29所示)非常相似,只是雕刻手法略显稚拙,线条表现不是很准确。

图8-29 龙门石窟北市司行龛北侧小窟侧壁千佛服饰(局部)(公元690—704年)
(采自《龙门石窟雕刻萃编——佛》图一三三)

(二) 俗装袍服外披帛带

然堆玛尼石刻造像的毗卢遮那和部分佛像以及查果西沟摩崖造像毗卢遮那与二菩萨、供养人在袍服外左肩至右胁披帛带的形式，体现出了以俗装为主体，融合这一时期菩萨装典型因素的特点，可能受到了查拉鲁普石窟历史人物造像左衽服饰外自左肩向右胁斜披络腋样式①的影响。

(三) 发髻样式

"照阿拉姆"摩崖造像左侧金刚手菩萨的戴钗高发髻与中晚唐时期中原地区流行的妇女发式相似。②向康造像束髻刻画发丝，扎束起来之后，于头顶部分开，向两侧回旋内收（如图8-30所示）。其样式与西安市隋正觉寺遗址出土白石观音残像（如图8-31所示）和麟游县麟溪桥石窟第七期（唐玄宗开元天宝时期）③第18号龛观音造像（如图8-32所示）发髻样式相近。而这种菩萨像发髻样式与隋唐时期妇女发髻中的反绾髻较为接近。④

(四) 披羚羊皮观音

朗巴朗增拉康造像右侧第二尊观音菩萨造像左臂披羚羊皮，是藏式风格观音造像的特征之一，也可能受到印度披黑羚羊皮观音造像的影响。目前所见的吐蕃时期披羚羊皮观音造像实例很少，似乎仅有朗巴朗增拉康这一例。虽然时代较早，但羚羊形象的表现比较准确，可见其作者对羚羊的形象和披羚羊皮的观音造像特征均较熟悉。公元11—14世纪，西藏观音造像中该类风格的观音造像较为常见。⑤

---

① 参见西藏文管会文物普查队《拉萨查拉鲁普石窟调查简报》，载《文物》1985年9期，第51-64页。

② 参见周锡保《中国古代服饰史》，中国戏剧出版社1984年版，第214-220页。

③ 参见西北大学考古专业、日本赴陕西佛教遗迹考察团、麟游县博物馆编著《慈善寺与麟溪桥——佛教造像窟龛调查研究报告》，科学出版社2002年版，第101页。

④ 参见周锡保《中国古代服饰史》，中国戏剧出版社1984年版，第217页。

⑤ 参见西藏自治区文物保护研究所夏格旺堆见告。

图 8-30　次曲拉康造像残块 2 发髻

图 8-31　西安市隋正觉寺遗址出土白石观音残像发髻
（采自《陕西古代佛教美术》图 149b）

（五）系虎皮裙明王像

向康造像出现了系虎皮裙的明王形象，残存腰及以下部分，残存部分亦有残损。双腿粗短，叉开站立。腰系虎皮裙，膝下露出内裙衣褶。虎头位于左腿下部，正面，双耳竖起，双眼睁开，有髭须，脸颊圆鼓，嘴残。鼻头圆钝，微残。两大腿内侧裙上可见两只带爪虎腿用两道结系起，呈圆拱状对称垂下。双脚腕部各缠绕一条蛇，蛇头向上，腿及腹部交叠缠绕数条长蛇，赤脚，利甲紧扣恶鬼。其虎皮衣饰的样式与敦煌莫高窟、安西榆

图 8-32　麟游麟溪桥 18 号龛观音造像发髻
（采自《慈善寺与麟溪桥——佛教造像窟龛调查研究报告》图五四）

林窟、新疆克孜尔石窟、龟兹石窟①、吐鲁番石窟等地吐蕃时期石窟中的金刚力士、武士、供养人等图像和雕塑所着虎皮衣饰有一定联系，均具备虎头、虎爪等特征要素。略有不同的是，后者多以虎头作为帽戴于头上（如图 8-33 所示），虎皮衣饰整体位于身体上半部。不过，俄罗斯艾米尔塔什博物馆收藏的一件出自吐蕃番胜金口的胁侍菩萨壁画残片中，菩萨右侧的两个武士侍从都系有虎皮裙，而这里所谓的虎皮裙样式与次曲拉康明王像的虎皮裙更近了一步。

陆离对着虎皮衣饰图像及与吐蕃的虎崇拜、大虫皮制度的关系做了专题讨论②，认为这些着虎皮衣饰的图像和雕塑的年代在赤松德赞执政之后。敦煌地区的该类图像时代应在吐蕃占领敦煌时期的公元 786—848 年，新疆地区的该类图像则在吐蕃第二次占领龟兹的公元 808—821 年，三度

---

①　参见姚士宏《关于新疆龟兹石窟的吐蕃窟问题》，载《文物》1999 年第 9 期，第 68-70 页。

②　参见陆离《敦煌、新疆等地吐蕃时期石窟中着虎皮衣饰神祇、武士图像及雕塑研究》，载《敦煌学辑刊》2005 年第 3 期，第 110-121 页。

图 8-33　新疆克孜尔石窟 97 窟壁画密迹金刚虎头帽
（采自《关于新疆龟兹石窟的吐蕃窟问题》图一）

占领西州的公元 792—802 年、公元 818—850 年、公元 850（？）—866 年几个时间段内。《新唐书·吐蕃传》《汉藏史集》《贤者喜宴》等汉藏历史文献中均有关于吐蕃虎崇拜的记载。根据《贤者喜宴》的详细记载，吐蕃时期建立了较完备的军功奖励制度——大虫皮制度，"即根据战功大小，以虎皮（或豹皮）制成六种不同规格式样的饰品来奖励立有战功的勇士，称为'六勇饰'，最低一级为虎皮褙，其次为虎皮（或豹皮）裙……最高一级为虎皮袍"。这一制度最初制定于松赞干布时期，随着吐蕃对河西陇右的占领而被带到了占领区。虎皮衣饰与吐蕃的虎崇拜有密切关系，而着虎皮衣饰的武士形象则直接反映了吐蕃王朝的大虫皮制度。同时，次曲拉康明王像以及敦煌、新疆地区吐蕃窟中的天王、力士图像所着的虎皮衣饰还表明这一制度对吐蕃时期佛教图像和造像的着装也产生了重要影响。这种影响又延续到了后期的南诏大理、西夏以及藏区的佛教艺术中①。

通过对各类造像特征的文化因素分析可以看出，吐蕃时期佛教遗存的图像学特征则反映了吐蕃文化因素、印度尼泊尔文化因素、中亚文化因素和汉地文化因素4个方面的影响。其中，吐蕃文化因素主要体现在三叶冠、披羚羊皮观音像、系虎皮裙明王像3个方面，印度尼泊尔文化因素主要体现在菩萨装、袒右袈裟、僧袍3个方面，中亚文化因素主要体现在三角翻领左衽阔袖袍服、联珠纹装饰、蹀躞腰带3个方面，汉地文化因素主要体现在背光、左肩至右胁披帛、汉式发髻、高台式莲座、双子莲瓣、须弥座、狮子7个方面。不过，需要注意的是，后面3种文化因素在对造像特征发生影响时，都已带有不同程度的吐蕃化色彩了，而中亚文化因素更是通过西域或中原汉地间接对造像发生影响的，这直接反映了唐蕃古道上延续不断、与政治和军事交往形成鲜明对比的宗教、习俗、文化的交流。

---

① 参见陆离《大虫皮考——兼论吐蕃、南诏虎崇拜及其影响》，载《敦煌研究》2004年第1期，第35-41页。

第九章　唐蕃古道沿线棺板画遗存的艺术特征

唐蕃古道沿线发现的棺板画，极具特色。我们曾有专文介绍海西州博物馆展出的棺板画（采 M3）。①

第一节　唐蕃古道沿线棺板画的发现

海西州是青海境内吐蕃遗存的主要分布区域，除发现大量吐蕃墓葬及露斯沟佛教摩崖石刻之外，还先后发现数批吐蕃时期的美术遗存。

时任青海省文物考古研究所的许新国首先披露了在海西郭里木夏塔图古墓发现的两具棺板画（郭 M1、郭 M2）的有关信息。② 夏塔图棺板画一经公开，立即吸引了各界的热烈关注，中央美术学院的罗世平临摹了有关图像，并对画面内容进行了解读③；《中国国家地理》杂志发表了一组文章，对夏塔图棺板画进行了介绍。罗世平认为，棺板画反映了吐蕃人的生

---

①　参见岳燕、余小洪《试论海西出土吐蕃棺板画的艺术特征》，载《西藏民族大学学报》（哲学社会科学版）2018 年第 3 期，第 1 - 200 页。

②　参见许新国《郭里木乡吐蕃墓葬棺板画研究》，载《中国藏学》2005 年第 1 期，第 56 - 69 页。

③　参见罗世平《天堂喜宴　青海海西州郭里木吐蕃棺板画笺证》，载《文物》2006 年第 7 期，第 68 - 82 页。

活面貌①；林梅村认为，这些棺板画反映了苏毗人的风俗②；程起骏认为，这些棺板画反映了吐谷浑人的社会图景③。

霍巍④、仝涛⑤还详细披露了海西州境内采集的两具棺板画（采M1、采M2）。霍巍比较了吐蕃和粟特人的棺板装饰传统，讨论了海西棺板画的艺术风格、来源等问题⑥，霍巍还根据棺板画人物服饰讨论了棺板画反映的族属等有关问题⑦。仝涛讨论了木棺装饰传统与鲜卑文化的关系⑧，并深入讨论了郭里木棺板画的图像所反映的丧礼过程⑨，还将这些棺板画介绍到了国际学术界⑩。

此外，吕红亮还讨论了郭里木吐蕃墓棺板画的毡帐图像⑪，宋耀春对郭里木棺板画图像内容进行了详细统计和分析⑫。

---

① 参见罗世平《棺板彩画：吐蕃人的生活画卷》，载《中国国家地理》2006年第3期，第94–95页。

② 参见林梅村《棺板彩画：苏毗人的风俗图卷》，载《中国国家地理》2006年第3期，第96–98页。

③ 参见程起骏《棺板彩画：吐谷浑人的社会图景》，载《中国国家地理》2006年第3期，第84–93页。

④ 参见霍巍《青海出土吐蕃木棺板画的初步观察与研究》，载《西藏研究》2007年第2期，第49–61页。

⑤ 参见仝涛《青海郭里木吐蕃棺板画所见丧礼图考释》，载《考古》2012年第11期，第76–88页。

⑥ 参见霍巍《西域风格与唐风染化——中古时期吐蕃与粟特人的棺板装饰传统试析》，载《敦煌学辑刊》2007年第1期，第82–94页。

⑦ 参见霍巍《青海出土吐蕃木棺板画人物服饰的初步研究》，载《艺术史研究》（第9辑），中山大学出版社2007年版，第257–276页。

⑧ 参见仝涛《木棺装饰传统——中世纪早期鲜卑文化的一个要素》，载《藏学学刊》（第3辑），四川大学出版社2007年版，第165–170页。

⑨ 参见仝涛《青海郭里木吐蕃棺板画所见丧礼图考释》，载《考古》2012年第11期，第76–88页。

⑩ Tong Tao and Patrick Wertmann, *The Coffin Painting of the Tubo Period from the Northern Tibetan Plateau*, Archaeologie in China, Band 1, Bridging Eurasia, Mainz: Verlag Philipp von Zabern, 2010, pp. 187–213.

⑪ 参见吕红亮《"穹庐"与"拂庐"青海郭里木吐蕃墓棺板画毡帐图像试析》，载《敦煌学辑刊》2011年第3期，第70–83页。

⑫ 参见宋耀春《青海郭里木出土棺板画数据统计与分析》，载《藏学学刊》（第9辑），中国藏学出版社2014年版，第58–69、314页。

许新国还披露了在乌兰县茶卡被盗古墓旁采集的一块彩绘木棺盖板[①]、乌兰县泉沟吐蕃时期的壁画墓[②]。辛峰、马冬还披露了茶卡发现的北朝和吐蕃时期的棺板画[③]。这些棺板画的披露，为讨论夏塔图棺板画的艺术源流提供了有力的支撑。

2016年10月，笔者一行在青海境内进行唐蕃古道考古调查期间，参观了海西州民族博物馆公开展出的数件棺板画（编号：HXZBWG0315-1、2、3、4），这些棺板画系首次公开展出。这些棺板画已绘有彩图，经仔细辨认，已绘彩图与棺板上所绘原图略有差异。2017年3月，西藏民族大学美术教师岳燕再次赴海西州民族博物馆考察，重新进行了绘图。

一、海西采M3棺板画的构图与图画内容

新见展出的海西采M3棺板画共4块，HXZBWG0315-1、2拼成一面侧板，HXZBWG0315-3、4拼成另一面侧板，不见前后挡板。采M3棺板表面未经仔细打磨，厚约3厘米；棺板长约175厘米，棺板低帮宽约40厘米、高帮宽约45厘米，前高后低。参考郭里木夏塔图棺板画的内容，将HXZBWG0315-1、2拼成的侧板称为A面棺板（如图9-1所示），HXZBWG0315-3、4拼成的侧板称为B面棺板（如图9-2所示）。棺板画首先以黑线勾勒图像轮廓，再用绿、蓝、灰、红、赭等色彩绘而成。

A、B两面棺板画的画面构图一般可分为上、中、下3层。上、下层都为一窄行画面，绘有起伏的山丘、花草，以及奔跑中回首的鹿，以表现自然景观。中层占据了画面的绝大部分，绘制画面的主要内容。下文详细介绍棺板画面的主要内容。

A面，从左至右（即从低帮至高帮）可分为两组画面。

第一组：绘一骑士（一号人物），其后牵一匹黄色乘骑。骑士五官轮廓清晰，头缠橘黄色头巾，披发微卷，着淡绿色对襟长袍，下身着白色裤

---

① 参见许新国《茶卡出土的彩绘木棺盖板》，载《青海民族大学学报》（社会科学版）2011年第1期，第88-90页。

② 参见许新国《乌兰县泉沟吐蕃时期的壁画墓》；参见青海藏族研究会《都兰吐蕃文化全国学术论坛论文集》，文物出版社2017年版，第205-210页。

③ 参见辛峰、马冬《青海乌兰茶卡棺板画研究》，载《青海民族大学学报》（社会科学版）2017年第3期，第1-9页。

子，脚穿黑色翘尖短靴，其青色乘骑配红色鞍垫，乘骑前蹄上举呈奔走状。骑士手中还牵有一匹黄马，黄马配有绿色鞍垫。

图9-1　海西馆藏棺板画A板（图：岳燕）

图9-2　海西馆藏棺板画B板（图：岳燕）

　　第二组：圆形帐篷前斜坐一戴"塔形"高帽者（二号人物），其后侧似也斜坐一妇人（三号人物），"塔形"高帽者前立有一幼童（四号人物）及一带耳陶罐，幼童斜后侧有一站立的着红色对襟长袍的宾客（五号人物）。

　　圆形帐篷上部有一喇叭形采光孔，帐篷上绘有红色线条，可能是表示帐篷的支架、门；"塔形"高帽者五官轮廓已不甚清晰，高帽顶端装饰有红色饰物，着深青色对襟长袍，斜坐于四脚高椅之上，三号人物，即"塔形"高帽者后侧斜坐的妇人，五官轮廓十分清晰，缠红色头巾，头巾披至肩部，妇人着黄色对襟长袍，腰间系一浅蓝色腰带；"塔形"高帽者前方站立幼童，五官轮廓已模糊不清，缠黄色头巾，上身着蓝色对襟短衣，下身着黄色袍服，侍童前立一带耳陶罐，可能为水器或酒器；幼童斜后侧站立的宾客，头戴黄色饰物，饰物披至肩部，腰间系淡蓝色腰带，脚穿黑色翘尖短靴，其后侧有一匹红色小马，马具齐全。

　　B面，从左至右（即从低帮至高帮）可分为4组画面。

　　第一组：绘有4个人物（六至九号人物）、两只羊和一件陶罐，4个人物分别着红、橘黄、绿、黄色长袍，红色长袍人物头缠黄色头巾，其余三人皆缠红色头巾；黄色长袍人物手持一红色植物，疑为花卉。

第二组：位于棺板的中上部，其中心为一"灵台"式建筑，"灵台"前方为一持长幡的骑士（十号人物），"灵台"右侧为一着黄色对襟长袍的骑士（十一号人物），黄色对襟长袍骑士后侧为一戴"喇叭"状高帽的骑士（十二号人物）。

"灵台"式建筑通体呈黄色，两侧似有门和台阶，其外侧竖有一排栅栏；"灵台"式建筑前方持长幡的骑士，五官轮廓较为清晰，头缠红色头巾，身着淡绿色对襟长袍，手持飘扬的红色长幡，跨一匹呈奔跑状的青色骏马，马笼头勾画得十分清晰，马尾飘扬；"灵台"右侧的骑士，五官轮廓较为清晰，头缠青色头巾，着黄色对襟长袍，跨一匹呈奔跑状的红马，马匹的鬃毛刻画得十分生动，马背上铺有一层延续至马尾的装饰物；着黄色对襟长袍骑士后侧为一戴"喇叭"状高帽的骑士，着淡绿色三角翻领长袍，跨一匹呈奔跑状的黄马。

第三组：位于棺板中部下方，"灵台"式建筑的正下方，画面中间处为一呈绑缚状的裸体男性（十三号人物），两侧各有一拉弓射箭的骑手（十四、十五号人物）。裸体男性被绑缚在两根立木之间，五官轮廓已不清晰，但其男根较为清晰；右侧的骑手正引弓向裸体男性射击，左侧的骑手反身作射箭状，也指向裸体男性。右侧骑手头缠红色头巾，内穿黄色袍服，淡绿色外衣系于腰间，跨一匹红马；左侧骑手头缠红色头巾，内穿白色袍服，蓝色外衣系于腰间，跨一匹红马。

第四组：位于棺板左侧，圆形帐篷外有一对"野合"的男女（十六、十七号人物）。圆形帐篷顶部亦有一喇叭形采光孔；"野合"的男女，其上为男性，头缠红色头巾，披发微卷，肩披黄色披风，其下为女性，肩披绿色披风，两人旁放有一双黑色翘尖短靴和一只陶壶。

二、海西采 M3 棺板画内容考释

郭里木夏塔图出土的两具棺板画，乌兰茶卡采集的一具棺盖板画，以及海西境内采集的两具棺板画，为海西采 M3 的内容考释提供了重要的参考。

A 面画面较为简单，应为迎宾图。第一组应为"奔丧"环节，骑士还牵有一匹黄马，黄马较为少见，显得较为特殊，可能属献祭的"宝马"。第二组为"迎宾"环节，主人夫妇斜坐于帐篷外，接待前来致祭的宾客。郭 M1、郭 M2 也描绘了衣着华丽的客人携带装饰肃穆华丽的骏马到帐篷处献祭的画面，与海西采 M3 的 A 面棺板表达的意思相近。敦煌古藏文文献 P. T. 1042 提及"亲人所供养料""诸侯列邦所供之财物"①等语，可能反映了此场景。

B 面画面较为复杂，应为丧礼图。

第一组应为"动物献祭"环节，4 个着长袍者携带两只山羊、植物，做献祭的准备。

第二组为"墓地献祭"环节，墓地中央为一"灵台"式建筑，持飘扬长幡的骑士在前引领，其后跟随两名骑士，在"灵台"式建筑的栅栏外环绕。持飘扬长幡的图像在郭 M1、郭 M2、采 M1 均有出现：郭 M1 持长幡的骑士后跟随数骑；郭 M2 的幡为五边形，挂数条彩带，旁立有一人；采 M1 持飘扬长幡的骑士身后亦跟随数骑。

敦煌古藏文文献 P. T. 1042 第 40—47 行记载了围绕墓地骑马列队祭祀举行"尸魂相合"的场景："小供献本波将尸体、尸像（ring - gur）和供食搬到墓室门口，此后尸主留于此地，魂主向左转着走来，一共转 3 圈，在这期间每转一圈都要致礼，并供上一瓢酒。备马官也从左右两边走过来，转 3 圈，转完后，从（死者）的脸部开始，向（死者）折倒 3 次长矛，对死者致礼。侍者和死者亲朋们哭丧。"②棺板画上此画面，具体是何意，尚无法确知。

第三组为"骑射祭祀"环节，其位于"灵台"式建筑正下方。还可以在郭 M1、采 M1、采 M2 棺板上找到相似的图像。仝涛披露："郭 M1 中的'骑射祭祀'场景位于灵帐哭丧场面的正上方，可见两骑马者一前一后共射一怪物。怪物全身赤裸，作跪状，反剪双臂束缚在一立柱上，两眼惊恐，脑后两个发束也缚于立柱上，吻部突出，嘴巴宽大，肩部已中一箭，箭羽露出在外。"采 M1 的骑射图位于灵帐图下方，可见两位骑马者一前一后骑马疾驰，拉弓射向中间一裸体怪物。怪物呈人形，须毛男根尽

---

① 褚俊杰：《吐蕃苯教丧葬仪轨研究——敦煌古藏文写卷 P. T. 1042 解读》，载《中国藏学》1989 年第 3 期，第 15 - 34。

② 褚俊杰：《吐蕃苯教丧葬仪轨研究——敦煌古藏文写卷 P. T. 1042 解读》，载《中国藏学》1989 年第 3 期，第 15 - 34。

显，神态惊恐万状，双臂捆缚于两侧的立柱上，其腰间中一箭①。

海西地区发现的另一块棺板画（采 M2）也描绘有类似的图像。在一块木棺头端挡板上，画着一骑马者向右飞奔，拉满弓射向左侧一个高大深色的裸体人物，该人双手朝下，双脚朝上倒立，腰部中一箭，穿透了他的身体，倒立的形象可能是其中箭仆地情形的表现。②

郭 M2 表现为 4 个骑马人两前两后共同瞄准中间一物，可惜其形象已经严重腐蚀，不可细辨。

关于此类图像，可能与敦煌古藏文文献 P. T. 1042 第 79—80 行的记载："此后御用辛献上交叉柱。要在每个冬季月份（dgung < dgun）供上一次胎血（？）"③ 有关。藏文文献中还有相关记载："被献祭的奴隶被绑在木架上，被苯教师分割尸体献祭，作为替身为一个小邦王子治病的记载。"④

关于该组图像的含义，仝涛已有较为深入的论述，本文基本赞同。

第四组为"野合"环节，此类图像还见于郭 M1、郭 M2。关于此类图像的寓意，目前有 3 种看法：或认为是"一夫多妻"婚姻习俗的反映⑤；或认为这是受到藏传佛教当中密教金刚乘性力派的影响⑥；或认为"本教丧葬仪轨中某种具有神秘色彩的巫术，在葬礼过程中的某种特定场合施行这种巫术，含有祈愿死者在阴阳之间再生、轮回的寓意。"⑦鉴于"野合图"一般出现在表现丧葬祭祀的画面中，当非一般意义上的寻欢作乐。故以上 3 种观点，霍巍的推测似乎更为可能。

---

① 参见仝涛《青海郭里木吐蕃棺板画所见丧礼图考释》，载《考古》2012 年第 11 期，第 76－88。

② 参见仝涛《青海郭里木吐蕃棺板画所见丧礼图考释》，载《考古》2012 年第 11 期，第 76－88。

③ 褚俊杰：《吐蕃苯教丧葬仪轨研究——敦煌古藏文写卷 P. T. 1042 解读》，载《中国藏学》1989 年第 3 期，第 15－34。

④ ［挪威］帕·克瓦尔耐：《西藏苯教徒的丧葬仪式》，褚俊杰译，载《国外藏学研究译文集》（第五辑），西藏人民出版社 1989 年版，第 123－128。

⑤ 参见林梅村《棺板彩画：苏毗人的风俗图卷》，载《中国国家地理》2006 年第 3 期，第 84－98 页。

⑥ 参见许新国《郭里木乡吐蕃墓葬棺板画研究》，载《中国藏学》2005 年第 1 期，第 56－69 页。

⑦ 霍巍：《青海出土吐蕃木棺板画的初步观察与研究》，载《西藏研究》2007 年第 2 期，第 49－61 页。

通过上文的考释来看，A、B画面表达的大意为：亲朋好友携带"宝马"等献祭物前往"奔丧"，主人在帐篷前"迎宾"；之后到墓地准备献祭的动物（羊）、植物（花朵），持长幡者骑乘"宝马"前往墓地举行祭祀仪式，祭祀仪式内容可能包括有"骑射""野合"等环节。

三、海西采M3棺板画相关问题讨论

海西馆藏棺板画采M3是难得一见的早期绘画作品，对其族属与年代问题的认识，是进一步讨论相关问题的关键。

（一）族属与年代

由于海西采M3棺板画属采集品，我们无法获知其墓葬本体的详细情况，故仅根据棺板的形制、画面的构图、人物服饰、器具等内容与郭里木棺板画来进行比较，以此推测墓主的身份。

海西采M3棺板由2块木板拼成，郭里木棺板由3块木板拼成，前高后低，两者棺板形制相似。但郭里木棺板较海西采M3更长、更宽，这是两者的不同之处。

海西采M3棺板画的构图与郭里木棺板画的画面构图完全相同，画面分为上、中、下3层。上、下层都为一窄行画面，绘有起伏的山丘、花草、动物，中间表现丧礼过程。

海西采M3与郭里木棺板画人物的装束总体来说较为相似：均佩戴头饰、身着长袍、脚蹬黑色翘尖皮靴。但也存在一定的差异。

从头饰来看，郭里木主体民族男性头饰包括细高筒状、束结为低平筒状两类，女性头饰包括披巾、不披巾两类。其他民族有方形帽、"垂裙皂帽"——中原汉地、鲜卑系统；"山"字船形帽——北朝时期鲜卑系统"鸡冠"帽[1]。海西采M3的A面帐篷外的男主人戴细高筒状帽，女主人佩戴披巾，B面仅一头戴"喇叭"状高帽者，其余人物均戴一种"将头巾缠绕二至三圈后盘结于头顶"的低平状头巾。周伟洲认为，这种头巾

---

[1] 参见霍巍《青海出土吐蕃木棺板画人物服饰的初步研究》，载《艺术史研究》（第9辑），中山大学出版社2007年版，第257-276页。

是吐谷浑人的"帏帽"①。

从袍服来看,郭里木主体民族男性有大小三角翻领、直领交叉、圆领3种样式,女性有三角形大翻领、直襟式无领两种。袍服袖口、领口等部位流行纹锦装饰。其中三角翻领长袍一般认为是吐蕃贵族身份的标识。海西采 M3 的 A 面女主人着圆领长袍,A 面男主人长袍领部特征因画面模糊不清,无法识别;B 面头戴"喇叭"状高帽者着小三角翻领长袍,其余人员多为圆领或直领交叉袍服。袍服多为单一的深绿色、黄色等,袍服上均无纹锦装饰,多系彩色腰带。海西采 M3 仅 B 面"巫师"一人穿戴小三角翻领长袍,郭里木棺板画人物服饰多饰纹锦,海西采 M3 人物服饰均不装饰纹锦。

海西郭里木棺板画所反映的墓主族属,虽有苏毗、吐谷浑、吐蕃等多种说法。目前来看,属吐蕃人或吐蕃时期的吐谷浑人逐渐成为共识。通过上文的比较来看,海西采 M3 的族属与郭里木相似。

值得注意的是,王树芝等人根据树轮测年将郭里木夏塔图 M1 的年代定为公元 756 年,M2 的年代定为公元 757 年②。肖永明认为,都兰、德令哈这一批墓的年代应为公元 663 年,分为吐谷浑时期和吐蕃时期,根据封土堆中有无梯形石砌边框来区分海西地区外来吐蕃人和被征服的吐谷浑人,进而推断都兰热水墓主为外来吐蕃人,德令哈一带为被征服的吐谷浑人③。

由于海西境内,经过科学、全面发掘的墓葬较少,海西境内这一批棺板画的具体年代目前尚无法精确到绝对年代,大致处于吐蕃统治海西时期。

此外,海西吐蕃棺板画棺板形制大小、画面内容繁简等方面的差异,可能体现了墓主身份上的差异。海西采 M3 棺板形制明显较郭里木棺板形制小,画面内容更为简略,人物服饰多为素面,几无装饰。郭里木棺板 A 面人物多有"赭面",而海西采 M3 所有人物均不饰"赭面",这一差异,

---

① 参见周伟洲《青海都兰暨柴达木盆地东南沿墓葬主民族系属研究》,载《史学集刊》2013 年第 6 期,第 3 – 24 页。

② 参见王树芝、邵雪梅、许新国、肖永明《跨度为2332年的考古树轮年表的建立与夏塔图墓葬定年》,载《考古》2008 年第 2 期,第 80 – 86 页。

③ 参见肖永明《树木年轮在青海西部地区吐谷浑与吐蕃墓葬研究中的应用》,载《青海民族研究》2008 年第 7 期,第 57 – 63 页。

可能不仅仅是身份地位、场景差异的表现，或许也暗含墓主族属的差异。

（二）"喇叭"状高帽骑士的身份

海西采 M3 棺板的 B 面有一戴"喇叭"状高帽的骑士（十二号人物），身着淡绿色小三角翻领长袍，其前方依次为着黄色对襟长袍骑士、持幡的骑士，三人围绕"灵台"式建筑向前奔跑。

郭里木也有类似画面，M1 的 B 板上方奔丧图中持幡骑士后跟随戴"方形高帽""垂裙皂帽"两人。M2 的 A 板五边形经幡旁有一戴"山"字形帽的人物，采 M1 右侧持幡骑士后有戴"塔形"帽、"山"字形帽者。

"垂裙皂帽"一般认为属鲜卑人吐谷浑的服饰，"方形高帽""山字形帽"在河西地区有所发现。周伟洲认为，这些人物属吐谷浑人①。在乌兰茶卡巴音乡曾发现过北朝吐谷浑贵族的棺板画②，这可能指明了海西吐蕃棺板画的来源。

"喇叭"状高帽骑士图像属首次发现，其身着的翻领长袍，是采 M3 棺板画中唯一着翻领长袍的人物，显得较为特殊。其着装与郭里木棺板画上前来致悼的鲜卑系吐谷浑人差异较为明显；"喇叭"状高帽骑士的形象与敦煌、玉树等地唐代吐蕃时期的佛、道人物形象，乃至与中亚粟特等民族的形象差异也是较为明显的。敦煌古藏文文献 P. T. 1042 记载了到大王墓地参加丧礼的人物，除了前来致悼的臣属、亲朋、侍从、骑士之外，还有主持葬礼的苯教法师等。

据记载，在各个环节参与大王葬礼的苯教法师有殡葬苯波、供献苯波、窦辛、御用辛、大剖解者、小供献者、断火巫师、大力巫师、低等鞠苯波、预言御用辛、治病苯波、讲故事苯波、赖苯波、处理尸体者、医药苯波、苯波大经师、厌胜术士、大剖尸者、降魂师、占卜师等 20 余人，其中以苯波大经师地位最为尊贵。③苯教法师在葬礼中十分重要，据藏文

---

① 参见周伟洲《青海都兰暨柴达木盆地东南沿墓葬主民族系属研究》，载《史学集刊》2013 年第 6 期，第 3－24 页。
② 参见辛峰、马冬《青海乌兰茶卡棺板画研究》，载《青海民族大学学报》（社会科学版）2017 年第 3 期，第 1－9 页。
③ 参见褚俊杰《吐蕃苯教丧葬仪轨研究——敦煌古藏文写卷 P. T. 1042 解读》，载《中国藏学》1989 年第 3 期，第 15－34 页。

文献记载："止贡赞普时期,曾从 Ta-zig(吐蕃西部某个地方)和 Aza(阿豺,即吐谷浑)请来苯波主持丧葬仪式"。① 敦煌、米兰②古藏文文献也记载了吐蕃军队中有苯波随军的情况。

据此,笔者推测"喇叭"状高帽骑士的身份可能为参与葬礼的苯教法师。若这一推测无误的话,这属首次识别出吐蕃时期"苯波"的图像。

据敦煌古藏文文献 P. T. 1042 记载,不能将"黑色和暗色的马、花色马、褐色牦牛、褐色和虎纹花色(stag-re-ru-ur)的犏牛、白色和灰色的牦牛"献到坟场;"不能献到坟场的还有猛兽以及变得像猛兽一样的各种野兽。在灵柩周围不能放置水生动物(khar-ba-chuvi-rigs)"③。

海西棺板画上的马匹均为黄色、枣红色等鲜艳的纯色马,棺板画上也不见猛兽、水生动物等不能献祭之物。海西棺板画的图像与敦煌古藏文文献能互证,进一步说明了敦煌古藏文记载的可信性。

第二节　唐蕃古道沿线棺板画的艺术特征

吐蕃绘画作品在敦煌已有少量发现,均以宗教题材为主题,有壁画④、绢画⑤两种形式。青海海西地区发现的这一批棺板画,是吐蕃时期难得一见的绘画作品,是一种全新的类型,尤为珍贵。

其绘制流程大致如下:画师先将木板涂白做底,再以墨线勾勒图像轮廓,最后上彩成图。是否有粉本,目前尚无实物证据。

从艺术源流来看,在汉晋时期的河西走廊地区已流行彩绘棺板画,并

---

①　Helmut Hoffmann, Quellen zur Geschichte der Tibetischen Bon-Religion, Wiesbaden: Akademie der Wissenschaften und der Literatur in Mainz, Franz Steiner Verlag, 1950, pp. 211 – 246.

②　参见杨铭、贡保扎西、索南才让《英国收藏新疆出土古藏文文书选译》,新疆人民出版社2014年版,第1 – 12页。

③　褚俊杰:《吐蕃苯教丧葬仪轨研究——敦煌古藏文写卷 P. T. 1042 解读》,载《中国藏学》1989 年第 3 期,第 15 – 34 页。

④　参见沙武田《吐蕃统治时期敦煌石窟供养人画像考察》,载《中国藏学》2003 年第 2 期,第 18 – 39 页。

⑤　参见谢继胜《莫高窟吐蕃样式壁画与绢画的初步分析》,载《西北民族大学学报》(哲学社会科学版)2010 年第 4 期,第 65 – 73 页。

流传至西域等地；而海西乌兰茶卡发现的北朝吐谷浑棺板画①，进一步揭示了海西吐蕃棺板画的艺术源头，是来自本地早期的彩绘棺板画传统，其源头还可追溯至汉晋时期河西走廊地区的彩绘棺板传统。仝涛早年曾有专文讨论这一问题，不再赘述。

从题材来看，A面棺板常见狩猎、帐居、宴饮、"野合"、射牛等场景，B面棺板常见迎宾、哭丧、墓地献祭、宴饮、"野合"等场景。既有开怀痛饮的热烈场景，也有灵帐举哀的悲凄肃穆场景，反映了丧葬仪式的整个过程。总的来说，题材丰富多样，从侧面生动地反映了海西地区吐蕃统治下居民的生活场景。

从布局来看，流行三段式。上下绘山川、花草以为陪衬，中部绘主要情节以突出重点。其重点突出，布局合理。

从色彩来看，棺板画主要使用红、黄、绿、墨（黑）等色，赋彩热烈、明快。在表达狩猎、宴饮等欢快场景时，多用红、黄、绿等亮丽色彩；在表达哭丧、墓地献祭等悲凄肃穆场景时，多用黑色。色彩的使用与场景的需要十分到位，说明画师技艺高超。

从技法来看，采用唐代流行的先白描、后敷彩的方式。此类技法是唐代石窟壁画、墓葬壁画常用之技法。一般来说，还有白描之粉本。海西棺板画人物传神、服饰精美、场景宏大，非一人所能完成，反映了吐蕃画师的高超艺术造诣。

从艺术风格来看，海西棺板画以现实主义绘画风格为主，通过加强神态、动势及细节特征的描写，使得造型鲜活、真实而生动。尤其是对马匹、鹿等动物的描画，十分传神；相对而言，人物神态的描绘则稍逊一筹。这可能反映了画师久居牧地，与马匹等动物朝夕相伴，故而对其神态把握得十分准确，而宏大的人物山川场景，日常接触较少，故而对人物神态的把握稍逊一筹。

总之，海西棺板画的艺术水平高，艺术特征鲜明，在唐代绘画艺术中独树一帜。其中的精品——郭里木棺板画甚至可媲美敦煌的吐蕃壁画。

青海海西州民族博物馆新展出的吐蕃棺板画（采M3），是继郭里木夏塔图棺板画之后的又一重要发现。经过仔细释读，其A面为迎宾图，B

---

① 参见辛峰、马冬《青海乌兰茶卡棺板画研究》，载《青海民族大学学报》（社会科学版）2017年第3期，第1-9页。

面为丧礼图。通过与周边地区棺板画的比较，认为棺板画墓主的族属同郭里木夏塔图棺板画相似，为吐蕃人或吐蕃统治下的吐谷浑人。棺板形制大小、画面繁简等方面的差异，可能体现了墓主身份高低的差异。

海西采 M3 棺板画 B 面戴"喇叭"状高帽的骑士（十二号人物），以往不曾发现过此形象的人物，通过对比，推测其为葬仪中十分重要的苯教法师。海西吐蕃棺板画中献祭的鲜艳、纯色动物，与敦煌古藏文文献 P. T. 1042 中有关丧葬献祭之物的要求相符，再次说明敦煌古藏文文献的可信。

汉晋时期河西走廊流行彩绘棺板画，并已影响至海西、乌兰等地，故海西吐蕃棺板画的艺术源头应追溯至汉晋时期的河西走廊地区。海西吐蕃棺板画是继敦煌石窟吐蕃壁画、绢画之后发现的一种全新载体吐蕃绘画，十分珍贵。其绘制精美、艺术特征鲜明，是可媲美敦煌吐蕃壁画的艺术精品，也是唐代绘画的代表之一。

第十章　唐蕃古道沿线吐蕃石狮的造型特征

2015年，笔者在日喀则博物馆参观期间，一对石狮吸引了笔者的注意，馆内介绍其年代为吐蕃时期。因此，在考察唐蕃古道期间，笔者格外留意此类遗存，并有专文讨论新发现的几处吐蕃石狮①，结合夏吾卡先②的新近研究，下文就唐蕃古道沿线的吐蕃石狮做一综合讨论。

第一节　唐蕃古道沿线石狮的发现

吐蕃狮子形象，在吐蕃时期的建筑、摩崖造像、金银器、印章、碑刻、织锦、墓地等处多有发现，题材、种类较为丰富。

拉萨大昭寺木椽上的木狮、琼结藏王墓赤松德赞陵前的石狮③、扎囊县桑耶寺乌孜大殿前的石狮④较早为学界所关注，论述也较多。之后，在拉孜查木钦一号墓前也发现一对石狮⑤。阿米·海勒首先介绍了青海都兰

---

　①　参见余小洪、岳燕《论西藏考古新发现的吐蕃石狮及其造型艺术特征》，载《西藏大学学报》（社会科学版）2017年第1期，第85－92页。
　②　参见夏吾卡先《吐蕃石狮子考古调查及相关文化研究》，载《西藏研究》2017年第2期，第48－53页。
　③　参见王望生《松赞干布、赤松德赞陵调查记》，载《文博》1986年第6期，第21－23页。
　④　参见索朗旺堆、何周德《扎囊县文物志》，西藏自治区文物管理委员会1986年，第50页。
　⑤　参见西藏文管会文物普查队《西藏拉孜、定日二县古塞群试掘简报》，载《南方民族考古》（第4辑），四川科学技术出版社1992年版，第105－124页。

科肖图发现的吐蕃石狮①，后汤惠生专文讨论了都兰发现的吐蕃石狮，并就吐蕃石狮来源等有关问题进行了论述②。阿米·海勒还介绍了在都兰热水发现的吐蕃石狮③，夏吾卡先文中公布了石狮的部分照片④。

2015年8月，笔者在西藏日喀则宗山博物馆考察时发现两尊新入藏的石狮，尤为少见，限于时间紧迫未做细致观察。后查阅相关资料，笔者认为这两尊石狮的年代可能早到吐蕃时期，较为重要。2016年5月，笔者再次赴日喀则博物馆了解这两尊石狮的情况，并进行了现场测绘。据馆内工作人员介绍，这两尊石狮由上海市第七批援藏干部、日喀则市文化局副局长胡巍从日喀则市拉孜县扎西岗乡征集。该对石狮原放置在拉孜县扎西岗乡恰雄村寺庙门口，后被当地村民移走。2016年6月初，笔者根据有关报道提供的线索赴切卡寺（又称"切嘎贡巴"）调查吐蕃石狮。切卡寺位于西藏自治区拉萨市墨竹工卡县扎西岗乡，该寺始建于1165年，2009年公布为第五批西藏自治区文物保护单位。巴桑旺堆先生根据奥地利藏学家哈佐德提供的线索，首先发现了切卡寺大殿门口的两尊石狮，并根据其造型风格推测切卡寺石狮与拉孜查木钦墓地（又称"昌庆吐蕃墓"）石狮相似⑤。据西藏文物保护研究所的夏格旺堆研究员介绍，切卡寺石狮原位于苯巴山墓地大墓两侧，2010年才移至切卡寺大殿门口。

此外，在西藏文物保护研究所陈祖军研究员的指引下，夏吾卡先公布

---

① Heller, A., 1998c. "Some Preliminary Remarks on the Excavations at Dulan." In Orientations 29 (9), pp. 84 – 92.

② 参见汤惠生《略说青海都兰出土的吐蕃石狮》，载《考古》2003年第12期，第82－88页。

③ Heller, A., 2006. "Preliminary Remarks on the Archeological Investigations of Dulan: 8 th-9th Century Tibetan Tombs?" In Studies in Sino-Tibetan Buddhist Art: Proceedings of the Second International Conferenceon Tibetan Archaeology and Art, Beijing, 2004. 谢继胜、沈卫荣、廖旸主编：《汉藏佛教艺术研究：第二届西藏考古与艺术国际学术研讨会论文集》，中国藏学出版社2006年版，第57－76页。参见 Heller, A., 2007. Lions and Elephants in Tibet, Eighth to Ninth Centuries, In Journal of Inner Asian Art and Archaeology, Vol 2. Lilla Russell-Smith and Judith A. Lerner, eds. Turnhout: Brepols Publishers, pp. 59 – 67.

④ 参见夏吾卡先《吐蕃石狮子考古调查及相关文化研究》，载《西藏研究》2017年第2期，第48－53页。

⑤ 参见巴桑旺堆《墨竹工卡县切卡寺发现两尊吐蕃时期遗存的古石狮》，载《西藏研究》2014年第4期，第120页。

了林周布丁废寺附近发现的一对石狮①。2015年6月,陈祖军研究员曾告知笔者林周布丁石狮的有关信息,笔者也曾前往实地考察,鉴于石狮处于无人看护的状态,为了保护文物,笔者未公布有关信息。

总的来看,目前在唐蕃古道沿线发现有8对16尊石狮,分别是西藏扎囊县桑耶寺乌孜大殿前、琼结县赤松德赞陵前、拉孜县查木钦一号墓前、拉孜扎西岗恰雄村(现存日喀则宗山博物馆)、墨竹工卡县切卡寺大殿前、林周布丁寺庙废墟、青海都兰县科肖图遗址、青海都兰县热水河谷等处。据夏吾卡先披露,在拉萨贡当寺、扎囊县桑耶寺、林周甘曲镇觉波村等地也发现一些疑似吐蕃石狮,期待最新资料的公布。

随着青藏高原东麓吐蕃摩崖造像的大量发现,还发现较多造像的底座为狮子座②。如青海玉树贝勒沟大日如来佛堂有泥塑狮子一对,玉树勒巴沟线刻石狮一对以及大日如来狮子座一对③;昌都芒康朗巴朗增拉康大日如来殿主尊下四角各刻有一狮子,共4只④;芒康县嘎托镇有一莲花狮座,但详情不明⑤;西藏察雅县仁达丹玛札摩崖造像主尊有一莲花狮子座⑥;昌都地区察雅县香堆镇向康寺的次曲拉康内造像也有一狮子座⑦;四川石渠"照阿拉姆"大日如来像有一狮子座⑧。

吐蕃时期还流行狮子印章,敦煌和米兰的古藏文文书上也发现多枚狮子印章,如法藏敦煌古藏文卷子P.T.1083号卷子上有一枚"大节度衙敕

---

① 参见夏吾卡先《吐蕃石狮子考古调查及相关文化研究》,载《西藏研究》2017年第2期,第48-53页。

② 参见席琳《吐蕃佛教石刻造像综述》,载《西北大学学报》(哲学社会科学版)2011年第1期,第52-56页。

③ 参见汤惠生《青海玉树地区唐代早期佛教摩崖考述》,载《中国藏学》1998年第1期,第114-124页。

④ 参见霍巍《青藏高原东麓吐蕃时期佛教摩崖造像的发现与研究》,载《考古学报》2011年第3期,第353-383页。

⑤ 参见巴桑旺堆、次仁加布《芒康县嘎托镇境内首次发现大型吐蕃摩崖浮雕大日如来像》,载《西藏研究》2014年第4期,第120页。

⑥ 参见陕西省考古研究院、西藏自治区文物保护研究所《西藏察雅县丹玛札摩崖造像考古调查简报》,载《考古与文物》2014年第6期,第7-14、52页。

⑦ 参见陕西省考古研究院、西藏自治区文物保护研究所、西北大学《西藏昌都地区芒康、察雅两县考古调查新发现两处吐蕃石刻遗存》,载《中国文物报》2009年11月3日第4版。

⑧ 参见故宫博物院、四川省文物考古研究所《四川石渠县洛须镇"照阿拉姆"摩崖石刻》,载《四川文物》2006年第3期,第26-30、70页。

令之印"，印文由带翅蹲狮图像和藏文组成；法藏敦煌古藏文卷子P.T.1079号卷子有20多枚印章，其中一些印章的印文图像有狮子；斯坦因在新疆和田采集一枚吐蕃印章（编号：B.D.001.b），印文由一只尾巴上翘的怪诞狮子图像和藏文组成。吐蕃印文图像除了狮子之外，还有飞鸟、飞马、立马等，如在朗县列山墓地 M171 封土内发现骨质印章一枚，印文就由立马图像和藏文组成①。李帅亦有专文讨论吐蕃印章的问题②，在此不再赘述。

据说，吐蕃时期还有使用狮子军旗的情况，在青海都兰以及流散海外的吐蕃金银器上也发现有狮子图像③，此外，都兰出土的织锦上也发现有狮子图像④。

第二节 唐蕃古道沿线石狮的造型艺术特征

阿米·海勒、汤惠生、霍巍、夏吾卡先等人对藏王陵、拉孜查木钦、都兰热水、都兰科肖图等地发现的石狮已有深入讨论。下文就拉孜扎西岗、墨竹工卡切卡寺新发现的石狮做一重点介绍。

两地共 4 尊石狮，每处有雌雄石狮各一尊。4 尊石狮整体造型风格相似，但仔细观察，也有许多不同之处。

---

① 参见中国社会科学院考古研究所西藏队等《西藏朗县列山墓地的调查与发掘》，载《考古》2016 年第 11 期，第 58－66 页。
② 参见李帅《吐蕃印章初探》，载《文物》2018 年第 2 期，第 67－74 页。
③ 参见霍巍《吐蕃时代考古新发现及其研究》，科学出版社 2012 年版，第 51 页。
④ Heller, A. 1998a. "Two Inscribed Fabrics and Their Historical Context: Some Observations on Esthetics and Silk Trade in Tibet, 7th to 9th Century." In Entlangder Seidenstraβe: Frühmittelalterliche Kunst zwischenPersien und China in der Abegg-Stiftung. Riggisberger Berichte 6. Karel Otavsky, ed. Riggisberg: Abegg-Stiftung, pp. 95－118.

一、扎西岗、切卡寺石狮的造型艺术特征

(一) 拉孜扎西岗石狮的造型艺术特征

拉孜扎西岗乡新见石狮雕刻简单,造型独特,与藏王陵等地发现的吐蕃石狮迥异。下文详细介绍笔者的观察与测绘。两尊石狮均用花岗岩整石圆雕,每只重达200余斤。石狮五官轮廓不甚清晰,头部前凸超过胸部,都未雕刻腿部。整体来看,制作得十分粗劣,前后肢等关键部分仅以线条简单勾勒。两尊石狮大小不一,应有雌雄之分。根据体型、面部特征,尤其是腹部特征,将腹部圆鼓、体型较小者视为雌性,将腹部平直、体型较大者视为雄性。如图10-1所示。

图10-1 拉孜扎西岗母、公石狮

母狮,长48厘米、宽26厘米、头部高42厘米、尾部高28厘米。石狮整体圆鼓。

母狮正面:额头圆鼓,额头中部雕刻一条浅楞;两卷耳,但两耳方向相反;眼部仅以浅线条雕刻,无眉毛,双目圆睁,下眼眶明显;蒜头鼻;

吻部凸出，口张开，无舌、齿；面部肌肉凸出。胸部特征不明显，仅以浅线条勾勒；近底部处加刻一较深的线条，表示前肢。

母狮右侧：整体来看，背部弧直，尾部特征明显；腹部圆鼓。右耳凸出，呈月牙状；颈部有两道波浪状、两个螺蛳卷状鬃毛，其余部分未雕刻鬃毛；胸前和背脊之间雕刻一道较深的线条，表示前肢；腹部特征不清楚；尾、肩接合处向下雕刻一道较深的线条，表示后肢上部，再往下雕刻两道较深的线条，表示两条后肢。未雕刻尾巴。

母狮左侧：整体来看，背部斜直，尾部特征不明显；腹部方圆。左耳特征不明显；胸前和背脊之间雕刻一道较深的线条，用意不明；前肢特征不明显；前腹雕刻数道线条，可能为表示前肢肌肉；背脊与背部交界处往下，雕刻一道不规则弧线，并在腹部浅刻一方状，表示腹部形状；后肢特征不明显。未雕刻尾巴。如图10-2所示。

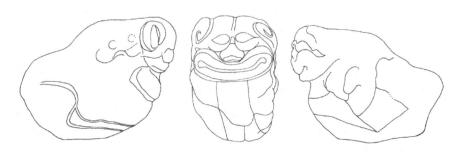

图10-2　扎西岗母狮（右侧、正面、左侧）（图：岳燕）

公狮，长54厘米、宽22厘米、头部高40厘米、尾部高29厘米。石狮整体方圆，底部斜直。

公狮正面：额头塌陷，额头中部雕刻一条浅楞；无耳；眼部仅以浅线条雕刻，无眉毛，双目圆睁，下眼眶明显；"八"字鼻；吻部仅为一条线，无舌、齿；面部肌肉凸出；有胡须。胸部特征不明显；下部两侧各雕刻一道深线，表示前肢。

公狮右侧：整体来看，背部斜直，尾部特征不明显；腹部方直。颈部有两道波浪状鬃毛，其余部分未雕刻鬃毛；胸前和背脊之间雕刻一道较深的线条，用意不明；腹部雕刻一方状，表示腹部形状；尾、肩接合处向下雕刻一道较深的线条，表示后肢上部。未雕刻尾巴。

公狮左侧：整体来看，背部斜直，尾部残缺；腹部方直。颈部浅刻有四道波浪状鬃毛铺满颈部；从颈往前腹，雕刻一道较深的线条，表示前肢；腹部雕刻一方状，表示腹部形状；尾、肩接合处向下雕刻一道较深的折线，表示后肢。未雕刻尾巴。如图10-3所示。

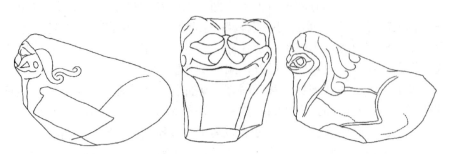

图10-3 扎西岗公狮（右侧、正面、左侧）（图：岳燕）

从正面观察，母狮体型较公狮体型大，缘于母狮正面较公狮高，母狮腹部较公狮圆鼓。但从侧面来看，公狮体型较母狮体型大，缘于公狮较母狮长，公狮尾部较母狮尾部高。两尊石狮相同之处较多：①雕刻技法较为粗劣，均为整石圆雕，面部为浅浮雕，肢体、腹部等部分多为线刻；②眼部特征相似；③颈部浅刻少量鬃毛；④均未雕刻尾巴。不同之处：①母狮腹部圆鼓，公狮腹部平直；②母狮雕刻有耳，公狮无耳；③母狮额头圆鼓，公狮额头塌陷；④母狮鼻子为蒜头鼻，公狮为"八"字形；⑤母狮吻部明显，公狮吻部仅为一条线。

（二）墨竹工卡切卡寺石狮的造型艺术特征

切卡寺石狮雕刻较为精美，造型独特，与藏王陵等地发现的吐蕃石狮迥异，与拉孜扎西岗石狮相似。两尊石狮均用花岗岩整石圆雕，石狮五官轮廓不甚清晰。

两尊石狮大小略有差异，根据体型、头部特征，尤其是尾巴的特征，将体型较小、尾巴较短者视为雌性，将体型较大、尾巴较长者视为雄性。如图10-4所示。

母狮，长115厘米、宽46厘米、头部残高90厘米、尾部高47厘米。石狮整体呈半蹲踞状，胸部较吻部凸出。

母狮正面：额头圆鼓，额头中部雕刻一条浅棱；两耳特征不明显；浅刻浅眉，眼窝内陷；圆方鼻，鼻孔内陷；吻部凸出，口张开，无舌、齿；

图 10-4 墨竹工卡切卡寺母、公石狮

面部肌肉凸出；胸部圆鼓；前肢较短，已残。

母狮右侧：颈部有成排波浪状、螺蛳卷状鬃毛；背部浅刻 3 道线条，表示背脊；腹部方直，不圆鼓；胸、前腹交接处雕刻一道较深线条，凸出圆鼓胸部；后肢呈蹲踞状，臀部圆鼓；前、后肢均较短，已残，从断面来看，呈方形；尾巴较短，仅残长 6 厘米。

母狮左侧：颈部有成排波浪状、螺蛳卷状鬃毛；胸部圆鼓；腹部方直；胸、前腹交接处雕刻一条较深不规则线条；腹部浅刻一不规则方状，表示腹部形状；前、后肢均残；后肢呈蹲踞状，臀部圆鼓；尾巴较长，残长 10 厘米。如图 10-5 所示。

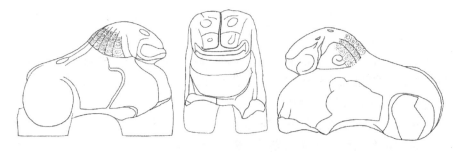

图 10-5 墨竹工卡切卡母狮（右侧、正面、左侧）（图：岳燕）

公狮，长 115 厘米、宽 46 厘米、头部高 95 厘米、尾部高 60 厘米。石狮整体呈半蹲踞状方圆，吻部较胸部凸出。

公狮正面：额头略塌陷，额头中部雕刻一条浅棱；浅刻眉毛，眼窝内陷；圆鼻，浅刻两个圆圈表示鼻孔；吻部凸出，口张开，无舌、齿；胸部圆鼓；前肢较短，约长12厘米，右脚残。

公狮右侧：颈部有成排波浪状、螺蛳卷状鬃毛；胸、前腹交接处雕刻一道较深线条，凸出圆鼓胸部；后肢残，呈蹲踞状，臀部圆鼓；前、后肢均较短，已残；尾巴长12厘米。

公狮左侧：颈部有成排波浪状鬃毛，无螺蛳卷状鬃毛；胸、前腹交接处雕刻一条较深不规则线条；腹部雕刻痕迹清晰；前肢残；后肢呈蹲踞状，臀部圆鼓；尾巴长12厘米。如图10-6所示。

图10-6　墨竹工卡切卡公狮（右侧、正面、左侧）（图：岳燕）

两尊石狮相同之处较多：①均为整石圆雕，雕刻技艺粗糙；②方头大眼，五官等轮廓不甚清晰；③胸部圆鼓，宽背弓腰；④呈半蹲伏状，前肢粗短、直立，后肢下蹲。两尊石狮不同之处有：①公狮吻部较胸部凸出，而母狮胸部较吻部凸出；②公狮头部较母狮头部大，公狮体型较母狮大；③公狮尾巴较母狮长。

通过以上描述，可以看出拉孜扎西岗与墨竹工卡切卡寺两对石狮造型风格相似：①雕刻技法粗糙；②石狮呈半蹲状，前肢粗短，石狮显得无威武英气；③五官轮廓不清晰；等等。

从以上分析来看，这两对石狮与目前西藏各地寺庙常见石狮差异较大，而与青海、西藏吐蕃时期的石狮风格类似。

二、扎西岗、切卡寺石狮的年代范围

吐蕃石狮图像，目前主要见于陵墓前、佛教造像底座部分两类地方。下文详细分析这两类地方吐蕃狮子的造型风格，以判断新发现的两对石狮的年代范围。

(一) 吐蕃陵墓石狮

以往曾发现三对吐蕃陵墓石狮,分属吐蕃早、中、晚期。

青海都兰科肖图曾发现一对吐蕃早期石狮,该对石狮"大小不一,应有雌雄之别,大者高83厘米,小者高76厘米"①;从公布的线图结合文字描述来看,石狮呈蹲踞式,胸部前凸超过吻部,公狮较母狮更甚,螺卷状的鬃毛从头顶披至肩部,吻部为一条线,无舌、齿,尾巴由一侧通过腹部从另一侧的腰际处反卷上来,前腿直立,腿上部用两条横线表示关节或褶皱,腿下部则刻以二三条竖线表示筋肌。

山南琼结藏王墓赤松德赞陵前曾发现一对吐蕃中期石狮,石狮置于陵前方,东西两边各一。东边石狮通高1.45米,底座长宽为1.2米×0.78米;西边石狮已被埋没,仅露出身体局部的残块。根据简报公布的线图及描述来看,东边石狮呈蹲踞式,雄踞前视,胸部前凸超过吻部,螺卷状的鬃毛成排从头顶披至肩部,双目圆睁,吻部大张,牙齿外露,尾巴从腹下搭于背脊之上。前肢直立,用线条刻画出肌肉。身躯后蹲。②

1990年,西藏文管会文物普查队曾在拉孜县曲玛乡查木钦吐蕃墓地发现过一对石狮,这对石狮位于查木钦墓地A区M1前,M1为梯形封土墓,是墓群中规模最大且地位最显赫者。石狮分别镶嵌于梯形封土堆底边(前端)两角,石狮"呈半蹲状,方头大眼,鬃毛内卷,宽背弓腰,未雕出腿和尾,下有长方形基座,系整块巨石雕刻而成";"石狮高0.95米,身长1.5米"。③ 据简报和夏吾卡先公布的一尊石狮照片来看,笔者再补充一些该尊石狮的细节部分:其"头部前凸超过胸部;额头塌陷,额头中部似雕刻一条浅楞;两耳竖立;眼部仅凿刻出轮廓,眼珠等细节均未雕刻;圆鼻凸出;吻部仅为一条线,无舌、齿;有胡须。腹部平直"。仅见查木钦墓地的这尊石狮,结合前文拉孜新见的石狮造型特征来看,目前公布的这尊石狮当属公狮。另一尊石狮目前不见详细资料,推测可能为

---

① 汤惠生:《略说青海都兰出土的吐蕃石狮》,载《考古》2003年第12期,第82-88页。
② 参见王望生《松赞干布、赤松德赞陵调查记》,载《文博》1986年第6期,第21-23页。
③ 西藏文管会文物普查队:《西藏拉孜、定日二县古墓群试掘简报》,《南方民族考古》(第4辑),四川科学技术出版社1992版,第105-124页。

母狮。

(二) 吐蕃佛教造像底座狮子图像

石狮作为神兽还常见于吐蕃佛教石刻造像,多为佛像底座的一部分。席琳认为,吐蕃佛教石刻造像的底座可分为莲花、上部莲座与下部束腰须弥兽座相结合、上部莲座与下部神兽相结合3类①。其中后两类底座常见于石狮。

这类作为佛像底座神兽的狮子,其年代应和造像的年代一致,根据造像风格及题记,可以确知这些狮子都属吐蕃中晚期。其造型特征较为一致:多为侧蹲踞式,螺旋卷式鬃毛密集垂至肩部,尾巴经后腿根部绕出后贴体上翘。其整体造型特征,尤其尾部的表达方式与吐蕃中期赤松德赞陵前石狮造型特征相似。赤松德赞陵前石狮造型特征与中原唐陵早中期石狮②造型特征相似:整体威猛高大,轮廓清晰,呈半蹲踞状,头部上扬,螺旋卷式鬃毛密集成排垂至肩部,等等。

(三) 扎西岗、切卡寺石狮的年代范围

吐蕃佛教造像底座所见狮子,年代虽在吐蕃中晚期范围内,但造型风格却与源于中原的赤松德赞陵前石狮相似,而与拉孜查木钦所见吐蕃晚期石狮差异较大,故应排除拉孜扎西岗、墨竹工卡切卡寺石狮造型风格源自佛教石刻造像风格的可能。

将拉孜查木钦和拉孜扎西岗发现的两尊公狮进行比较,发现两者相同之处较多:①额头塌陷,中间有一道楞;②眼部仅以轮廓示意,未刻画细节;③吻部仅为一条线;④有胡须;⑤腹部方直;⑥腿部雕刻简化。不同之处较少,为一些细小差异:①查木钦石狮为"八"字鼻,扎西岗石狮为圆鼻;②查木钦石狮雕刻了前肢,呈半蹲踞状,扎西岗石狮未雕刻肢体部分;③查木钦石狮体型较扎西岗石狮体型大。从造型风格来看,两尊石狮极为相似,迥异于在青海都兰科肖图吐蕃早期石狮、赤松德赞陵前吐蕃中期石狮。

---

① 参见席琳《吐蕃佛教石刻造像综述》,载《西北大学学报》(哲学社会科学版) 2011年第1期,第52-56页。

② 参见曾科《试论唐陵石狮的造型演变》,载《文博》2013年第3期,第58-63页。

据最新研究，夏吾卡先认为，拉孜查木钦墓群的大体年代当在吐蕃末期至分治时期，墓地主人是沃松赞普和班阔赞等王室的后裔成员等。① 笔者认为，这一年代认识较为笼统，查木钦墓群各墓的年代应有早晚差异，应区别认识。但夏吾卡先的认识，有益于对 A 区 M1 年代范围的认识。

从前文分析的拉孜查木钦和扎西岗两地石狮相似的造型风格、雕刻技法来看，笔者认为，拉孜扎西岗石狮的年代也应为吐蕃晚期或稍晚时期。日喀则博物馆馆内展品说明牌介绍，该对石狮为"公元 9 世纪"。这一年代认识与笔者通过造型风格、雕刻技法比较得来的结论大体相符，故笔者认为日喀则博物馆的判断是合理的。

前文已述，墨竹工卡切卡石狮与拉孜扎西岗石狮子有诸多共同之处，而与青海肖科图吐蕃早期石狮、琼结赤松德赞陵前吐蕃中期石狮子差异较大。再将其与拉孜查木钦 M1 石狮进行比较，两者相似之处更多。故根据查木钦石狮的年代，墨竹工卡切卡石狮的年代也应属吐蕃晚期或稍晚时期。故，笔者认为，新发现的 4 尊石狮的年代应属吐蕃晚期或稍晚时期。

三、吐蕃石狮的功能——吐蕃大型墓陵园建筑的组成部分

笔者在调查中注意到，在发现石狮的拉孜扎西岗乡（恰雄村附近）有一处吐蕃时期的墓地，根据琼结藏王墓赤松德赞陵、拉孜查木钦 M1 前石狮的情况来看，拉孜扎西岗石狮原来也可能置于恰廓吐蕃墓前。

同样情况也见于墨竹工卡切卡寺发现的石狮。据寺僧介绍，这两尊石狮是从切卡寺附近的且卡墓地搬运而来，石狮距今有约 900 年的历史。且卡墓地 2009 年公布为拉萨县（市）级文物保护单位，是吐蕃时期的墓地。②据介绍，在都兰热水血渭一号吐蕃墓前也曾放置石狮一对，惜已无存。③需要提及的是，石狮往往放在大型墓前端，可能是级别与身份的象征。以上发现说明在吐蕃大墓前放置石狮是一种较为常见的方式，是陵园

---

① 参见夏吾卡先《查木钦石碑与吐蕃墓群主人之新考》，《藏学学刊》（第 10 辑），中国藏学出版社 2014 年版，第 56-69、238 页。

② 参见西藏自治区地方志《西藏自治区文物志》，中国藏学出版社 2012 年版，第 35 页。

③ 参见夏吾卡先《查木钦石碑与吐蕃墓群主人之新考》，《藏学学刊》（第 10 辑），中国藏学出版社 2014 年版，第 56-69、238 页。

建筑的一部分。此外，石狮的发现也进一步说明恰廊墓地、且卡墓地的等级可能较高。

吐蕃大型墓陵园建筑一般还包括陵前的石碑（石碑下多有龟座、莲花座）、石狮，都兰肖科图墓前还有石柱、石门阙，陵墓上部或附近往往还设有祭祀或看护的建筑，不见专门的"神道"。墓葬封土有方形或梯形等，以方形为尊；陵前往往设置殉葬动物的条形祭祀坑。这些特征与西藏前吐蕃时期墓葬建筑大相径庭，前吐蕃时期墓葬主要有石丘墓、竖穴墓（土坑、石室）、洞室墓三类。竖穴墓（土坑、石室）、洞室墓地表一般无封土或地标，石丘墓地表则多以石堆或石圈为标志，不见碑刻、动物雕塑等。此外，前吐蕃时期的墓葬一般规模较小，几无大型墓。也就是说，吐蕃时期大型墓陵园建筑在西藏是无法找到直接源头的，那么我们将目光转向同时代的中原唐陵。

张建林根据数十年的钻探、发掘资料认为，唐代帝陵陵园形制的发展与演变经历过4个阶段：第一阶段初唐帝陵，属于借鉴汉魏帝陵制度的探索阶段；第二阶段乾陵、定陵、桥陵，标志着唐代帝陵陵园形制的正式形成，平面呈方形，神道南北、两侧安排有序，陵园石刻组合成定制，种类、数量急剧增加、形体高大；第三阶段基本延续第二阶段特征，泰陵开始出现"因山为陵"；第四阶段出现衰退，规模减小，石刻体量变小，陪葬制度渐趋消失。[①]吐蕃大型墓陵园建筑即以唐代帝陵为范本，有选择地进行模仿。现今较为确定的松赞干布、赤松德赞陵分别可对应唐帝陵的第一、二阶段的特征。吐蕃早期的松赞干布陵尚不见石刻，但高大的方形封土、陵上建筑等特点均和唐代早期帝陵相似。吐蕃中期的赤松德赞陵开始出现高大威武的石狮、石碑等石刻，还延续早期的高大方形封土等特征，与唐帝陵第二阶段的特征相似。需要注意的是，吐蕃大型陵园内的条形祭祀坑却是不见于唐陵，这应是吐蕃本土特征的反映。

通过与唐陵的比较来看，吐蕃大型陵园建筑从整体布局到到石狮、石碑、高大方形封土堆等组成元素来看，主要应是受中原唐陵的影响，但条形祭祀坑等仍体现出吐蕃本土特征。

需要注意的是，桑耶寺乌孜大殿门前的石狮，学界多认为其为守卫寺

---

① 参见张建林《唐代帝陵陵园形制的发展与演变》，《考古与文物》2013年第5期，第82-90页。

庙的神兽，但正如夏吾卡先所言，也不能排除桑耶寺大殿前的石狮也可能是后期移至大殿处，故其功能可能并不是守卫寺庙。

四、吐蕃石狮的艺术源流

关于吐蕃石狮艺术源流，学界有3种看法，一种看法认为来自中原，另一种看法认为其来自周边国家①，还认为吐蕃石狮应是来源于中原汉地，可能吸收了周边地区的文化因素，但难以细分。②

石狮作为陵园建筑的一部分，故讨论其艺术源流时应将其置于陵园建筑这个整体之中，不应单独割裂。吐蕃大型墓陵园建筑受中原唐文化的影响无疑，而前吐蕃时代又不见石狮、石碑等石刻，故吐蕃石狮来源于中原汉地是探讨其艺术源流的大背景，中原汉地也是吐蕃石狮艺术来源的主要方向。艾米·海勒认为，四川石渠吐蕃中晚期的照阿拉姆大日如来三尊像在图像上属于典型尼泊尔风格③，这是目前发现的吐蕃摩崖造像中最具南亚风格的造像。照阿拉姆大日如来底座有双兽，兽头似"狗"，桃形尖耳，耳部生出卷曲弯角，这些特点都与青藏高原东部地区佛像底座下的狮子图像差异较大④。也许这一特列也可以从侧面说明，吐蕃石狮的来源可能还是来自中原汉地，而不是南亚地区。

但鉴于大昭寺有吐蕃时期印度风格的木狮，以及吐蕃与南亚紧密的联系，笔者相信，吐蕃人在雕刻石狮时有可能借鉴南亚风格，但具体如何影响，目前尚无法确知。

需要注意的是，讨论吐蕃石狮艺术风格时应注意区分石狮的用途。用途不一，即使是同时期的狮子图像，艺术风格也可能不相同。吐蕃腹地晚期陵墓前的石狮与藏东吐蕃晚期佛教造像底座中出现的狮子图像，差异较大，即明证。当然这种差异尚无法完全排除地域差异的因素。

---

① 参见许新国《兴海县出土唐狮纹画像砖图像考》，载《青海文物》1996年10期，第1—80页。

② 参见霍巍《吐蕃时代考古新发现及其研究》，科学出版社2012年版，第51页。

③ 参见［瑞士］艾米·海勒《公元8—10世纪东藏的佛教造像及摩崖石刻（节录）》，杨莉译；载《国外藏学研究译文集》（第十五辑），西藏人民出版社2001年版，第1—310页。

④ 参见霍巍《青藏高原东麓吐蕃时期佛教摩崖造像的发现与研究》，载《考古学报》2011年第3期，第353—383页。

另外，笔者也注意到，吐蕃晚期石狮较早中期已产生了较大变化。可能是其完成了本土化的一种表现，也有可能是因为吐蕃晚期社会动荡不安，无力静心雕刻造成的。

参考文献

一、史籍

[1]〔宋〕王钦若,等. 册府元龟[M]. 北京:中华书局,1960.

[2]〔魏〕杨衒之. 洛阳伽蓝记[M]. 周祖谟校. 北京:中华书局,1963.

[3]〔东汉〕班固. 汉书[M]. 北京:中华书局,1975.

[4]〔唐〕魏征,等编. 隋书[M]. 北京:中华书局,1974.

[5]〔唐〕杜佑撰,王文锦,等点校. 通典[M]. 北京:中华书局,1988.

[6]〔唐〕张说,张九龄,等撰. 唐六典[M]. 北京:中华书局,2014.

[7]〔唐〕李吉甫纂修. 元和郡县图志[M]. 北京:国家图书馆出版社,2011.

[8]〔唐〕道宣. 释迦方志[M]. 范祥雍译. 上海:上海古籍出版社,2011.

[9]〔后晋〕刘昫. 旧唐书[M]. 北京:中华书局,1975.

[10]（北宋）司马光. 资治通鉴[M]. 北京:中华书局,1975.

[11]〔北宋〕欧阳修,宋祁,等. 新唐书[M]. 北京:中华书局,1975.

[12]〔元〕脱脱,阿鲁图,等. 宋史·吐蕃传[M]. 北京:中华书局,1977年.

[13]〔清〕杨应琚. 西宁府新志[M]. 西宁:青海人民出版社,1988.

[14]〔清〕顾祖禹. 读史方舆纪要[M]. 北京:中华书局,2005.

[15]〔清〕董诰,等. 全唐文[M]. 北京:中华书局,1988.

二、考古报告

（一）报告

[1] 北京大学考古文博学院,青海省文物考古研究所. 都兰吐蕃墓

[M]．北京：科学出版社，2005．

[2] 西藏自治区文物局，四川大学考古系，陕西省考古研究所．青藏铁路西藏段田野考古报告［M］．北京：科学出版社，2005．

[3] 中国社会科学院考古研究所．藏王陵［M］．北京：文物出版社，2006．

[4] 四川大学中国藏学研究所，四川大学历史文化学院考古学系，西藏自治区文物事业管理局．皮央·东嘎遗址考古报告［M］．成都：四川人民出版社，2008．

[5] 敦煌文物研究所．中国石窟·敦煌莫高窟：第一卷［M］．北京：文物出版社，1982．

[6] 龙门石窟文物保管所．龙门石窟［M］．北京：文物出版社，1980．

[7] 龙门石窟研究所，刘景龙，常青，王振国．龙门石窟雕刻萃编——佛［M］．北京：文物出版社，1995．

[8] 天水麦积山石窟艺术研究所．中国石窟·天水麦积山［M］．北京：文物出版社，1998．

[9] 敦煌研究院．中国石窟·安西榆林窟［M］．北京：文物出版社，1997．

[10] 敦煌研究院，甘肃省博物馆．武威天梯山石窟［M］．北京：文物出版社，2000年．

[11] 西北大学考古专业，日本赴陕西佛教遗迹考察团，麟游县博物馆．慈善寺与麟溪桥——佛教造像窟龛调查研究报告［M］．北京：科学出版社，2002．

[12] 新疆维吾尔自治区对外文化交流协会，霍旭初，祁小山．丝绸之路·新疆佛教艺术［M］．北京：新疆大学出版社，2006．

[13] 中国社会科学院考古研究所．唐长安大明宫［M］．北京：科学出版社，1959．

[14] 中国社会科学院考古研究所，西安市大明宫遗址区改造保护领导小组．唐大明宫遗址考古发现与研究［M］．北京：文物出版社，2007．

（二）考古简报

[1] 西藏自治区文物管理委员会．西藏拉萨澎波农场洞穴坑清理简报［J］．考古，1964（5）．

- [2] 西藏文管会文物普查队. 唐蕃会盟碑碑座出土 [J]. 文物, 1985 (9).
- [3] 西藏文管会文物普查队. 赤德松赞墓碑清理简报 [J]. 文物, 1985 (9).
- [4] 王望生. 松赞干布、赤松德赞陵调查记 [J]. 文博, 1986 (6).
- [5] 西藏文管会文物普查队. 西藏乃东普努沟古墓群清理简报 [J]. 文物, 1985 (9).
- [6] 西藏文管会文物普查队. 乃东县切龙则木墓群G组M1殉马坑清理简报 [J]. 文物, 1985 (9).
- [7] 索朗旺堆, 侯石柱. 西藏朗县列山墓地的调查和试掘 [J]. 文物, 1985 (9).
- [8] 西藏文管会文物普查队. 西藏朗县列山墓地殉马坑与坛城形墓试掘简报 [J]. 西藏考古, 1994 (1).
- [9] 中国社会科学院考古研究所西藏队, 西藏自治区文物管理委员会. 西藏朗县列山墓地的调查与发掘 [J]. 考古, 2016 (11).
- [10] 西藏文管会文物普查队. 西藏拉孜、定日二县古塞群试掘简报 [M] // 四川大学博物馆, 等. 南方民族考古: 第4辑. 成都: 四川科学技术出版社, 1992.
- [11] 西藏文管会文物普查队. 墨竹工卡益其村古墓葬的清理 [M] // 四川大学博物馆, 等. 南方民族考古: 第4辑. 成都: 四川科学技术出版社, 1992.
- [12] 西藏文管会文物普查队. 西藏雅鲁藏布江中游曲松、加查两县古墓葬的调查与发掘 [M] // 四川大学博物馆, 等. 南方民族考古: 第5辑. 成都: 四川科学技术出版社, 1993.
- [13] 西藏文管会文物普查队. 萨迦县夏布曲河流域古墓葬调查试掘简报 [M] // 四川大学博物馆, 等. 南方民族考古: 第4辑. 成都: 四川科学技术出版社, 1992.
- [14] 西藏文管会文物普查队. 西藏昂仁县古墓群的调查与试掘 [M] // 四川大学博物馆, 等. 南方民族考古: 第4辑. 成都: 四川科学技术出版社, 1992.
- [15] 西藏文管会文物普查队. 墨竹工卡同给村古墓群的调查与试掘 [M] // 四川大学博物馆, 等. 南方民族考古: 第4辑. 成都: 四

[16] 西藏文管会文物普查队. 西藏仁布县让君村古墓群试掘简报[M]//四川大学博物馆, 等. 南方民族考古: 第4辑. 成都: 四川科学技术出版社, 1992.

[17] 西藏自治区文管会文物普查队. 西藏吉隆县发现唐显庆三年《大唐天竺使出铭》[J]. 考古, 1994 (7).

[18] 西藏文管会文物普查队. 拉萨查拉路甫石窟调查简报[J]. 文物, 1985 (9).

[19] 何强. 西藏岗巴县乃甲切木石窟[M]//四川大学博物馆, 等. 南方民族考古: 第4辑. 成都: 四川科学技术出版社, 1992.

[20] 故宫博物院, 四川省文物考古研究院. 四川石渠县洛须"照阿拉姆"摩崖石刻[J]. 四川文物, 2006 (3).

[21] 四川省文物考古研究院, 石渠县文化局. 四川石渠县新发现吐蕃石刻群调查简报[J]. 四川文物, 2013 (6).

[22] 西藏自治区文物保护研究所, 陕西省考古研究院. 查果西沟摩崖造像2009年考古调查简报[J]. 考古与文物, 2012 (3).

[23] 陕西省考古研究院, 西藏自治区文物保护研究所. 西藏察雅县丹玛札摩崖造像考古调查简报[J]. 考古与文物, 2014 (6).

[24] 西藏自治区文物保护研究所. 西藏工布江达县洛哇傍卡摩崖造像考古调查简报[J]. 考古与文物, 2014 (6).

[25] 陕西省考古研究院, 山南地区文物局, 洛扎县文广局. 西藏洛扎县吉堆墓地与吐蕃摩崖刻石考古调查简报[J]. 考古与文物, 2014 (6).

[26] 西藏自治区文物保护研究所, 陕西省考古研究院. 昌都地区芒康县两处新发现吐蕃佛教石刻造像考古调查简报[M]//西藏自治区文物保护研究所. 西藏文物考古研究. 北京: 科学出版社, 2014.

[27] 西藏自治区文物保护研究所, 陕西省考古研究院. 西藏昌都察雅县向康吐蕃造像考古调查简报[M]//西藏自治区文物保护研究所. 西藏文物考古研究: 第2辑. 北京: 科学出版社, 2016.

[28] 四川大学中国藏学研究所, 西藏自治区文物保护研究所, 山南地区文物局. 西藏琼结县藏王陵1号陵陵垣的试掘[J], 考古, 2016 (9).

[29] 四川大学中国藏学研究所，四川大学考古学系，西藏自治区文物保护研究所，山南地区文物管理局. 西藏琼结县青瓦达孜遗址的调查与试掘 [J]，考古，2017（3）.

[30] 赵生琛. 文物工作报导——玉树百南巴有文成公主造像 [J]. 文物参考资料，1957（5）.

[31] 庄锦清. 唐长安城西市遗址发掘 [J]. 考古，1961（5）.

[32] 张掖市文物保护研究所. 祁连山北麓马蹄寺石窟群浮雕舍利塔考古调查简报 [J]. 华夏考古，2014（4）.

[33] 黄盛璋，方永. 吐谷浑故都——伏俟城发现记 [J]. 考古，1962（8）.

[34] 黎大祥. 武威青嘴喇嘛湾唐代吐谷浑王族墓葬 [J]. 陇右文博，1996（1）.

[35] 施爱民. 肃南西水大长岭唐墓清理简报 [J]. 陇右文博，2004（1）.

[36] 安家瑶，李春林. 唐大明宫含元殿遗址1995—1996年发掘报告 [J]. 考古学报，1997（3）.

[37] 龚国强，何岁利. 唐长安城大明宫太液池遗址发掘简报 [J]. 考古，2003（11）.

[38] 陕西省考古研究院，蒲城县文物局. 唐玄宗泰陵陵园遗址考古勘探、发掘简报 [J]. 考古与文物，2011（3）.

[39] 陕西省考古研究院. 唐睿宗桥陵陵园遗址考古勘探、发掘简报 [J]. 考古与文物，2011（1）.

[40] 陕西省考古研究院. 唐高祖献陵陵园遗址考古勘探与发掘简报 [J]. 考古与文物，2013（5）.

[41] 陕西省考古研究所. 昭陵博物馆. 2002年度唐昭陵北司马门遗址发掘简报 [J]. 考古与文物，2006（6）.

三、著作

[1] 吴景敖. 西陲史地研究 [M]. 上海：上海中华书局，1948.

[2] 陈小平. 唐蕃古道 [M]. 西安：三秦出版社，1989.

[3] 卢耀光. 唐蕃古道考察记 [M]. 西安：陕西旅游出版社，1989.

[4] 青海省博物馆编写组. 唐蕃古道志——资料选编 [M]. 西宁：青海省博物馆（内部资料），1987.

[5] 陕西省考古研究院，甘肃省文物考古研究所，青海省文物考古研究所，四川省文物考古研究院，西藏自治区文物保护研究所. 从长安到拉萨——2014唐蕃古道考察纪行［M］. 上海：上海古籍出版社，2017.

[6] 李智信. 青海古城考释［M］. 西安：西北大学出版社，1995.

[7] 孙修身. 王玄策事迹钩沉［M］. 乌鲁木齐：新疆人民出版社，1998.

[8] 孙修身. 敦煌与中西交通研究［M］. 兰州：甘肃教育出版社，2002.

[9] 王尧，陈践，译注. 敦煌本吐蕃历史文书［M］. 兰州：民族出版社，1992.

[10] 杨铭，贡保扎西，索南才让. 英国收藏新疆出土古藏文文书选译［M］. 乌鲁木齐：新疆人民出版社，2014.

[11] 藏族简史编写组. 藏族简史［M］. 拉萨：西藏人民出版社，1985.

[12] 拔塞囊. 拔协：增补本［M］. 佟锦华，黄布凡译注. 成都：四川民族出版社，1990.

[13] 巴卧·祖拉陈哇. 贤者喜宴［M］. 黄颢，周润年，译. 北京：中央民族大学出版社，2010.

[14] 索朗旺堆，张仲立. 乃东县文物志［M］. 拉萨：西藏人民出版社，1986.

[15] 李永宪，霍巍，尼玛. 昂仁县文物志［M］. 拉萨：西藏人民出版社，1992.

[16] 索朗旺堆. 吉隆县文物志［M］. 拉萨：西藏人民出版社，1993.

[17] 索朗旺堆，霍巍，李永宪，更堆. 错那隆子加查曲松县文物志［M］. 拉萨：西藏人民出版社，1993.

[18] 何周德. 索朗旺堆. 桑耶寺简志［M］. 拉萨：西藏人民出版社，1987.

[19] 青海文物志编辑委员会. 青海省文物志［M］. 西宁：青海人民出版社，2001.

[20] 西藏自治区地方志. 西藏自治区文物志［M］. 北京：中国藏学出版社，2012.

[21] 民乐县文物局，民乐县博物馆. 民乐文物［M］. 兰州：敦煌文艺

出版社，2016.

[22] 侯石柱. 西藏考古大纲 [M]. 拉萨：西藏人民出版社，1991.

[23] 宿白. 藏传佛教寺院考古 [M]. 北京：文物出版社，1996.

[24] 霍巍. 西藏古代墓葬制度史 [M]. 成都：四川人民出版社，1995.

[25] 霍巍，李永宪. 西藏考古与艺术：国际学术讨论会论文集 [M]. 成都：四川人民出版社，2004.

[26] 霍巍. 吐蕃时代考古新发现及其研究 [M]. 北京：科学出版社，2012.

[27] 杜齐. 西藏考古 [M]. 向红笳，译. 拉萨：西藏人民出版社，2004.

[28] 沙武田. 吐蕃统治时期敦煌石窟研究 [M]. 北京：中国社会科学出版社，2013.

[29] 谢继胜，沈卫荣，廖旸. 汉藏佛教艺术研究：第二届西藏考古与艺术国际学术研讨会论文集 [M]. 北京：中国藏学出版社，2006.

[30] 张亚莎. 11世纪西藏的佛教艺术——从扎塘寺壁画研究出发 [M]. 北京：中国藏学出版社，2008.

[31] 李淞. 陕西古代佛教美术 [M]. 西安：陕西人民教育出版社，2000.

[32] 周锡保. 中国古代服饰史 [M]. 北京：中国戏剧出版社，1984.

[33] 杨清凡. 藏族服饰史 [M]. 西宁：青海人民出版社，2003.

[34] 陆九皋，韩伟. 唐代金银器 [M]. 北京：文物出版社，1985.

[35] 谢佐，等. 青海金石录 [M]. 西宁：青海人民出版社，1993.

[36] 魏文斌. 麦积山石窟初期洞窟调查与研究 [M]. 兰州：甘肃教育出版社，2017.

[37] [日] 佐藤长：チベット歴史地理研究 [M]. 东京：岩波书店，1978.

[38] F W 托玛斯. 敦煌西域古藏文社会历史文献 [M]. 刘忠，杨铭，译注. 兰州：民族出版社，2003.

[39] [法] 石泰安. 西藏的文明 [M]. 耿昇，译. 北京：中国藏学出版社，2005.

四、论文

[1] 童恩正. 西藏考古综述 [J]. 文物，1985（9）.

[2] 侯石柱. 西藏考古工作述略 [J]. 中国藏学, 1992 (1).

[3] 更堆. 西藏文博事业发展三十年 [J]. 西藏研究, 1995 (3).

[4] 甲央, 霍巍. 20 世纪西藏考古的回顾与思考 [J]. 考古, 2001 (6).

[5] 霍巍. 西藏考古新发现及其意义 [J]. 四川大学学报: 哲学社会科学版, 1991 (2).

[6] 霍巍. 西藏考古与西藏古代文明——献给西藏自治区成立三十周年 [J]. 西藏研究, 1995 (3).

[7] 霍巍. 近十年西藏考古的发现与研究 [J]. 文物, 2000 (3).

[8] 夏格旺堆. 20 余年西藏考古的发现与研究——访西藏博物馆考古专家更堆副研究员 [J]. 西藏大学学报: 社会科学版, 2005 (4).

[9] 夏格旺堆, 普智. 西藏考古工作 40 年 [J]. 中国藏学, 2005 (3).

[10] 王启龙, 阴海燕. 60 年藏区文物考古研究成就及其走向 (上、下) [J]. 西南民族大学学报: 人文社会科学版, 2013 (1、2).

[11] 巴桑旺堆. 新见吐蕃摩崖石刻 [J]. 西藏研究, 1982 (2).

[12] 巴桑旺堆. 宗嘎唐代汉文摩崖碑铭补考——兼述吐蕃古道 [J]. 西藏研究, 1996 (3).

[13] 巴桑旺堆. 试解列山墓葬群历史之谜 [J]. 西藏研究, 2006 (3).

[14] 巴桑旺堆. 吐蕃非王室墓葬 [J]. 西藏研究, 2008 (6).

[15] 巴桑旺堆. 吐蕃石刻文 [J]. 西藏研究, 2009 (1).

[16] 巴桑旺堆. 丽江格子吐蕃墓碑补考 [J]. 西藏研究, 2014 (1).

[17] 巴桑旺堆. 吐蕃石刻文献评述 [J]. 中国藏学, 2013 (4).

[18] 巴桑旺堆. 一份新发现的敦煌古藏文吐蕃兵书残卷解读 [J]. 中国藏学, 2014 (3).

[19] 巴桑旺堆. 墨竹工卡县切卡寺发现两尊吐蕃时期遗存的古石狮 [J]. 西藏研究, 2014 (4).

[20] 巴桑旺堆, 次仁加布. 芒康县嘎托镇境内首次发现大型吐蕃摩崖浮雕大日如来像 [J]. 西藏研究, 2014 (4).

[21] 巴桑旺堆. 一份新发现的敦煌古藏文吐蕃兵律文书 (下卷) 初步解读 [J]. 中国藏学, 2015 (S1).

[22] 巴桑旺堆. 关于仁达吐蕃摩崖石刻的几个问题——仁达吐蕃摩崖石刻实地考察心得 [J]. 中国藏学, 2017 (2).

[23] 陈粟裕. 榆林 25 窟一佛八菩萨图研究 [J]. 故宫博物院院刊, 2009 (5).

[24] 褚俊杰. 吐蕃苯教丧葬仪轨研究——敦煌古藏文写卷 P.T.1042 解读 [J]. 中国藏学, 1989 (3).

[25] 褚俊杰. 吐蕃苯教丧葬仪轨研究（续）——敦煌古藏文写卷 P.T.1042 解读 [J]. 中国藏学, 1989 (4).

[26] 程起骏. 棺板彩画：吐谷浑人的社会图景 [J]. 中国国家地理, 2006 (3).

[27] 董广强. 70 年麦积山石窟文物保护探析 [J]. 遗产与保护研究, 2018 (3).

[28] 德吉卓玛. 吐蕃时期的敦煌观音修行院之考 [J]. 西藏研究, 2017 (4).

[29] 范祥雍. 唐代中印交通吐蕃一道考 [M] // 中华文史论丛：第 4 辑. 上海：上海古籍出版社, 1982.

[30] 郭祐孟. 敦煌石窟"卢舍那佛并八大菩萨曼荼罗"初探 [J]. 敦煌学辑刊, 2007 (1).

[31] 霍巍. 考古学所见西藏文明的历史轨迹 [J]. 民族研究, 2010 (3).

[32] 霍巍. 试析西藏东部新发现的两处早期石刻造像 [J]. 敦煌研究, 2003 (5).

[33] 霍巍. 西域风格与唐风染化——中古时期吐蕃与粟特人的棺板装饰传统试析 [J]. 敦煌学辑刊, 2007 (1).

[34] 霍巍. 青海出土吐蕃木棺板画的初步观察与研究 [J]. 西藏研究, 2007 (2).

[35] 霍巍. 青海出土吐蕃木棺板画人物服饰的初步研究 [M] // 中山大学艺术史研究中心. 艺术史研究：第 9 辑. 广州：中山大学出版社, 2007.

[36] 霍巍. 《大唐天竺使出铭》相关问题再探 [J]. 中国藏学, 2001 (1).

[37] 霍巍. 试论吐蕃王陵—琼结藏王墓地研究中的几个问题 [M] // 四川联合大学西藏考古与历史文化研究中心, 西藏自治区文物管理委员会. 西藏考古：第一辑. 成都：四川大学出版社, 1994.

[38] 霍巍. 青藏高原东麓吐蕃时期佛教摩崖造像的发现与研究 [J]. 考古学报, 2011 (3).

[39] 霍巍. 西藏列山墓地相关问题的再探讨 [M] // 四川大学中国藏学研究所. 藏学学刊（第5辑）. 成都：四川大学出版社, 2009.

[40] 霍巍. 吐蕃第一窟——拉萨市药王山札那路浦石窟的几个问题 [J]. 考古与文物, 2003 (1).

[41] 霍巍, 新巴·达娃扎西. 西藏洛扎吐蕃摩崖石刻与吐蕃墓地的调查与研究 [J]. 文物, 2010 (7).

[42] 霍巍. 考察吐蕃时代社会文化"底色"的三个重要维度 [J]. 思想战线, 2018 (1).

[43] 霍巍. "高原丝绸之路"的形成、发展及其历史意义 [J]. 社会科学家, 2017 (1).

[44] 霍巍. 青瓦达孜遗址考古侧记 [J]. 中国藏学, 2017 (2).

[45] 霍巍. 唐蕃会盟与吐蕃佛教 [J]. 世界宗教研究, 2017 (1).

[46] 霍巍. 文物考古所见古代青海与丝绸之路 [J]. 青海民族大学学报：社会科学版, 2017 (1).

[47] 霍巍. 青海玉树大日如来佛堂的考古调查与新发现 [J]. 青海民族研究, 2017 (1).

[48] 霍巍. 藏东吐蕃佛教摩崖造像背景初探 [J]. 民族研究, 2015 (3).

[49] 霍巍. 论藏东吐蕃摩崖造像与吐蕃高僧益西央 [J]. 西藏大学学报：社会科学版, 2015 (2).

[50] 霍巍. 吐蕃王朝时期的佛寺遗存与汉地文化影响 [J]. 西藏民族学院学报：哲学社会科学版, 2015 (2).

[51] 霍巍. 金银器上的吐蕃宝马与骑士形象 [J]. 西藏大学学报：社会科学版, 2014 (1).

[52] 霍巍. 神幻之影——拉萨大昭寺吐蕃木雕的艺术风格与源流 [J]. 西藏大学学报：社会科学版, 2010 (1).

[53] 霍巍. 吐蕃马具与东西方文明的交流 [J]. 考古, 2009 (11).

[54] 霍巍. 突厥王冠与吐蕃王冠 [J]. 考古与文物, 2009 (5).

[55] 霍巍. 吐蕃考古与吐蕃文明 [J]. 西藏大学学报：社会科学版, 2009 (1).

[56] 霍巍. 吐蕃系统金银器研究 [J]. 考古学报，2009（1）.

[57] 何强. "拉萨朵仁"吐蕃祭坛与墓葬的调查及分析 [J]. 文物，1995（1）.

[58] 胡岩涛. 德宗朝唐蕃关陇战争与京都防御体系的构建 [J]. 石河子大学学报：哲学社会科学版，2017（3）.

[59] 胡春勃. 关于唐陵蕃酋像的几个相关问题 [J]. 艺术科技，2016（5）.

[60] 李永宪. 吐蕃"赭面"习俗再观察 [M] // 北京大学考古文博学院. 北京大学中国考古学研究中心. 考古学研究（10），北京：科学出版社，2013.

[61] 李永宪. 略论吐蕃的"赭面"习俗 [M] // 四川大学中国藏学研究所. 藏学学刊：第3辑，成都：四川大学出版社，2007.

[62] 李宗俊. 唐代河西走廊南通吐蕃道考 [J]. 敦煌研究，2007（3）.

[63] 李宗俊. 敦煌文书《为肃州刺史刘臣壁答南蕃书》所见吐蕃进攻河西的两次唐蕃战争 [J]. 敦煌学辑刊，2007（3）.

[64] 李宗俊. 唐代河西通西域诸道及相关史事再考 [J]. 中国历史地理论丛，2010（1）.

[65] 李宗俊. 唐敕使王玄策使印度事迹新探 [J]. 西域研究，2010（4）.

[66] 李宗俊. 唐禄赞萨逻墓志考释 [J]. 民族研究，2010（3）.

[67] 李宗俊. 唐代石堡城、赤岭位置及唐蕃古道再考 [J]. 民族研究，2011（6）.

[68] 李宗俊. 唐代中后期唐蕃河陇之争与疆域变迁 [M] // 杜文玉. 唐史论丛：第15辑，西安：三秦出版社，2012.

[69] 李宗俊. 道格尔古碑即唐蕃赤岭划界碑考辨 [J]. 民族研究，2013（1）.

[70] 李宗俊. 论唐蕃长庆会盟的几个问题 [J]. 陕西师范大学学报：哲学社会科学版，2013（3）.

[71] 李宗俊. 敦煌文书P.3885反映的吐蕃行军路线及神策军驻地、洮州治所等相关问题考 [M] // 杜文玉. 唐史论丛：第22辑，西安：三秦出版社，2016.

[72] 李宗俊. 晚唐张议潮入朝事暨归义军与嗢末的凉州之争再探——以

新出李行素墓志及敦煌文书张议潮奏表为中心［J］．敦煌研究，2017（4）．

[73] 李帅．吐蕃印章初探［J］．文物，2018（2）．

[74] 李并成．炳灵寺石窟与丝绸之路东段五条干道［J］．敦煌研究，2010（2）．

[75] 李占忠．吐谷浑王后——弘化公主墓解谜［J］．中国土族，2003（2）．

[76] 李娜，汪旻．浅谈金塔寺石窟艺术［J］．丝绸之路，2010（22）．

[77] 李国华．吐谷浑遗存的初步探索［M］//中国人民大学北方民族考古研究所．中国人民大学历史学院考古文博系．北方民族考古：第1辑．北京：科学出版社，2014．

[78] 陆离．大虫皮考——兼论吐蕃、南诏虎崇拜及其影响［J］．敦煌研究，2004（1）．

[79] 陆离．吐蕃三法考——兼论《贤愚经》传入吐蕃的时间［J］．西藏研究，2004（3）．

[80] 陆离．敦煌、新疆等地吐蕃时期石窟中着虎皮衣饰神祇、武士图像及雕塑研究［J］．敦煌学辑刊，2005（3）．

[81] 陆离．吐蕃驿传制度新探［J］．中国藏学，2009（1）．

[82] 陆离．吐蕃统治敦煌时期的"行人"、"行人部落"［J］．民族研究，2009（4）．

[83] 陆离．嗢末音义考［J］．敦煌研究，2009（4）．

[84] 陆离．敦煌写本S.1438背《书仪》残卷与吐蕃占领沙州的几个问题［J］．中国史研究，2010（1）．

[85] 陆离．关于敦煌文书中的"Lho bal"（蛮貊）与"南波"、"南山"［J］．敦煌学辑刊，2010（3）．

[86] 陆离，陆庆夫．再论吐蕃制度与突厥的关系［M］//四川大学中国藏学研究所．藏学学刊：第5辑．成都：四川大学出版社，2010．

[87] 陆离．敦煌吐蕃文书中的"色通（Se tong）"考［J］．敦煌研究，2012（2）．

[88] 陆离．敦煌文书P.3885号中记载的有关唐朝与吐蕃战事研究［J］．中国藏学，2012（2）．

[89] 陆离．关于吐蕃统治敦煌时期户籍制度的几个问题——兼谈吐蕃统

治敦煌的部落设置［J］. 中国经济史研究，2013（2）.

［90］陆离. 吐蕃河西北道节度使考——兼论吐蕃王国对河西北部地区的经略［J］. 中国藏学，2013（S2）.

［91］陆离. 关于吐蕃统治敦煌时期部落使的几个问题［M］//杜文玉. 唐史论丛：第19辑. 西安：三秦出版社，2014.

［92］陆离. 关于新发现的吐蕃赤德祖赞时期者龙噶丹兴庆寺发愿钟的几个问题［M］//四川大学中国藏学研究所. 藏学学刊：第10辑. 北京：中国藏学出版社，2014.

［93］陆离.《大周沙州刺史李无亏墓志》所记唐朝与吐蕃、突厥战事研究［J］. 西藏研究，2015（4）.

［94］陆离. 关于吐蕃统治敦煌时期的基层组织——十将、将［J］. 中国边疆史地研究，2015（2）.

［95］罗世平. 天堂喜宴——青海海西州郭里木吐蕃棺板画笺证［J］. 文物，2006（7）.

［96］罗世平. 棺板彩画：吐蕃人的生活画卷［J］. 中国国家地理，2006（3）.

［97］林梅村. 棺板彩画：苏毗人的风俗图卷［J］. 中国国家地理，2006（3）.

［98］林梅村. 试论唐蕃古道［M］//四川大学中国藏学研究所. 藏学学刊：第3辑. 成都：四川大学出版社，2007.

［99］林梅村. 青海都兰出土伊斯兰织锦及其相关问题［J］. 中国历史文物，2003（6）.

［100］吕红亮."穹庐"与"拂庐"青海郭里木吐蕃墓棺板画毡帐图像试析［J］. 敦煌学辑刊，2011（3）.

［101］吕红亮. 西藏浪卡子出土金器的再认识［J］. 西藏大学学报：社会科学版，2014（1）.

［102］刘永增. 敦煌石窟八大菩萨曼荼罗图像解说（上）［J］. 敦煌研究，2009（4）.

［103］刘永增. 敦煌石窟八大菩萨曼荼罗图像解说（下）［J］. 敦煌研究，2009（5）.

［104］刘满. 凤林津、凤林关位置及其交通路线考［J］. 敦煌学辑刊，2013（1）.

[105] 刘志华. 新见《李礼墓志》所载的唐蕃肃州之战 [J]. 档案, 2017 (3).

[106] 黎大祥. 武威青嘴喇嘛湾唐代吐谷浑王族墓葬 [J]. 陇右文博, 1996 (1).

[107] 芦蕊. 唐代长安两市研究 [D]. 陕西师范大学, 2009.

[108] 聂贡·官却才旦, 白玛布. 玉树吐蕃时期石刻初探 (yul shul khul gyi bod btsan povi skabs kyi rten yig brag brkos ma vgav) [J]. 中国藏学（藏文版），1988 (4).

[109] 濮仲远. 唐代吐谷浑慕容氏王室墓志研究评述 [J]. 青海民族大学学报: 社会科学版, 2013 (3).

[110] 任乃强. 唐蕃舅甥和盟碑考 [J]. 康导月刊, 1943 (7、8).

[111] 沙武田. 榆林窟第25窟八大菩萨曼荼罗图像补遗 [J]. 敦煌研究, 2009 (5).

[112] 沙武田. 吐蕃统治时期敦煌石窟供养人画像考察 [J]. 中国藏学, 2003 (2).

[113] 沙武田. 莫高窟吐蕃期洞窟第359窟供养人画像研究——兼谈粟特九姓胡人对吐蕃统治敦煌的态度 [J]. 敦煌研究, 2010 (5).

[114] 沙武田. 吐蕃统治时期敦煌石窟研究综述 [J]. 西藏研究, 2011 (2).

[115] 沙武田, 赵蓉. 吐蕃人与敦煌石窟营建——以莫高窟中唐第93窟为考察中心 [M]//四川大学中国藏学研究所. 藏学学刊: 第7辑. 北京: 中国藏学出版社, 2012.

[116] 沙武田. 吐蕃对敦煌石窟影响再探——吐蕃因素影响下的归义军首任节度使张议潮功德窟 [M]//四川大学中国藏学研究所. 藏学学刊: 第9辑. 北京: 中国藏学出版社, 2014.

[117] 沙武田, 李国. 由维摩诘经变赞普问疾图看吐蕃之后的敦煌社会 [J]. 中国藏学, 2015 (3).

[118] 宋耀春. 青海郭里木出土棺板画数据统计与分析 [M]//四川大学中国藏学研究所. 藏学学刊: 第9辑. 北京: 中国藏学出版社, 2014. 58-69、314.

[119] 沈琛. 入唐吐蕃论氏家族新探——以《论惟贞墓志》为中心 [J].

文史，2017（3）.

[120] 苏海洋，雍际春，晏波，尤晓妮. 唐蕃古道大震关至鄯城段走向新考［J］. 青海民族大学学报：社会科学版，2011（3）.

[123] 石越. 论唐蕃经济交往［J］. 西北民族大学学报：哲学社会科学版，2016（6）.

[124] 卢素文，达哇彭措. 藏东地区大日如来与八大菩萨图像研究［M］//四川大学中国藏学研究所. 藏学学刊：第13辑. 北京：中国藏学出版社，2015.

[125] 汤惠生. 略说青海都兰出土的吐蕃石狮［J］. 考古，2003（12）.

[126] 汤惠生. 青海玉树地区唐代佛教摩崖考述［J］. 中国藏学，1998（1）.

[127] 仝涛. 木棺装饰传统——中世纪早期鲜卑文化的一个要素［M］//四川大学中国藏学研究所. 藏学学刊：第3辑. 成都：四川大出版社，2007. 165-170.

[128] 仝涛. 青海郭里木吐蕃棺板画所见丧礼图考释［J］. 考古，2012（11）.

[129] 仝涛. 青海都兰热水一号大墓的形制、年代及墓主人身份探讨［J］. 考古学报2012（4）.

[130] 仝涛. 丝绸之路上的疑似吐蕃佛塔基址——青海都兰考肖图遗址性质刍议［J］. 中山大学学报：社会科学版，2017（2）.

[131] 王迹. 西海、西海郡考索［J］. 青海社会科学，1983（2）.

[132] 王庆昱. 新见唐崔汉衡墓志与唐蕃关系考论［J］. 青海民族大学学报：社会科学版，2017（4）.

[133] 王树森. 论唐诗对唐与吐蕃通使活动的书写［J］. 学术界，2016（9）.

[134] 王尧. 恩兰·达札路恭纪功碑［J］. 社会科学战线，1981（4）.

[135] 王树芝，邵雪梅，许新国，肖永明. 跨度为2332年的考古树轮年表的建立与夏塔图墓葬定年［J］. 考古，2008（2）.

[136] 魏文斌，吴荭. 炳灵寺石窟的唐蕃关系史料［J］. 敦煌研究，2001（1）.

[137] 许新国. 都兰出土丝织品初探［J］. 中国历史博物馆馆刊，1991（1）.

[138] 许新国. 露斯沟摩崖石刻图像考[J]. 青海社会科学, 1994 (2).

[139] 许新国. 都兰吐蕃墓中镀金银器属粟特系统的推定[J]. 中国藏学, 1994 (4).

[140] 许新国. 都兰热水血谓吐蕃大墓殉马坑出土舍利容器推定及相关问题[J]. 中国历史博物馆馆刊, 1995 (1).

[141] 许新国. 兴海县出土唐狮纹画像砖图像考[J]. 青海文物, 1996 (10).

[142] 许新国. 都兰吐蕃墓出土含绶鸟织锦研究[J]. 中国藏学, 1996 (1).

[143] 许新国. 青海都兰吐蕃墓出土太阳神图案织锦考[J]. 中国藏学, 1997 (3).

[144] 许新国. 寻找遗失的"王国"——都兰古墓的发现与发掘[J]. 柴达木开发研究, 2001 (2).

[145] 许新国. 郭里木乡吐蕃墓葬棺板画研究[J]. 中国藏学, 2005 (1).

[146] 许新国. 试论夏塔图吐蕃棺板画的源流[J]. 青海民族学院学报: 社会科学版, 2007 (1).

[147] 许新国. 新发现的都兰吐蕃墓出土漆器[M]//西北大学文化遗产学院. 西部考古: 第3辑. 西安: 三秦出版社, 2007.

[148] 许新国. 吐蕃墓出土蜀锦与青海丝绸之路[M]//四川大学中国藏学研究所. 藏学学刊: 第3辑. 成都: 四川大出版社, 2007.

[149] 许新国. 都兰出土织锦——"人兽搏斗"图像及其文化属性[J]. 青海社会科学, 2007 (2).

[150] 许新国. 都兰出土舍利容器——镀金银棺考[J]. 中国藏学, 2009 (2).

[151] 许新国. 茶卡吐谷浑国王陵浅谈[J]. 青海民族学院学报: 社会科学版, 2009 (4).

[152] 许新国. 茶卡出土的彩绘木棺盖板[J]. 青海民族大学学报: 社会科学版, 2011 (1).

[153] 许新国. 连珠纹与哈日赛沟吐谷浑古墓发掘[J]. 青海民族大学学报: 社会科学版, 2011 (4).

[154] 许新国. 乌兰县泉沟吐蕃时期的壁画墓[M]//青海藏族研究会.

都兰吐蕃文化全国学术论坛论文集. 北京：文物出版社，2017. 205-210.

[155] 谢继胜. 涉及吐蕃美术的唐宋画论 [J]. 文艺研究，2006 (6).

[156] 谢继胜. 黄维忠. 榆林窟第 25 窟壁画藏文题记释读 [J]. 文物，2007 (4).

[157] 谢继胜. 榆林窟 15 窟天王像与吐蕃天王图像演变分析 [J]. 装饰，2008 (6).

[158] 谢继胜. 川青藏交界地区藏传摩崖石刻造像与题记分析——兼论吐蕃时期大日如来与八大菩萨造像渊源 [J]. 中国藏学，2009 (1).

[159] 谢继胜. 莫高窟吐蕃样式壁画与绢画的初步分析 [J]. 西北民族大学学报：哲学社会科学版，2010 (4).

[160] 席琳. 吐蕃佛教石刻造像综述 [J]. 西北大学学报：哲学社会科学版，2011 (1).

[161] 席琳. 吐蕃禅定印毗卢遮那与八大菩萨组合图像研究 [J]. 考古与文物，2014 (6).

[162] 席琳. 吐蕃时期禅定印毗卢遮那图像与禅宗关系研究 [J]. 文博，2015 (5).

[163] 席琳. 芒康、察雅吐蕃佛教造像分期研究 [M] //西藏自治区文物保护研究所. 西藏文物考古研究：第 2 辑. 北京：科学出版社，2016.

[164] 席琳，王蔚，余小洪. 四川炉霍呷拉宗吐蕃墓研究 [J]. 文博，2017 (1).

[165] 夏格旺堆. 西藏阿里普兰观音碑考略 [J]. 西藏大学学报：社会科学版，2017 (3).

[166] 夏吾卡先. 吐蕃塔形墓的起源与原始塔葬 [J]. 西藏大学学报：社会科学版，2011 (4).

[167] 夏吾卡先. 西藏卓卡寺吐蕃壁画初探 [J]. 考古与文物，2013 (1).

[168] 夏吾卡先. 吐蕃王陵被盗掘再探讨 [J]. 西藏大学学报：社会科学版，2014 (1).

[169] 夏吾卡先. 查木钦石碑与吐蕃墓群主人之新考 [M] //四川大学

中国藏学研究所. 藏学学刊：第 10 辑. 北京：中国藏学出版社，2014：56-69、238.

[170] 夏吾卡先. 西藏林周县坚利寺的调查与研究 [J]. 文物，2015 (2).

[171] 夏吾卡先. 吐蕃琼结桥碑的考古复查与研究 [J]. 考古，2015 (6).

[172] 夏吾卡先. 吐蕃王陵的墓室复原研究 [J]. 西藏研究，2015 (6).

[173] 夏吾卡先. 石渠吐蕃摩崖刻文的整理与研究 [M] //四川大学中国藏学研究所. 藏学学刊：第 12 辑. 北京：中国藏学出版社，2015.

[174] 夏吾卡先. 一部吐蕃王陵的史册——《桑瓦央琼》的研究与翻译 [J]. 中国藏学，2016 (3).

[175] 夏吾卡先，徐承炎. 洛扎吐蕃摩崖石刻补释 [M] //四川大学中国藏学研究所. 南方民族考古：第 12 辑. 北京：中国藏学出版社，2016.

[176] 夏吾卡先，徐承炎. 列山墓地性质刍议——兼论吐蕃族葬制 [J]. 西藏大学学报：社会科学版，2018 (1).

[177] 谢静. 吐蕃大翻领长袍探源 [J]. 装饰，2008 (3).

[178] 肖永明. 树木年轮在青海西部地区吐谷浑与吐蕃墓葬研究中的应用 [J]. 青海民族研究，2008 (7).

[179] 肖爱玲. 浅谈博物馆建址与内部设计——以大唐西市博物馆为例 [J]. 城乡建设，2017 (11).

[180] 肖爱玲. 论大明宫之历史地位 [J]. 丝绸之路，2010 (24).

[181] 徐日辉. 秦襄公东进关中线路考 [J]，中国历史地理论丛，2005 (4).

[182] 辛峰，马冬. 青海乌兰茶卡棺板画研究 [J]. 青海民族大学学报：社会科学版，2017 (3).

[183] 希恩·卡曼. 7-11 世纪吐蕃人的服饰 [J]. 台建群，译. 敦煌研究，1994 (4).

[184] 徐键. 吐蕃高僧吴法成生平三题 [J]. 敦煌学辑刊，2017 (1).

[185] 杨铭. 唐代吐蕃与突厥、回纥关系述略 [J]. 西南民族大学学报：人文社科版，2005 (6).

[186] 杨铭. 新刊西域古藏文写本所见的吐蕃官吏研究 [J]. 中国藏学, 2006 (3).

[187] 杨铭. 唐代中西交通吐蕃—勃律道考 [J]. 西域研究, 2007 (2).

[188] 杨铭. 唐代吐蕃与粟特关系考述 [J]. 西藏研究, 2008 (2).

[189] 杨铭. 试论唐代吐蕃与西北各族的文化交流 [J]. 中国边疆史地研究, 2010 (1)

[190] 杨铭. 论吐蕃治下的吐谷浑 [J]. 青海民族研究, 2010 (2).

[191] 杨铭. 试论唐代西北诸族的"吐蕃化"及其历史影响 [J]. 民族研究, 2010 (4).

[192] 杨铭. 有关吐蕃"九大尚论"的若干问题 [J]. 历史研究, 2014 (1).

[193] 杨铭. 敦煌西域文献中所见的苏毗末氏 [M] // 周伟洲. 西北民族论丛：第15辑. 北京：社会科学文献出版社, 2017.

[194] 杨清凡. 由服饰图例试析吐蕃与粟特关系（上）[J]. 西藏研究, 2001 (3).

[195] 杨清凡. 由服饰图例试析吐蕃与粟特关系（下）[J]. 西藏研究, 2001 (4).

[196] 杨清凡. 藏传佛教阿閦佛图像及其相关问题研究（7—15世纪）[D]. 成都：四川大学, 2007.

[197] 余小洪, 岳燕. 论西藏考古新发现的吐蕃石狮及其造型艺术特征 [J]. 西藏大学学报：社会科学版, 2017 (1).

[198] 余小洪, 席琳. 唐蕃古道路网结构的考古发现与重构 [J]. 西藏民族大学学报：哲学社会科学版, 2017 (6).

[199] 岳燕, 余小洪. 试论海西出土吐蕃墓葬棺板画的艺术特征 [J]. 西藏民族大学学报：哲学社会科学版, 2018 (3).

[200] 于春, 席琳. 守望千年青海都兰县鲁丝沟摩崖造像调查记 [J]. 大众考古, 2016 (8).

[201] 杨学东. 唐蕃会盟碑唐廷与盟官员名单补证 [J]. 西藏研究, 2014 (1).

[202] 杨军辉. 关于唐大震关的几个问题 [J]. 甘肃农业, 2006 (6).

[203] 姚士宏. 关于新疆龟兹石窟的吐蕃窟问题 [J]. 文物, 1999 (9).

[204] 严耕望. 唐代茂州西通吐蕃两道考 [J]. 香港中文大学中国文化

研究所学报，1968（1）.

[205] 闫振中. 普兰观音碑考察记［J］. 西藏民俗，1997（4）.

[206] 周伟洲. 青海都兰暨柴达木盆地东南沿墓葬主民族系属研究［J］. 史学集刊，2013（6）.

[207] 周伟洲. 丝绸之路起点唐长安城的三大标识［J］. 长安大学学报：社会科学版，2016（1）.

[208] 张建林. 唐代帝陵陵园形制的发展与演变［J］. 考古与文物，2013（5）.

[209] 张建林，席琳. 芒康、察雅吐蕃佛教石刻造像［M］//樊锦诗. 敦煌研究院. 敦煌吐蕃统治时期石窟与藏传佛教艺术研究. 兰州：读者出版集团、甘肃教育出版社，2012.

[210] 张建林. 藏传佛教后弘期早期擦擦的特征——兼谈吐蕃擦擦［J］. 中国藏学，2010（S1）.

[211] 张建林. 腰刀与发辫——唐陵陵园石刻蕃酋像中的突厥人形象［M］//乾陵博物馆. 乾陵文化研究：第4辑. 西安：三秦出版社，2008.

[212] 张建林. 桑原骘藏《考史游记》所见乾陵、昭陵［M］//乾陵博物馆. 乾陵文化研究：第4辑. 西安：三秦出版社，2008.

[213] 张建林. 唐代丧葬习俗中佛教因素的考古学考察［M］//西北大学文化遗产学院. 西部考古：第2辑. 西安：三秦出版社，2006.

[214] 张建林. 唐昭陵十四国蕃君长石像及题名石像座疏证［M］//西安碑林博物馆. 碑林集刊：第24辑. 西安：三秦出版社，2004.

[215] 张建林，王小蒙. 对唐昭陵北司马门遗址考古新发现的几点认识［J］. 考古与文物，2006（6）.

[216] 张宝玺. 青海境内丝绸之路及唐蕃故道上的石窟［M］//敦煌研究院：段文杰敦煌研究五十年纪念文集. 北京：世界图书出版公司，1996.

[217] 张宝玺. 炳灵寺石窟［M］//兰州大学敦煌学研究所. 炳灵寺文物保护研究所. 永靖炳灵寺石窟研究文集. 兰州：甘肃文化出版社，2011.

[218] 张长虹. 藏东地区吐蕃时期大日如来图像研究［J］. 青海民族研究，2017（1）.

[219] 张仲立. 西藏地区的碑石及其渊源浅谈［J］. 文博，1987（5）.

[220] 张世杰. 青海新莽西海郡虎符石匮铭刻［J］. 中国书法，2013（7）.

[221] 曾科. 试论唐陵石狮的造型演变［J］. 文博，2013（3）.

[222] 郑红翔. 唐蕃青海之战与陇右军事力量的初创［J］. 敦煌学辑刊，2016（4）.

[223] 杨玉君.《往五天竺国传》研究［D］. 中央民族大学，2013.

[224] ［日］佐藤长. 唐蕃会盟碑研究［J］. 东洋史研究，1949（4）.

[225] ［挪威］帕·克瓦尔耐. 西藏本教徒的丧葬仪式［C］//褚俊杰，译. 国外藏学研究译文集：第5辑. 拉萨：西藏人民出社，1989.

[226] ［瑞士］艾米·海勒. 公元8—10世纪东藏的佛教及摩崖刻石（节录）［C］//杨莉，译. 国外藏学研究译文集：第15辑. 拉萨：西藏出版社，2001.

[227] ［日］足立喜六. 唐代の吐蕃道［M］. 足立喜六. 大唐西域记の研究：下卷·后篇. 法藏馆，1943.

[229] ［日］前园实知雄. 中国青海乌兰の仏塔——いわゆる希里沟瞭望台について［M］. 考古学に学ぶⅢ，同志社大学考古学シリーズ，2007.

[228] Helmut Hoffmann, Quellen zur Geschichte der Tibetischen Bon-Religion, Wiesbaden: Akademie der Wissenschaften undder Literatur in Mainz［M］. Franz Steiner Verlag, 1950.

[230] Heller, A., 1998c. "Some Preliminary Remarks on theExcavations at Dulan"［J］. In Orientations 29（9）.

[231] Heller, A, 2006g. "Preliminary Remarks on the Archeological Investigations of Dulan: 8th—9th Century Tibetan Tombs?"［C］//In Studies in Sino-Tibetan Buddhist Art: Proceedings of the Second international Conferenceon Tibetan Archaeology and Art, Beijing, September 3-6, 2004.

[232] Heller, A, 2007. Lions and Elephants in Tibet, Eighth to Ninth Centuries［C］//In Journal of Inner Asian Art and Archaeology, vol 2. Lilla Russell-Smith and Judith A. Lerner, eds. Turnhout:

Brepols Publishers,59－67.

［233］S. J. Marshall,The Buddhist Art of Ganahāra［C］// New Delhi:Oriental Books Reprint Corporation,1980.

［234］R. C. Sharma,Buddhist Art of Mathurā［C］// Delhi:Agam Kala Prakashan,1984.

［235］Tong Tao and Patrick Wertmann. The Coffin Painting of the Tubo Period from the Northern Tibetan Plateau,Archaeologie in China,Band 1,Bridging Eurasia［M］. Mainz:Verlag Philipp von Zabern,2010,pp. 187－213.

五、报纸

［1］徐学书. 黑水徐古吐蕃摩崖造像［N］. 中国文物报,1988－12－23（3）.

［2］陕西省考古研究院,西藏自治区文物保护研究所,西北大学. 西藏昌都地区芒康、察雅两县考古调查新发现2处吐蕃石刻遗存［N］. 中国文物报,2009－11－03（4）.

［3］赵珍,尚洪涛. 延平门:大唐与吐蕃曾在此会盟［N］. 西安晚报,2013－12－29（9）.

［4］青海省文物考古研究所,李冀源,胡晓军,陈海清,梁官锦. 青海都兰热水哇沿水库发掘古代遗址和墓葬——出土墨书古藏文卜骨与木简［N］. 中国文物报,2015－07－03（8）.

［5］乔红,张长虹,蔡林海,马春燕. 青海玉树三江源地区史前文化与吐蕃文化考古的新篇章（二）——吐蕃时期的文化遗存［N］. 青海日报,2015－04－24（11）.

［6］沙武田. 敦煌吐蕃期洞窟与唐蕃文化交流［N］. 光明日报,2015－09－17（16）.